本书系山东省社会科学规划研究项目"以文化人视域下的理工科大学生养成教育有效路径探究与实践"（编号：23CJYJ14）阶段性成果

党建领航
文化涵育
实践塑品

高校大思政育人体系的探索与构建

常翠鸣 ◎ 著

中国石油大学出版社
CHINA UNIVERSITY OF PETROLEUM PRESS

山东·青岛

图书在版编目（CIP）数据

党建领航 文化涵育 实践塑品：高校大思政育人
体系的探索与构建 / 常翠鸣著. — 青岛：中国石油大
学出版社，2025．6. -- ISBN 978-7-5636-5281-5

Ⅰ．G641

中国国家版本馆 CIP 数据核字第 20252RW950 号

书　　　名：**党建领航　文化涵育　实践塑品**

　　　　　　高校大思政育人体系的探索与构建

　　　　　　DANGJIAN LINGHANG　WENHUA HANYU　SHIJIAN SUPIN

　　　　　　GAOXIAO DA SIZHENG YUREN TIXI DE TANSUO YU GOUJIAN

著　　　者：常翠鸣

责任编辑：郜云飞（电话　0532-86983572）

封面设计：海讯科技

出　版　者：中国石油大学出版社

　　　　　　（地址：山东省青岛市黄岛区长江西路 66 号　邮编：266580）

网　　　址：http://cbs.upc.edu.cn

电子邮箱：gyf1935@163.com

排　版　者：济南海讯图文有限公司

印　刷　者：泰安市成辉印刷有限公司

发　行　者：中国石油大学出版社（电话　0532-86983437）

开　　　本：710 mm × 1 000 mm　1/16

印　　　张：17

字　　　数：245 千字

版 印　次：2025 年 6 月第 1 版　2025 年 6 月第 1 次印刷

书　　　号：ISBN 978-7-5636-5281-5

定　　　价：38.00 元

序

PREFACE

新时代以来，习近平总书记围绕教育强国建设、立德树人根本任务等，对学校思想政治工作，特别是大思政课建设，作出了一系列重要论述。习近平总书记明确指出："学校思想政治工作不是单纯一条线的工作，而应该是全方位的。""'大思政课'我们要善用之，一定要跟现实结合起来。"《教育强国建设规划纲要（2024—2035 年）》明确提出，"实施新时代立德树人工程""把学校思想政治教育贯穿各学科体系、教学体系、教材体系、管理体系"。近年来，齐鲁理工学院以高度的政治站位、强烈的理论自觉和真抓实干的实践态度，紧密联系本校特点和实际，创造性地学习贯彻"大思政课"建设要求，搭建起了"主体协同、目标一致、资源汇聚、机制顺畅"的大思政育人体系，形成了大思政育人的齐鲁理工学院样板。其理论探索和实践创新的成果，集中体现在这本书中。可以说，本书是齐鲁理工学院推进思想政治教育高质量发展的智慧结晶，也是齐鲁理工学院从理论与实践有机结合方面创设大思政育人体系的生动写照。

本书围绕"党建领航""文化涵育""实践塑品"三个核心板块展开，深入阐述了大思政育人体系的内涵、路径与方法。第一篇聚焦"党建领航"板块，从政治引领、思想引领、组织引领、活动引领、典型引领、机制引领等六个方面，为保证大思政育人的正确方向提供了坚实保障。第二篇聚焦"文化涵育"板块，以齐鲁优秀文化为切入点，探讨了如何借助中华优秀传统文化、革命文化和社会主义先进文化的力量滋养学生的心灵，传承中华民族的"根"与"魂"，奠定了大思政育人的文化根基。第三篇聚焦"实践塑品"板块，以校内实践与校外实践的有机结合，突出了实践育人的重要性，通过丰富多样的实践活动，培养学生的社会责任感、创新精神和实践能力，夯实了大思政育人的实践基础。

本书具有以下六个特点：

第一，正确的政治站位。大思政育人体系建设首先是一个政治问题。政治站位是否正确、是否坚定，是大思政育人体系构建的根本条件。齐鲁理工学院作为"全国党建工作示范高校"培育创建单位，把大思政育人体系看作"落实立德树人根本任务的应有之义""加强高校意识形态阵地建设的必然选择"和"高校思想政治教育创新发展的内在要求"，这是从政治上看问题的重要表现，也是政治立场坚定的具体体现。不仅如此，齐鲁理工学院把"党建领航"作为大思政育人体系的重要内容放在首位，"始终把理想信念教育贯穿于大思政育人的各方面全过程，教育学生坚定对马克思主义的信仰，对社会主义和共产主义的信念，对中国特色社会主义道路、理论、制度、文化的自信，坚定学生听党话、感党恩、跟党走的政治信念，引导学生把个人理想奋斗融入以中国式现代化全面推进强国建设、民族复兴伟业之中"，作为一所民办高校，具有如此正确而坚定的政治站位，是十分难能可贵的。

第二，高度的理论自觉。大思政育人、大思政育人体系构建，也是一个理论问题。理论是否彻底，直接影响到实践的科学性问题。正确的实践离不开科学理论的指导。正如列宁所强调的："没有革命的理论，就没有革命的运动。"齐鲁理工学院深刻认识到这一点的重要性，在介绍大思政育人体系的实践时，首先对相关理论作出全面而深刻的说明，围绕"为什么""是什么"和"怎么办"来展开。比如本书"导论"中的第一个问题"大思政育人体系的理论阐释"：首先，从育人使命的自觉体认、对现实境况的深入省思、对创新发展的战略考量三个方面，说明了大思政育人体系的出场语境，回答了"为什么"的问题；其次，从主体协同、目标一致、资源汇聚、机制顺畅等四个方面揭示了大思政育人体系的科学内涵，回答了"是什么"的问题；最后，从坚持理论传授与实践养成相统一、坚持继承传统与改革创新相统一、坚持目标导向与问题导向相统一、坚持整体推进与重点突破相统一等方面说明了大思政育人体系的建设原则，回答了"怎么办"的问题。其他部分也大致如此。需要特别指出的是，本书以习近平新时代中国特色社会主义思想为指引，尤其是习近平总书记关于思想政治教育以及思政课建设的重要论述，为本书内容的阐述提供了根本遵循。

第三，深厚的文化情怀。大思政育人、大思政育人体系构建还是一个文化问题，文化涵育是大思政育人的重要因素。习近平总书记强调，新时代新征程上，思政课建设要有新气象新作为，就要"以中华优秀传统文化、革命文化和社会主义先进文化为力量根基"。齐鲁理工学院充分认识到这一点，把文化涵育作为大思政育人载体加以专门阐述和探讨。在这里，从"把握'一个核心' 坚守中华民族的'根'与'魂'""秉持'两创'基本原则 确保以文化人的正确方向""实现文化涵育'三和谐' 培育修为养成'二情怀'"等方面，阐述了文化涵育工程理念创新和理论构建；从"锚定齐鲁文化精神高地 创新文化涵育系统架构""弘扬齐鲁文化核心精神 创新文化涵育精品工程""立足齐鲁文化传承弘扬 创新文化涵育特色品牌"等方面，阐述了齐鲁文化涵育工程机制和品牌创新；从"架构'三三三六'理念 实现全环境育人目标""打造传承红色基因载体 展现本土化文化魅力""丰富红色文化育人手段 夯实大思政育人根基""坚定红色文化育人信念 取得实践化育人实效"等方面，阐述了齐鲁红色文化育人工程具体实践和体系探索；从"挖掘自然文化教育资源 拓展多样化育人途径""传承齐鲁自然文化基因 打造地域化文化特色""构建泰山黄河文化主轴 衍生一系列考察活动""营造自然与人和谐氛围　带动专业化技能提升"等方面，阐述了齐鲁自然文化育人工程具体内涵和价值塑造。这样一来，就把文化涵育作为大思政育人载体问题说全、说深、说透了，为充分汲取文化力量、推进大思政育人提供了重要参照。

第四，坚实的实践基础。大思政育人、大思政育人体系构建，归根结底是一个实践问题。实践是认识的基础。认识从实践中来，到实践中去。按照毛泽东的观点，在认识形成和发展的过程中，由理性认识到实践的飞跃意义更加伟大。问题在于怎样使理论回到实践，关键在落实。本书抓住这个关键性的问题，结合齐鲁理工学院的实际做法，进行了深入具体的探讨，把"实践塑品——彰显大思政育人特色"作为一个重点问题加以专门阐述。在这里，从理论与实践结合"讲道理"的基本内涵、价值意蕴、实现路径、实施效果等方面，阐述了实现"思政小课堂"与"社会大课堂"的深度融合；从校内实践的基本内涵、校内实践在大思政育人体系中的重要意义、校内实践的具体内容等方面，阐述了校内实践对"沉浸式"大思政育人的新探索；从校外实践的基本内涵、校外实践在大思政育人体系中的重要意义、校外实践的具体内容等方面，阐述了校外实践"知行合一"大思政育人的新境界。这样一来，就把实践塑品这一问题说得明白晓畅、通俗易懂，为在实践中真正做好大思政育人作出了特色鲜明的典型示范，提供了可资借鉴的宝贵经验。

第五，有机的系统集成。大思政育人体系本质上就是大思政育人系统。作为体系或系统，它是由多个要素组成的。这些要素相互依存，相互影响，共同实现一定的功能和目标。体系或系统的要义在于强调各部分之间的关联性和整体性。本书就是这样来建构和阐述大思政育人体系的，体现出有机的系统集成。其突出表现，一是在对大思政育人体系整体的阐述上，分为三个既有区别又有联系的子系统，即党建领航、文化涵育、实践塑品，并对三个子系统的相互关联作出进一步阐述，强调党建领航是大思政育人体系的方向指引，文化涵育是创新大思政育人体系的载体，实践塑品则是大思政育人体系的目的和归宿。三者既相互区别，又相得益彰，共同构成大思政育人体系的系统整体。二是各子系统内部自成系统。比如，党建领航就是由政治引领、思想引领、组织引领、活动引领、典型引领、机制引领等不同要素构成的有机整体。这样一来，大思政育人体系就成为一个有机的系统集成，很好地坚持了系统观念，从而使大思政育人能够更好地彰显出整体性效应。

第六，清晰的未来走向。大思政育人体系的构建是一个过程，是一个从历史走到现在、从现在走向未来的过程。它不是封闭的，而是开放的；没有最好，只有更好。在这个问题上，理应不忘本来，立足现实，走向未来。本书很好地做到了这一点。在回顾历史、总结现实的基础上，以开放的眼光，规划了大思政育人的未来走向。本书按照《教育强国建设规划纲要（2024—2035年）》中明确提出的"加强和改进新时代学校思想政治教育""打造一批'大思政课'品牌"的要求，强调面向未来，进一步强化品牌意识，创新工作举措，持续推进大思政育人体系建设，不断提升思想政治教育的针对性和实效性。具体地说，一是要求以获批"全国党建工作示范高校"为契机，着力构建"六三六"党建工作体系，构建"一融双高"党建新格局，奋力谱写高质量党建引领高质量发展的新篇章。二是深入推进文化涵育，构建文化育人全景矩阵（包括深挖文化育人资源、创新文化育人模式、打造文化育人品牌等）。三是纵深推进实践塑品，延展实践育人时空场域（在时间场域方面，全过程设计实践育人要求，健全实践育人长效机制；在空间场域方面，全场景搭建实践育人平台，构建实践育人立体格局；等等）。这样一来，就充分体现了大思政育人体系的开放性，为优化大思政育人体系，进一步做好大思政育人工作，指明了努力的方向和着力点。

从以上几个特点不难看出，本书较好地体现了顶层设计与基层实践的有机统一、理论分析与实践操作的有机统一、系统性与层次性的有机统一、面对现实与走向未来的有机统一。

总的来说，本书聚焦"党建领航、文化涵育、实践塑品"三位一体的育人格局，旨在探索一条方向明确、载体丰富、特色鲜明的思想政治教育创新之路。这一体系的构建，既是对传统思政教育模式的深化与拓展，也是对新时代思想政治教育规律的深刻把握。其核心在于实现多维度的有机统一，以系统思维化解思政教育中的矛盾，凝聚育人合力，彰显育人实效。无论从理论上还是从实践上，本书都是一个具有深度创新的教学研究成果。相信这个成果能为新时代思想政治教育工作者提供宝贵的借鉴和启示，推动大思政育人体系不断完善和发展，为培养德智体美劳全面发展的社会主义建设者和接班人贡献智慧和力量。

是为序。

山东大学马克思主义学院教授

周向军

2025 年 4 月 28 日

目 录

CONTENTS

导论

党的十八大以来，以习近平同志为核心的党中央高度重视高校思想政治教育。习近平总书记先后多次就做好高校思想政治教育发表重要讲话，作出重要指示批示，为新时代高校思想政治教育高质量发展擘画了蓝图，指明了方向。近年来，齐鲁理工学院坚持以习近平新时代中国特色社会主义思想为指导，深入学习贯彻习近平总书记关于高校思想政治教育的重要论述，积极推进"大思政课"建设，着力搭建"党建领航、文化涵育、实践塑品"的大思政育人体系，不断开创高校思政育人新局面。

一、大思政育人体系的理论阐释

"大思政课"是新时代思想政治教育的标识性概念，全面推进大思政课建设是新时代中国共产党人推进思想政治教育高质量发展的创新性举措。善用大思政课，需贴近现实，积极将大思政课建设理念融入高校育人实践，搭建起"主体协同、目标一致、资源汇聚、机制顺畅"的大思政育人体系。

（一）大思政育人体系的出场语境

大思政育人体系的出场源自对育人使命的自觉体认、对现实境况的深入省思、对创新发展的战略考量。第一，这是落实立德树人根本任务的应有义。习近平总书记指出，"学校思想政治工作不是单纯一条线的工作，而应该是全方位的"，并强调要"推动思想政治工作贯通人才培养体系，发挥融入式、嵌入式、渗入式的立德树人协同效应"。构建大思政育人体系是凝聚育人合力、彰显育人实效的现实举措，也是推动立德树人根本任务落实落地的重要抓手。第二，这是加强高校意识形态阵地建设的必然选择。2019 年 3 月，习近平总书记在学校思政课教师座谈会上的讲话中指出："学校是意识形态工作的前沿阵地，可不是一个象牙之塔，也不是一个桃花源。"当今时代，意识形态领域的形势与斗争仍然严峻复杂，各类社会思潮相互激荡，并对高校学生的主流意识形态认同构成威胁。在此情形下，如何做好高校意识形态工作，牢牢掌握党对高校意识形态工作的领导权成为一个亟待关注的重要课题。通过构建大思政育人体系，织牢织密思政工作网络，打造全时空的思政育人环境，能够有效提升高校学子抵御非主流意识形态侵袭的能力与水平，从而不给非主流意识形态渗透以可乘之机。第三，这是高校思想政治教育创新发展的内在要求。当前，高校思想政治教育正处于一个突破瓶颈、转型升级、实现内涵式发展的关键时期，其在理念上有待再更新，在视野上尚需再开阔，在格局上仍需再拓展。大思政育人体系以"大思政课"建设理念为指导，具有大视野、大格局、大情怀等显著特质，突破了传统思想政治教育形态的时空界限，是在回应发展需求和时代关切的基础上出场的，是对高校思想政治教育创新发展的积极探索。总之，构建大思政育人体系是因应新形势、呼应新要求、谋求新发展的应有之举。

（二）大思政育人体系的科学内涵

2022 年 7 月 25 日，教育部、中共中央宣传部等十部门联合印发的《全面推进"大思政课"建设的工作方案》将"大思政课"理念的核心意涵概括为"建设'大课堂'、搭建'大平台'、建好'大师资'"。大思政育人体系源起于"大思政课"建设理念，是该理念在实践层面的具象化延伸和体系化建构。大思政育人体系的构建标志着高校思想政治教育从单打独斗向协同配合、从分散管理向系统集成、从资源分割向共建共享的深刻转变，其主要内涵可概括为主体协同、目标一致、资源汇聚、机制顺畅四个方面。一是主体协同。大思政育人体系要整合家庭、学校、政府、社会等一切具有育人功能的个体、群体和社会组织，用好"大师资"，延展"大场域"，使多元育人主体紧密衔接、协同配合、互促互进，形塑多元主体协同联动的育人格局，实现全员、全过程、全方位育人。应当注意的是，所谓主体协同，并非各主体都干同一项工作，做重复性劳动，而是在统一领导下，各育人主体明确自身在育人体系中的角色定位，守好"一段渠"，种好"责任田"，确保各项工作到位而不越位，有效规避"交叉反复"问题。二是目标一致。习近平总书记指出，"教育的根本任务是立德树人，培养德智体美劳全面发展的社会主义建设者和接班人"，并强调教育的各环节、各领域、各体系"要围绕这个目标来设计""凡是不利于实现这个目标的做法都要坚决改过来"。大思政育人体系客观上要求广泛凝聚价值共识，即各育人主体自觉将立德树人根本任务内化为各领域各环节各方面工作的价值追求，外化为衡量各领域各环节各方面工作是非得失的标准尺度，以根本任务统摄各项工作。三是资源汇聚。党的十八大以来，习近平总书记多次强调，要"充分发挥红色资源育人功能""要把课堂教学和实践教学有机结合起来，充分运用丰富的历史文化资源""让收藏在馆所里的文物、陈列在大地上的遗产、书写在古籍里的文字成为教书育人的丰厚资源"等，为大思政育人体系集聚与利用育人资源指明了方向。大思政育人体系广泛汇聚课程教学资源、历史文化资源、实习实践资源、网络信息资源等校内外优质资源，构建起宽领域广覆盖的育人资源体系，化一切优质育人资源为我所用。四是机制顺畅。构建大思政育人体系是一项复杂的系统工程，必须建立高效运转、统一协调、良性运行的工作机制，才能有效确保大思政育人目标的顺利实现。构建大思政育人体系，要搭建起包括协同联动机制、动态反馈机制、考核评价机制等在内的工作机制，确保各育人主体职责明确、各育人环节有效衔接。

（三）大思政育人体系的建设原则

原则决定行进方向。明晰大思政育人体系的建设原则，是确保其方向正确、运行平稳的基本前提。具体而言，在大思政育人体系建设过程中，要遵循如下建设原则：一是坚持理论传授与实践养成相统一。知行合一是新时代高校学生的培养目标。2018 年，习近平总书记在全国教育大会上的讲话中指出，要教育引导学生"以行求知，以知促行，真正做到知行合一"。在大思政育人体系中，理论传授是基础，实践养成是关键，二者统一是根本要求。构建大思政育人体系，既要在思政课程、课程思政等课堂教学中，注重正确世界观、政治观、人生观、法治观、道德观的理论传授，引导学生形成科学的、正确的、理性的理论认知；又要在抓好课堂教学的基础上，加强实践教学力度，将课程设置、课程建设和教学方式向社会拓展、向实践延伸，引导学生在社会实践、志愿服务、参观调研、实习实训等实践过程中汲取智慧，涵养品格，增长才干，在知行合一中提升育人效能。二是坚持继承传统与改革创新相统一。在中国共产党领导的高校思想政治教育发展进程中，高校思想政治教育积淀了众多宝贵经验，诸如"坚持党的领导，坚持马克思主义中国化理论的指导，把刚性的要求和柔性的方法相结合，基于时代特点不断调整具体开展的方式、载体、路径"等，这些宝贵经验弥足珍贵、意蕴深远，必须坚守和发扬。同时，我们又要紧跟时代步伐，不断进行改革创新，将传统思政教育的精髓与现代教育理念、技术手段相结合，打造富有时代特色和育人实效的思政教育新模式。例如，利用新媒体、虚拟现实等技术手段，创新思想政治教育的方式与载体，增强学生的沉浸式体验感，提升思想政治教育的创新性和实效性。三是坚持目标导向与问题导向相统一。在大思政育人体系的构建中，育人目标与现实问题是各项工作的出发点和着力点。所谓目标导向，即锚定育人工作的根本目标和具体指标，确保育人工作始终围绕立德树人根本任务这一核心目标展开，确保各项工作任务得以高质量完成；所谓问题导向，即要聚焦学生的思想困惑、心理疑惑、成长焦虑等现实问题，精准发力，有效引导，开展有针对性的思想政治教育活动。坚持目标导向与问题导向相统一，能够充分体现大思政育人体系的系统性和科学性，更彰显其针对性和实效性。四是坚持整体推进与重点突破相统一。大思政育人体系是一个系统工程，需要整体推进；同时，也要注重在关键领域和薄弱环节实现重点突破。整体推进，要求我们统筹兼顾思政课程、课程思政、校园文化、社会实践等各个环节，形成协同育人的强大合力；重点突破，要求我们针对高校思想政治教育中的关键环节、关键领域、关键方面下大力气，以点带面增强育人效果。例如，习近平总书记所指出的，"加强党对高校的领导，加强和改进高校党的建设，是办好中国特色社会主义大学的根本保证""思政课是落实立德树人根本任务的关键课程"等。在事关高校思想政治教育的根本性和关键性问题上，必须有所侧重，重点发力。总之，大思政育人体系的各项建设原则相互支撑，相互促进，共同构成了大思政育人体系建设的行动指南。

二、齐鲁理工学院构建大思政育人体系的典型探索

近年来，齐鲁理工学院坚持以习近平新时代中国特色社会主义思想为指导，深刻把握"人思政课"建设理念的科学内涵，坚持守正创新，立足学校实际，因地制宜探索出一套"党建领航、文化涵育、实践塑品"的大思政育人体系，为推动高校思想政治教育高质量发展作出了典型示范。

（一）方向正：坚持党建领航，指引大思政育人体系方向

习近平总书记指出："加强党的领导和党的建设，加强思想政治工作体系建设，是形成高水平人才培养体系的重要内容。"做好高校党的建设工作，是落实立德树人根本任务、推动高校各项事业实现高质量发展的前提和基础。齐鲁理工学院坚持抓党建促育人的工作理念，把构建大思政育人体系作为党建工作的重中之重，定期召开党委会研究部署思政育人工作，持续优化顶层设计，从政治、思想、组织、活动、典型、机制等多方面入手，全面强化党建工作对思政育人的引领作用。一是强化政治引领。理想信念教育关乎学生精神之基。学校始终把理想信念教

育贯穿于大思政育人的各方面全过程，教育学生坚定对马克思主义的信仰，对社会主义和共产主义的信念，对中国特色社会主义道路、理论、制度、文化的自信，坚定学生听党话、感党恩、跟党走的政治信念，引导学生把个人理想奋斗融入以中国式现代化全面推进强国建设、民族复兴伟业之中。二是强化思想引领。政治上的坚定源于理论上的清醒。学校坚持用习近平新时代中国特色社会主义思想铸魂育人，积极开展党的创新理论宣传教育，高质量完成历次主题教育，持续开展"青年大学习"网上主题团课、"青马工程"培训班、主题党团日活动等党的创新理论教育活动 500 余场，不断增进青年学子对党的创新理论的政治认同、思想认同、理论认同与情感认同。三是强化组织引领。学校以各级党组织为牵引，构建"四级"联动的大思政育人工作队伍，设立大思政育人工作办公室、工作专班，明确二级学院大思政育人主体责任；完善基层党组织建设，开展支部星级评定，落实教师、学生支部融合发展机制，实行党员量化积分考核，提升党支部规范建设水平；推进党团组织一体化建设，完善党建带团建机制；建强囊括思政课教师、辅导员、团干部、心理健康教师、舆情监督员、网评员在内的大思政工作队伍。四是强化活动引领。学校依托社团力量，常态化举办齐鲁文化节、思政文化节、科技文化节等活动，营造浓厚的文化育人、大思政育人和科创育人氛围；建设大学生"五融六协同""一站式"学生社区，实现大思政育人校园内全域覆盖，努力把"一站式"学生社区打造成学生党建前沿阵地、"三全育人"实践园地、平安校园样板高地和智慧服务创新基地。五是强化典型引领。学校完善大思政育人工作激励机制，健全荣誉体系，组织开展师德标兵评选、最美教师评选、养德修为先锋评选等活动，遴选表彰大学生"大思政"育人标兵、文化育人标兵、养成教育标兵等学生榜样，发挥先进榜样的带动作用。六是强化机制引领。学校建立以养成教育评价为主要内容的多元化、信息化、全过程德育实践评价体系，突出德育评价和实践评价；健全"大思政"工作队伍绩效考核和奖惩办法，将教师大思政育人成效纳入绩效考核、评优评聘，切实保障学校思想政治工作质量。

（二）情怀深：坚持文化涵育，创新大思政育人体系载体

习近平总书记指出："要把课堂教学和实践教学有机结合起来，充分运用丰富的历史文化资源。"齐鲁理工学院坐落于济南和曲阜两地，这两地属于齐鲁文化发源地、红色文化聚集地，其丰富的历史文化资源为文化育人实践提供了得天独厚的条件。学校积极发挥驻地文化优势，实施齐鲁文化育人工程，形成了特色鲜明、亮点频现的文化育人模式。一是实施齐鲁传统文化育人工程。学校将齐鲁文化融入课程体系，探索"思政课程＋齐鲁文化"任务驱动式教学模式，面向全校开设"齐鲁文化精神"课程，积极打造以齐鲁文化为主元素的"尚德课堂"品牌，充分发挥齐鲁文化在思政课程和课程思政建设中的作用；依托学校建设的"四馆一堂二厅"（党史馆、山东党史馆、齐鲁文化馆、樱卜学馆，孔子学堂，主题展厅、科创展厅），开展现场教学以及各种形式的思政教育活动，使大学生沉浸式体验中华优秀传统文化、革命文化和社会主义先进文化的思想精髓；学校成功入选首批山东省中华优秀传统文化传承示范学校；学校将齐鲁文化育人深度融入思政课社会实践、养成教育社会实践、专业教育社会实践、创新创业教育社会实践等，让大学生在社会实践中感受时代脉搏，见证城乡巨变，增强社会责任感，磨砺意志品格，增长学识才干，服务社会发展。二是实施齐鲁红色文化育人工程。学校深入挖掘齐鲁大地丰富的红色文化资源，高标准建设山东党史馆，成立红色文化与思政教育研究院、红色资源教育教学研究中心、齐鲁红色文化大数据库等一批校级红色文化教育与实践平台，常态化开展"红色五月铸魂育人"主题活动，精心烹调"红色文化大餐"；出版《齐鲁红色文化读本》，开设"齐鲁红色文化"必修课程，探索创新红色文化虚拟仿真实验教学项目，搭建"校园报刊、校园媒体、校园网络、校园广播"四位一体的红色文化宣传教育全媒体矩阵；深入开展护红旗、唱红歌、办红展、访红址、读红书、续红脉等"六红"活动，"国旗护卫队"十几年如一日坚持升国旗，每年举办万人红歌大合唱，引导师生阅读红色经典，寻访红色遗迹，常年布设红色主题展，营造浓厚的校园红色文化氛围。三是实施齐鲁自然文化育人工程。学校坚持以习近平生态文明思想为指导，积极组织学生参与劳动实践，常态化开展"春生万物，护绿先行"植树造绿活动，动员学生深入城乡社区、田间地头参与志愿服务和田间劳作，引导青年学子在走进自然、贴近自然中感受自然之美；实施校园环境提升工程，累计投入2 300余万元推进"绿色校园"建设，高标准打造校园绿色景观，夯实自然文化育人的校内物质基础；拓展校外自然文化育人场域，积极参加"大河奔流，红色血脉"黄河流域红色文化主题展，引导学生行走齐鲁古道、黄河沿线，感悟名山大川之美，领略江河湖海之韵。

（三）特色强：坚持实践塑品，彰显大思政育人体系特色

2019年3月18日，习近平总书记在学校思想政治理论课教师座谈会上指出："要高度重视思政课的实践性，把思政小课堂同社会大课堂结合起来，在理论和实践的结合中，教育引导学生把人生抱负落实到脚踏实地的实际行动中来。"齐鲁理工学院始终高度重视实践育人，将大思政实践作为大思政育人提质增效添彩的重要抓手和关键环节，以"三原色之旅"为主要载体，融合专业实践，开展集文化实践、思政实践、养成实践于一体的"行走的大思政实践"活动，让大思政育人更有深度、广度、力度和温度。一是行走"绿色之旅"。学校组建了一支由文化、历史、新闻传播、经贸、文旅等行业专家构成的团队，开通集研、学、游、养、用于一体的齐鲁古道。齐鲁古道既是文化古道，也是生态古道、经贸古道、文旅古道，更是思政古道，所以被称为"绿色

之旅"，寓意激活沉睡千年的古道，使其在新时代焕发青春活力。每学期由专家带领学生行走"绿色之旅"，寻访古圣先贤遗迹，感悟齐鲁文化之厚重，领略齐鲁生态之美；同时注册了"齐鲁古道行"商标，并在曲阜、泗水、淄博等地建立工作坊，助力经济、文化、旅游等产业发展，服务乡村振兴战略。讲述"齐鲁古道行"活动的短视频，荣获"讲好中国故事"创意传播国际大赛特等奖。二是行走"红色之旅"。学校与莱芜战役纪念馆、济南战役纪念馆、三涧溪村、孟良崮战役纪念馆、红嫂纪念馆、铁道游击队纪念园、地雷战纪念馆等联合建立校外红色实践基地20余个，开辟红色研学线路，定期组织学生行走"红色之旅"，引导学生亲身体悟感人的革命事迹、鲜活的革命人物、坚毅的革命实践，激发学生的爱国热情和时代使命感；学校将"红色之旅"引入大学生创新创业实践，将其作为大学生国际创新大赛红旅赛道重要载体，持续释放红色文化育人的衍生效能。三是行走"蓝色之旅"。学校充分利用紧邻齐鲁科创大走廊的优势和工科优势，深度融入齐鲁科创大走廊，开辟科技创廊，开通"蓝色之旅"；定期组织学生行走于科技创廊，感受科技之光，领悟科技之魅，砥砺报国之志；持续深化与科技创廊企业的产学研合作，并将其打造成支撑大学生国际创新大赛主赛道项目的重要平台。在2024年中国国际大学生创新大赛中，学校获国家级金奖2项、银奖4项、铜奖6项，省级金奖24项，实现重大突破。

三、齐鲁理工学院大思政育人体系建设的未来走向

中共中央、国务院印发的《教育强国建设规划纲要（2024—2035年）》中明确指出，要"加强和改进新时代学校思想政治教育""打造一批'大思政课'品牌"。面向未来，齐鲁理工学院将在既有工作基础上，强化品牌意识，创新工作举措，持续推进大思政育人体系建设，不断提升思想政治教育的针对性和实效性。

（一）持续强化党建领航，擦亮示范高校金字招牌

2024年，齐鲁理工学院党委成功入选"全国党建工作示范高校"培育创建单位，实现了山东省全国党建工作示范高校零的突破。2024年12月19日—20日，第二十八次全国高校党的建设工作会议在京召开，会议对进一步做好高校党建工作作出新的部署，并明确要求"深刻认识高校党建工作的新使命新挑战新要求，牢牢把握教育的政治属性、人民属性、战略属性，以高质量党建引领高等教育高质量发展，回答好'强国建设、高校何为'的时代命题"。面向未来，齐鲁理工学院将深入贯彻落实第二十八次全国高校党的建设工作会议精神，以获批"全国党建工作示范高校"培育创建单位为契机，着力构建"六三六"党建工作体系，构建"一融双高"党建新格局，奋力谱写高质量党建引领高质量发展的新篇章。一是发挥六大作用。高校党建工作事关高校各项事业发展的前途与方向，抓好高校党建工作是做好其他各项工作的前提与基础。学校将持之以恒抓好党的建设工作，充分发挥党建工作在保证政治方向、凝心聚力师生、实施监督保障、推进融合发展、引领校园文化、严守安全底线等方面的六大作用，持续释放党建工作衍生效能。二是推进三大工程。学校将以"班子自身建设工程"为着力点，提升班子成员政治理论素养、干事创业能力；以"党支部规范提升工程"为抓手，全面推进党支部标准化、规范化建设，真正把党支部建设成服务师生、凝聚人心、促进和谐、推动发展的坚强战斗堡垒；以"党员先锋模范工程"为抓手，进一步选树典型，表彰先进，激励全体党员在日常工作与学习中树形象、当标杆、做示范，引领全校师生见贤思齐，共同进步。三是落实六大保障。进一步落实党建工作保障机制，通过强化领导责任、优化组织设置、配强党务队伍、保障经费充足、完善政策体系、创新服务模式等六大硬核举措，确保党建工作有章可循、有人可管、有钱可用、有策可依、有服务可享，全面提升党建工作质量和水平，以高

质量党建引领高质量发展。

（二）深入推进文化涵育，构建文化育人全景矩阵

齐鲁理工学院坚持以习近平文化思想为指导，将中华优秀传统文化、革命文化、社会主义先进文化融入大思政育人体系，丰富青年学子精神世界，增强青年学子文化自信，全面提升文化育人水平。一是深挖文化育人资源。分别以学校济南校区、曲阜校区为原点向外辐射，全面挖掘传统文化、红色文化、自然文化优质资源，建立一批校外文化育人基地，开设一批文化育人课程，编写一批文化育人教材，全景式绘制文化育人"地图"。二是创新文化育人模式。学校将进一步探索"潜移默化—全面渗透—主动接纳—持续影响"的文化育人模式，即以坚持显性教育与隐性教育相结合的方式，激发学生接纳与学习优秀文化的积极性、主动性和创造性，让青年学子将优秀文化蕴含的思想观点与精神追求内化于心、外化于行，持续释放优秀文化的育人功能。三是打造文化育人品牌。文化育人重在精准，切忌千篇一律、大水漫灌。学校将精准对接学生文化需求，丰富文化育人供给，为学生提供更多可选择的"文化菜单"；深入实施"一院一品""一班一特色"文化品牌建设计划，依据学生专业特色，差异化、个性化、精准化推进文化育人实践，因地制宜制订学生成长成才的文化育人方案。

（三）纵深推进实践塑品，延展实践育人时空场域

2024 年 9 月，习近平总书记在全国教育大会上的讲话中指出，要"不断拓展实践育人和网络育人的空间和阵地"。《教育强国建设规划纲要（2024—2035）》对"拓展实践育人和网络育人空间和阵地"作出全面部署，明确指出，要"统筹推动价值引领、实践体验、环境营造，探索课上课下协同、校内校外一体、线上线下融合的育人机制"。新时代新征程，齐鲁理工学院将持续推进实践育人，全面延展实践育人场域。在时间场域方面，学校将全过程设计实践育人要求，健全实践育人长效机制。从入学教育到毕业实践，从日常教学到假期实践，学校将把实践育人要求融入其中，使之伴随学生成长成才的全过程全周期。通过建立实践育人长效机制，确保实践育人的连贯性与系统性，培育学生知行合一的良好品格。在空间场域方面，学校将全场景搭建实践育人平台，构建实践育人立体格局。学校将思想政治教育由传统空间拓展至信息化场域，搭建数字化思政教育平台，拓展思政教育的时间与空间维度，有效扩大思政教育的覆盖面，提升思政教育的针对性和实效性；学校将聚力打造"云端思政"数字平台，开发在线课程、理论学习、经典研读、时事推送等应用模块，实现理论学习全天候覆盖、实践资源跨地域共享，打造浸润式育人生态；在虚实融合基础上，学校着力构建"多维联动"的实践场域网络。线下依托校内"四馆一堂二厅"实践活动场地，打造沉浸式育人场景；线上通过大数据分析学生的成长轨迹，对学生进行精准画像，向学生精准推送实践项目，形成"需求—供给—反馈"的完整育人闭环。

"党建领航、文化涵育、实践塑品"的大思政育人体系是齐鲁理工学院推进思想政治教育高质量发展的智慧结晶。面向未来，学校将坚持落实立德树人根本任务，坚决扛牢"为党育人，为国育才"的职责使命，真抓实干，守正创新，为建设具有强大思政引领力的教育强国贡献更大力量。

第一篇

党建领航——大思政育人方向

第一章
大思政体系下党建领航的基本理论

第一节　党建领航的基本内涵

一、习近平总书记关于高校党建工作的重要论述

"党政军民学，东西南北中，党是领导一切的。"习近平总书记高度重视高校党建工作，围绕高校党的建设和思想政治工作发表了一系列重要讲话，深刻回答了"培养什么人、怎样培养人、为谁培养人"这个教育的根本问题，深化了我们对办好中国特色社会主义大学的规律性认识，为高校党的建设和思想政治工作提供了理论指导和现实依据。

（一）将抓好党建作为办学治校的基本功

1.抓好高校党建是由我国办学性质和办学方向决定的。习近平总书记在第二十三次全国高等学校党的建设工作会议上作出重要指示强调，高校肩负着学习研究宣传马克思主义、培养中国特色社会主义事业建设者和接班人的重大任务。加强党对高校的领导，加强和改进高校党的建设，是办好中国特色社会主义大学的根本保证。

2.抓好高校党建植根于我国全面从严治党的伟大实践。习近平总书记在党的群众路线教育实践活动总结大会上的讲话中指出："各级党委要把从严治党责任承担好、落实好，坚持党建工作和中心工作一起谋划、一起部署、一起考核，把每条战线、每个领域、每个环节的党建工作抓具体、抓深入，坚决防止'一手硬、一手软'。"党的十八大以来，全面从严治党在高等院校的有效落实，为高校党建工作植根于党的建设

新的伟大工程提供了现实依据和经验指导。

3. 抓好党建是对加强高校思想政治工作迫切需要的回应。习近平总书记在全国高校思想政治工作会议上的讲话中指出:"高校思想政治工作,面上看做的是学生思想政治工作,实际上将影响一代青年的思想观念、价值取向、精神风貌。所以,高校必须引导学生铸就理想信念、掌握丰富知识、锤炼高尚品格,打下成长成才的基础。"高校党建以鲜明的政治立场和理论观点,统领高校思想政治工作,能够将马克思主义理论观点和习近平新时代中国特色社会主义思想理论旗帜鲜明地传递给学生。

(二)加强党对高校的全面领导,确保社会主义办学方向

1. 落实高校立德树人根本任务的内在要求。习近平总书记在全国高校思想政治工作会议上指出:"要坚持把立德树人作为中心环节,把思想政治工作贯穿教育教学全过程,实现全程育人、全方位育人。"新时代高校党建工作要服务于中国特色社会主义现代化建设事业,积极进行现代化转型,落实立德树人根本任务。

2. 确保党的教育方针贯穿于高校工作各方面的内在要求。习近平总书记在全国教育大会上强调,在党的坚强领导下,全面贯彻党的教育方针,坚持马克思主义指导地位,坚持中国特色社会主义教育发展道路,坚持社会主义办学方向。

3. 推进高等教育事业发展的内在要求。习近平总书记在北京大学考察时强调:"办好中国的世界一流大学,必须有中国特色。没有特色,跟在他人后面亦步亦趋,依样画葫芦,是不可能办成功的。"党的十八大以来,我国高等教育事业取得长足发展,这是坚持党的全面领导的结果。

(三)加强和改进高校党的建设,厚植高校党建基础

1. 加强和改进高校党的政治建设。习近平总书记指出:"党的政治建设是党的根本性建设,决定党的建设方向和效果。"一是要坚持高校党委对高校工作的全面领导,确保党的教育方针能够贯穿到高校工作的方方面面。二是营造风清气正的政治环境，确保高校各项工作健康发展。三是打造良好的高校政治文化，提升高校党员的党性修养，持之以恒抓好理想信念教育。

2. 加强和改进高校党的思想建设。习近平总书记指出："思想建设是党的基础性建设。"高校思想建设是高校党的建设工作的灵魂，能够为全党奠定坚实的思想基础。加强和改进高校党的思想建设，要做好以下几个方面：一是要坚守理想高地，不断坚定党员的理想信念。二是要坚守理论高地，用习近平新时代中国特色社会主义思想武装全党。三是要坚守道德高地，加强高校社会主义核心价值观培育。

3. 加强和改进高校党的组织建设。习近平总书记指出："要加强高校党的基层组织建设，创新体制机制，改进工作方式，提高党的基层组织做思想政治工作能力。"一要加强基层党支部建设，建立健全党内生活制度，不断激发党内组织生活的活力。二要加强高校群团组织建设，充分发挥高校群团组织的积极作用。三要加强组织建设与高校其他工作的结合，形成全校范围内的共同体关系。

二、新时代高校党建领航的基本内涵

高校党建领航就是以党的政治建设为统领，以党的思想建设为先导，以党的组织建设为基础，以党的作风建设为保障，实现党的领导和党的建设在学校基层全面覆盖和深入推进，充分发挥基层党组织的战斗堡垒作用和党员的先锋模范作用，进而推动学校工作全面发展。

（一）全面贯彻党的教育方针，确保社会主义办学方向

全面贯彻党的教育方针，坚定不移走中国特色社会主义教育发展道路，坚持社会主义办学方向，全面把握教育的政治属性、人民属性、战略属性，落实立德树人根本任务，为党育人、为国育才，全面服务中国式现代化建设，扎根中国大地办教育，加快建设高质量教育体系，培养

德智体美劳全面发展的社会主义建设者和接班人，加快建设具有强大思政引领力、人才竞争力、科技支撑力、民生保障力、社会协同力、国际影响力的中国特色社会主义教育强国，为全面建成社会主义现代化强国、全面推进中华民族伟大复兴提供有力支撑。

（二）加强党组织对高校工作的领导和指导，牢牢掌握党对高校工作的领导权

只有坚持党的领导，牢牢掌握党对高校工作的领导权，才能确保学校的人才培养始终以党和国家发展需要、社会需求为导向。党的十八大以来，高校党的领导得到了前所未有的加强，学校内部的治理结构不断优化，学校党建和思想政治工作保持向上向好态势，学校办学育人水平不断提升。

（三）加强高校思想政治工作，落实立德树人根本任务

习近平总书记在全国高校思想政治工作会议上强调，高校思想政治工作关系高校"培养什么人、怎样培养人、为谁培养人"这个根本问题。面对新形势，全面贯彻党的教育方针，落实立德树人根本任务，要把立德树人融入思想道德教育、文化知识教育、社会实践教育各环节，把立德树人贯穿到思想政治工作的全过程。

第二节　党建领航的时代意义

一、"大思政课"概念的提出及其重要性

2021年3月6日，习近平总书记在看望参加全国政协十三届四次会议的医药卫生界、教育界委员并参加联组会时指出："'大思政课'我们要善用之，一定要跟现实结合起来。上思政课不能拿着文件宣读，没

有生命、干巴巴的。"习近平总书记强调要善用社会大课堂、搭建大资源平台、构建大师资体系、拓展工作格局,并在此基础上进一步增强讲理意识、问题意识和创新意识,讲好科学大道理、回答好现实大问题、把握时代大趋势,方能推动学生实现大发展,使其成长为能担当民族复兴大任的时代新人。

"大思政课"概念的提出具有鲜明的时代意义。一是提升了思政课的针对性和亲和力。传统的思政课往往局限于书本知识,而"大思政课"通过创新教学方式,运用新媒体新技术,如短视频、网上直播等青年喜闻乐见的形式,讲述国家发展的故事,展现时代精神的风貌,等等。这种方式能够激发学生的学习兴趣,提升思政课的针对性和亲和力。二是增加了思政教育的广度和深度。"大思政课"不能局限于课堂教学,而是要将思政教育与社会实践相结合,通过组织学生参与乡村振兴、科技创新等实践活动,让学生亲身体验国家的发展成就,深刻理解时代精神的内涵。这种实践教学方式能够增加思政教育的广度和深度,使学生更好地把握国家的发展脉搏。三是推动了高校思政教育的内涵式发展。"大思政课"建设为新时代高校思政教育指明了方向,强调理论与实践相结合,构建全员、全过程、全方位的育人格局。通过聚焦思政教育的重点、热点、难点问题,实现知识传授、能力培养和价值塑造的有机结合,引导学生坚定理想信念,成长为担当民族复兴重任的时代新人。四是提升了思政课的引领力。"大思政课"强调马克思主义理论教育和中华优秀传统文化的融入。通过讲述中国特色社会主义取得的伟大成就,增强学生的道路自信、理论自信、制度自信和文化自信。这种方式能够厚植学生的爱国主义情怀,提升思政课的引领力。五是体现了全时空的思政教育。"大思政课"突破了传统思政课堂的局限,构建了贯通校园与社会的"大课堂"。通过社会调研、志愿服务等活动,让学生在实践中锻炼能力,真正实现全方位、全时空的思政教育。

二、大思政体系下高校党建领航的主要着力点

在大思政视域下，高校应进一步强化党建主体责任，发挥党建的领航作用，以系统性思维推动党建和业务工作深度融合，围绕业务抓党建，抓好党建促业务，推动高校党建和业务工作相得益彰、同向同行。高校应将提升思想政治引领力、增强基层党建组织力、强化青年成才服务力作为党建领航工作的主要着力点，以高质量党建引领学校事业高质量发展。

（一）党建铸魂，全力提升思想政治引领力

高校党建应始终坚持"红色为基、专业为本"，坚持将思想引领紧密融入学科建设和专业建设，坚持将思想引领紧密融入理想信念教育。紧密围绕时代背景、重要节点开展思政学习分享会、读书会、专题讲座等，传承与弘扬爱国主义精神。开展线上线下理论知识专题宣讲活动，推进全体师生政治学习日常化、制度化和体系化，全力提升思想政治引领力，使全体师生在参与各项活动中，用心体验和感悟党的初心与使命，从而坚定信仰，从百年辉煌历史中汲取继续前进的智慧和力量，坚定不移听党话、感党恩、跟党走。

（二）党建强基，不断增强基层党建组织力

高校要切实推进全面从严治党，在加强基层组织建设上下功夫，努力提升基层党组织的活力，实现基层党建与业务工作同向同行。一是从严管好基层党组织，为提升基层党组织的凝聚力和战斗力提供重要的制度保障。二是从严管好党员干部队伍，切实加强党员干部培养和队伍建设。三是从严管好党员队伍，严格掌握党员发展标准和程序，始终把政治标准放在首位。

（三）党建助力，持续强化青年成才服务力

高校党建工作应主动将党建工作融入学生日常管理，积极开展新生

入学教育、大学适应性教育、校风校纪教育、身心健康教育、学业与职业规划教育等。积极开展教工党支部与学生党支部、学生团支部和班级的"结对领航"工程，深挖专业教学和课程思政中的各个育人环节，激活和整合各种育人要素，实现对党团班级建设和青年成长成才的综合引领。

齐鲁理工学院切实用新时代党的创新理论引领大思政育人顶层设计，把大思政育人作为落实立德树人根本任务的重要抓手，从政治、思想、组织、活动、典型、机制等六个方面入手，全面强化党建引领作用。（如图 1-1-1 所示）

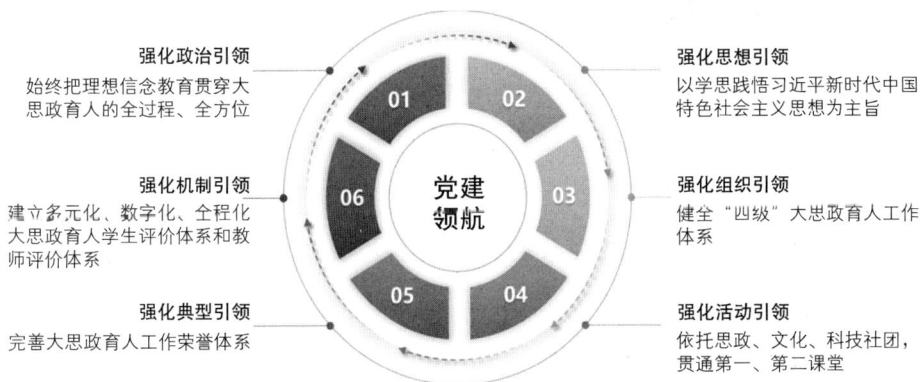

图 1-1-1　党建领航的六个方面

强化政治引领
始终把理想信念教育贯穿大思政育人的全过程、全方位

强化思想引领
以学思践悟习近平新时代中国特色社会主义思想为主旨

强化机制引领
建立多元化、数字化、全程化大思政育人学生评价体系和教师评价体系

强化组织引领
健全"四级"大思政育人工作体系

强化典型引领
完善大思政育人工作荣誉体系

强化活动引领
依托思政、文化、科技社团，贯通第一、第二课堂

党建领航

第二章
政治引领——牢记为党育人、为国育才的初心使命

第一节　政治引领的基本内涵

一、政治引领的时代内涵

旗帜鲜明讲政治是我们党作为马克思主义政党的根本要求。政治建设是党的根本性建设，决定党的建设方向和效果。政治引领是指中国共产党通过教育、宣传等方式传播党的政治理念、政治主张，用先进的思想引领其他社会成员，增强政治认同，最大限度地巩固和扩大中国共产党的社会基础。

（一）牢牢把准政治方向

学校必须全面贯彻党的教育方针，坚持马克思主义指导地位，学习贯彻习近平新时代中国特色社会主义思想，坚持社会主义办学方向，全面落实立德树人根本任务，办好人民满意的教育。一是全面落实立德树人根本任务。培养德智体美劳全面发展的社会主义建设者和接班人。二是扎根中国大地办好教育。把坚持党的全面领导要求和中国特色社会主义大学政治属性落实到办学治校、立德树人的具体实践中。三是努力办好人民满意的教育。

（二）坚持把党的领导贯穿于办学治校、教书育人全过程

学校要切实履行好管党治党主体责任，把党的领导贯穿于办学治

校、教书育人全过程。一是要坚决做到"两个维护"。坚持用"四个意识"导航,用"四个自信"强基,用"两个维护"铸魂。二是要改进党的领导方式。坚决执行党的路线方针政策,不断增强党的政治领导力、思想引领力、群众组织力、社会号召力,提高管党治党、办学治校水平。

（三）着力增强党组织和党员干部办学治校的政治本领

学校要进一步增强党组织的政治功能,不断增强党员干部特别是领导干部的政治本领,提高其办学治校水平。一是强化基层党组织的政治功能。不断强化院系党组织的政治属性和政治功能。严格落实意识形态工作责任制,把好教师引进、课程建设、教材选用、学术活动等重大问题政治关。二是发挥群团组织政治作用。切实增强群团组织的政治性、先进性、群众性,充分发挥工会、共青团的桥梁和纽带作用。三是提高党员干部政治本领。引导党员干部站稳政治立场,保持政治定力,在大是大非面前态度鲜明,做到一切服从大局、一切服务大局。

二、政治引领的主要着力点

（一）加强党的全面领导

1.着力加强党委的全面领导作用。学校党委要始终把党的政治建设摆在首位,完善党领导的制度体系,提高议大事、谋大事的能力,履行好把方向、管大局、作决策、抓班子、带队伍、保落实的领导职责,把抓好学校党建工作作为办学治校的基本功,把党的教育方针全面贯彻到学校工作各方面,履行好管党治党、办学治校的主体责任。

2.着力强化院系党组织的政治功能。院系党组织是贯彻落实党的教育方针和学校党组织决策部署的关键一环和"最后一百米",在高校党组织体系中处于中间段,要充分发挥政治把关作用,优化党政协调运行机制,做到党政联席会议制度健全、执行有力,引领人才培养、学科建设、科学研究、社会服务取得实效。

3.着力提升师生党支部的组织力。师生党支部是贯彻落实党的教育方针和学校党委决策部署的前沿阵地和"最后一米",担负着直接教育、管理、监督党员和组织、宣传、凝聚、服务师生群众的职责。要以提升组织力为重点,着力发挥政治作用,有效团结带领党员干部和师生落实党的路线、方针、政策。

（二）坚决做到"两个维护"

1.必须坚持社会主义办学根本方向。高校要将人才培养、科学研究、社会服务、文化传承创新和国际交流合作等各职能与中国国情结合起来,要扎根中国大地办大学,在为人民服务、为中国共产党治国理政服务、为巩固和发展中国特色社会主义制度服务、为改革开放和社会主义现代化建设服务中彰显底蕴和特色,体现践行"两个维护"的能力。

2.必须全面贯彻落实党的教育方针。全面贯彻落实党的教育方针,要突出党建引领教育事业发展。要以党建引领基层治理体制机制创新,凝聚师生致力于学校改革发展的智慧和共识,高质量布局学科专业,优化师资队伍建设,强化科研实力,提高服务社会实效,持续走好内涵发展道路,办好中国特色社会主义大学。

（三）努力践行"四个服务"

1.增强"四个服务"政治定力。为人民服务、为中国共产党治国理政服务、为巩固和发展中国特色社会主义制度服务、为改革开放和社会主义现代化建设服务是高校安身立命之本。增强"四个服务"政治定力,要着力加强学校领导班子政治能力建设,聚焦学校各级领导班子成员政治能力提升,提高学校治理体系和治理能力现代化。

2.以"四个服务"检验"两个维护"的成效。持续提高党建引领学校事业发展的能力,突出顶层设计的系统性和实效性。大力推进科教融合,优化学科配置,激发创新活力,强化办学特色和优势,推进科技人才高地建设、技术研发服务、技能传承创新、科技成果转化等资源建设，深化产学研结合、科教融合，服务区域产业规模、结构、质量、效益协调发展，发挥引领支撑高质量发展的作用。

第二节　政治引领的具体内容

一、用党的创新理论武装全党

齐鲁理工学院坚持以习近平新时代中国特色社会主义思想为指导，深入贯彻党的二十大和二十届二中、三中全会精神，全面贯彻习近平总书记关于教育的重要论述，深刻领悟"两个确立"的决定性意义，坚决做到"两个维护"。

（一）严格落实"第一议题"和理论学习中心组学习制度

学校印发《关于推进落实"第一议题"制度的通知》《党委理论学习中心组学习制度》，制定《中共齐鲁理工学院委员会理论学习中心组理论学习计划》《中共齐鲁理工学院委员会理论学习中心组理论学习列席旁听制度》，将学习习近平新时代中国特色社会主义思想、习近平总书记重要讲话精神作为党委会、党委理论学习中心组、基层党组织会议的"第一议题"开展学习，创新会前预学、会上研学、会后深学的"三学"模式。

（二）健全规范教职工政治理论学习制度

2020年，学校印发《关于进一步加强和改进思想政治工作的规定》《关于进一步加强教职工政治理论学习的规定》等文件，完善教职工政治理论学习制度，进一步提高广大教师的政治素质和思想理论水平。每年通过举行报告会，开展专题讨论，组织演讲比赛、知识竞赛等形式对教职工进行教育，使政治理论学习既扎扎实实，又生动活泼。将学习贯彻习近平新时代中国特色社会主义思想纳入基层党组织"三会一课"、主题党日和教研室活动主题。

二、党建引领推动高质量发展

学校认真贯彻落实全国教育大会精神和第二十八次全国高校党的建设工作会议精神，从大局着眼，从细节着手，以推动教育强国事业高质量发展为第一要务，聚焦重点任务落地见效，主动融入服务黄河流域、绿色低碳高质量发展先行区建设，深入推进党建与业务工作深度融合，破解党建与事业发展"两张皮"问题，最大限度地激发组织保障的活力，实现党建与业务优势互补、资源共享，以高质量党建推动事业高质量发展。

（一）聚焦教育强国建设

学校强化校地、校企科研合作，与章丘区政府、企业共建章丘产业创新联盟，成立 2 个技术转移中心。深化校企合作，对应专业群建设 12 个产业学院，与 12 个地方政府、236 家企业建立合作关系，推进校地企深度融合。积极开展社会服务，与章丘区老年大学合作开设老年人国画培训班，获评 2024 年中国老年教育优秀案例并入选《中国老年教育优秀案例库》。开展职业技能培训 2 308 人次，有效促进人才就业创业。

（二）落实重点工作任务

学校不断优化学科专业布局，制定《学科专业调整优化改革实施方案》，新获批 5 个本科专业。抓实数字化转型，实施数字化赋能"六维"行动推进智慧教学改革，获评省级数字化赋能教育管理信息化建设与应用典型案例。助力乡村振兴，打造三涧溪村等社会实践基地 25 个，推进思想政治理论、养成教育、专业社会实践一体化建设。完善后勤服务保障，建立 24 小时设施设备维护机制，积极推进节水型高校建设，加强日常水电维修和校园环境管理，整体能源消耗降低 10% 以上，为教学、科研和师生生活提供有力保障。

（三）主动融入服务黄河流域、绿色低碳高质量发展先行区建设

学校成立服务黄河流域、绿色低碳高质量发展先行区建设领导小组，制定《积极服务和融入黄河流域生态保护和高质量发展实施意见》《教育服务和融入山东省绿色低碳高质量发展先行区建设实施意见》。出台《加强黄河文化研究的实施方案》，将黄河文化纳入育人体系，开展环保宣传、科普宣传等活动。打造电子信息、生物医药等服务黄河战略优势学科群，进一步优化学科布局。分别新增省级、市级科技创新平台 1 个、2 个。加强科学研究，确立黄河流域专项 20 项，资助经费 240 万元；确立绿色低碳专项 17 项，资助经费 310 万元。省政府办公厅、黄河流域科技创新联盟相关领导和专家来校调研工作并给予充分肯定。

（四）深入推进党建与业务工作深度融合

2020 年，学校印发《关于推进党建与业务深度融合的实施方案》，从八个方面构建融合发展工作体系，推动党建与业务工作深度融合，破解重业务轻党建、党建业务"两张皮"等问题，打造互融互促工作平台，以高质量党建推动事业高质量发展。

1. 深化党建与学生德育工作融合。确立"齐鲁文化孕育下的理工生"育人理念，每年组织齐鲁文化节活动。构建红色基因传承"3335"工作体系，积极组织"六红"校园活动。校、院两级党组织常态化组织参观学习，接受中华优秀传统文化、革命文化、社会主义先进文化的熏陶。推进大学生"养成教育"工程。

2. 深化党建与教育教学融合。落实学校党委、二级学院党组织专题研究教学工作制度要求，做到党建与教学工作同研究、同部署、同落实、同总结。推动思政课改革创新，打造"尚德"课堂品牌，深挖齐鲁文化蕴含的思政元素，选树课程思政示范课、课程思政教学名师和团队，提高思政课的针对性和吸引力。推动教学改革，以教研室活动为载体，发挥教师党员在教学改革中的主力军作用，开展党员示范课、观摩课等活动，打造一批教研教改项目和教学成果奖。

3. 深化党建与教科研融合。选拔"双优"高知党员担任科研项目、科技创新团队、科技创新平台负责人，发挥示范带动作用。发挥学校统战部、学院党组织统战工作委员的组织协调作用，与驻地企业、社区对接，推动科研成果转化，带领科研人员服务区域经济社会发展。党小组发挥组织作用，凝心聚力，引领带动教科研工作。教工党员积极参与社科类科研项目申报，在社科类项目研究中实现党建与科研无缝衔接。

4. 深化党建与师德师风建设融合。学校注重把党的路线方针教育、理想信念教育纳入教师培训体系，实现思想政治教育与业务培训一体化落实。推行党员岗位责任制，在教师中设立党员先锋岗、党员示范岗，鼓励教师亮出党员身份，争做群众表率，把发挥党员的先锋模范作用体现在日常工作中。在工作中突出品德与业务双优，每年教师节评选一批师德标兵、出彩教师。

5. 深化党建与校园文化建设融合。学校党委将校园文化建设作为党建工作的重要载体，采取一体设计、统筹推进、同向发力的方式，积极建设良好的校园文化。打造校园文化教育基地，用中华优秀传统文化、革命文化、社会主义先进文化加强对师生的熏陶。定期组织师生外出参观学习，参加社会实践，不断增强师生对文化身份的认同感，激发师生的爱党爱国热情。

6. 深化党建与安全稳定工作融合。学校成立安全工作委员会，完善"四级"安全管理工作体系，全面加强学校安全管理工作。落实《关于校园安全工作"党政同责、一岗双责"的若干规定》，切实发挥基层党组织在校园安全中的监督保障作用。党委每季度至少召开1次安全工作专题会议，传达学习上级文件、指示精神，研判管控安全风险，制定防控措施，保障校园安全稳定。

7. 深化党建与学校治理融合。健全学校党委（党总支、党支部）会议、党政联席会议、校务会议等议事决策和协调运行机制。持续完善"体系化、制度化、标准化、流程化、信息化"五化建设，将基层党组织的政治优势、组织优势转化为内部治理效能。健全党建与思想政治工作"六三六"体系，持续推进依法治校、科学治校。推动管理重心下移，激发各学院、项目团队、领军人才的活力。

8. 深化党建工作与国际交流融合。学校在外派留学队伍中建立党（团）小组，按照"标准不降、力度不减"的原则，落实党（团）小组职责，发挥政治、组织、思想保证作用。出国留学前通过召开留学主题大会、谈心交心等形式，加强对出国留学人员的思想政治教育，同时，邀请国家安全机关人员搞好国家安全教育，筑牢思想防线。

（五）努力打造互融互促示范工程

1. 党委委员"领航工程"。党委委员根据岗位分工，每人一题，组织专题调研，研究制定分管领域党建与业务融合发展的具体措施，解决制约分管领域融合发展的难题，引领党建与分管业务工作的融合发展。

2. 院系党组织书记"头雁工程"。落实二级学院党组织和行政交叉任职，选配懂党建、懂业务的复合型人才担任院系党组织书记。全面落实"（党）支部书记讲党课"工作，每位书记每年至少撰写4篇授课提纲。每位书记年初确定1个党组织书记突破项目，年底对项目落实情况进行公示。定期参加上级和校党委组织的专题培训，不断提升业务能力。

3. 党员"先锋工程"。组织实施"双优"（思想作风优良、业务工作优秀）高知党员培育，设立党员示范岗，大力宣传、表彰在融合发展方面涌现出的优秀党员，示范带动全体党员干部投身于融合发展事业。

4. 党支部共联共建工程。推进学校机关党支部、教师党支部、学生党支部之间共联共建，通过共同设计一份方案、策划一个活动、组织一次学习、举办一场主题党日和上好一堂党课等方式，推动教书与育人相结合，传道和授业相贯通，促进师生互促、双向受益、共同提高。

5."双培养"工程。2020年，学校印发《关于进一步推进"双培养"机制　切实加强发展党员工作的实施意见》，坚持把业务骨干培养成党员，把党员培养成教研、管理骨干，做好组织、宣传、凝聚和服务师生的工作，为党建和中心工作融合奠定人才队伍基础。

三、加强作风纪律建设

学校党委认真学习贯彻习近平新时代中国特色社会主义思想特别是习近平总书记关于党的自我革命的重要思想和全面加强党的纪律建设的重要论述，围绕学校中心任务，持续深入强化政治监督、正风肃纪，推动健全全面从严治党体系，加强党风廉政建设和校园廉洁文化建设，为加快建设现代化、有特色、高水平应用型高校提供坚强保障。

（一）加强党纪学习教育

学校成立党纪学习教育领导小组，党委书记、校长任组长，印发《中共齐鲁理工学院委员会党纪学习教育实施方案》《党纪学习教育工作配档表》和《党纪学习教育工作清单》等文件，按照"十大举措"有序推进党纪学习教育。举办党纪学习教育专题培训班，党委书记、纪委书记和马克思主义学院教师分别以《学习条例坚守师德》《学纪知纪明纪守纪》《精准把握条例修订内容，切实做到知行合一》《增强纪律性，抓好条例学习贯彻》为题目作专题辅导报告。

（二）大力整治形式主义，集中整治群众身边不正之风

学校党委成立专项领导小组，印发《关于力戒形式主义为基层减负的工作措施》，对照《全省教育系统整治形式主义自查自纠问题清单》中的20条问题，大力整治形式主义，提升基层工作效率。成立群众身边不正之风和腐败问题集中整治领导小组，下设校园食品安全、膳食经费

管理、学生资助政策落实、社会事务进校园加重教师负担等 4 个专项整治工作小组，逐项组织自查。各部门结合《全省教育领域群众身边不正之风和腐败问题风险点》文件精神，全面查找师德师风、学术挂虚名、继续教育、检查评估、职称评审、教育乱收费、评选竞赛等领域群众身边不正之风和腐败问题，切实堵塞群众身边不正之风和腐败问题漏洞。

（三）加强党风廉政建设和校园廉洁文化建设

学校成立由党委书记、校长任组长的党风廉政建设领导小组，修订《中共齐鲁理工学院委员会党风廉政建设责任制实施办法》，逐级签订党风廉政建设责任书和廉政承诺书，切实把"第一责任人""党政同责、一岗双责"落实到位。依据《廉政风险重点部位和关键环节监督管理办法》等制度，针对重点岗位、重点事项、重点人员和重点环节扎实开展廉政风险排查防控，制定廉政风险防控清单。成立由党委书记、校长任组长的清廉学校建设领导小组，制定《关于开展廉洁文化建设的实施意见》《清廉学校建设实施方案》，推进廉洁文化建设。

四、政治引领取得的实际效果

（一）学校综合实力显著提升

学校 2017 年以优异成绩顺利通过教育部本科教学工作合格评估。连续五年在山东省教育厅本科高校分类考核中被评为"优秀"，2023 年名列同类本科高校第一位。连续四年在校友会大学排行榜中名列全国同类高校第四位、理工类高校第一位。近三年，学校在山东省本科高校分类考核中党建工作考核成绩均名列同类高校第一位。此外，学校还荣获"全国党建工作示范高校"培育创建单位、山东省硕士学位授予立项建设单位、山东省应用型本科高校建设支持单位、山东省教育信息化示范单位、山东省智慧教育示范校创建单位、山东省校园安全工作先进集体、山东省教育系统党委（党组）网络安全工作优秀单位、山东省双创示范基地、山东省女大学生就业创业"雏凤"巢、山东省高校教师考核评价改革试点院校、首批山东教育融媒体建设试点单位、山东省首批中华优秀传统文化传承示范校、山东教育慈善奖先进单位、山东省绿色学校、5A级省管社会组织等一大批称号。学校投资近2亿元打造智慧化校园平台，是山东省内首个全面支持下一代互联网服务的民办本科院校，连续两年获评山东省网络安全先进单位。智慧化校园建设获评山东省教育信息化应用优秀案例。

（二）社会影响力和美誉度不断提升

学校获批"全国党建工作示范高校"培育创建单位，入选2024年山东教育十大新闻。生物与化学工程学院党支部获批首批"全国党建工作样板支部"。1名党支部书记入选"全国'双带头人'教师党支部书记'强国行'专项行动团队"，1个党总支获批"全省党建工作标杆院系"，2个党支部获批"全省党建工作样板支部"，2个党支部获评"山东省教育系统先进基层党组织"。另外，还涌现出"全国三八红旗手""山东省教育系统优秀共产党员""山东省教育系统党务工作先锋"等一大批优秀党员。学校党委成员多次在全国、全省教育系统重要会议上作典型发言。中宣部《党建》杂志、人民日报、光明日报、中国教育报、中国青年报、中央电视台等新闻媒体多次报道学校党建工作经验做法，学校社会影响力和美誉度不断提升。

第三章

思想引领——以习近平新时代中国特色社会主义思想为根本遵循

第一节　思想引领的基本内涵

一、思想引领的时代内涵

思想引领就是中国共产党通过加强理论武装和宣传教育，引导党员干部树立正确的世界观、人生观和价值观，提高党员干部的思想政治素质，增强党员干部的党性修养和社会责任感，推动习近平新时代中国特色社会主义思想深入人心。思想引领是中国共产党的核心任务之一，是党的领导力和凝聚力的源泉。

（一）坚持马克思主义的指导地位不动摇

马克思主义是党和国家的指导思想，是中国共产党人的思想旗帜和灵魂。一是深入学习马克思主义基本理论。党员干部必须学好用好马克思主义经典著作，坚持学以致用、用以促学，不断提高马克思主义理论素养。二是丰富和发展马克思主义，不断推进马克思主义中国化、时代化。党的十八大以来，我们党坚持把马克思主义基本原理同中国具体实际相结合、同中华优秀传统文化相结合，不断推进马克思主义中国化、时代化，创立了习近平新时代中国特色社会主义思想。习近平新时代中国特色社会主义思想是当代中国马克思主义、21 世纪马克思主义，是引领党和国家事业不断从胜利走向胜利的强大思想武器和行动指南。

（二）用习近平新时代中国特色社会主义思想武装全党

新时代全面推进思想引领，首要的政治任务就是引导广大师生自觉用习近平新时代中国特色社会主义思想来武装头脑，指导实践，推动工作。一是深入学习贯彻习近平新时代中国特色社会主义思想，深入理解和把握习近平新时代中国特色社会主义思想的精髓和要义。二是深入开展习近平新时代中国特色社会主义思想的宣传研究阐释工作，不断深化对习近平新时代中国特色社会主义思想的学理化阐释、学术化表达、大众化传播工作。三是全面推进习近平新时代中国特色社会主义思想进教材、进课堂、进学生头脑，坚持用习近平新时代中国特色社会主义思想武装全党。

（三）不断坚定理想信念

理想信念，包含马克思主义的真理信仰、共产主义的远大理想、中国特色社会主义的共同理想，三者统一于坚持和发展中国特色社会主义伟大事业之中。坚定理想信念，是对马克思主义的信仰、对共产主义和社会主义的信念、对中华民族伟大复兴的信心的有机统一，是中国共产党人实现初心和使命的必由之路。党的十八大以来，中国共产党把坚定理想信念作为党的思想建设的重要任务常抓不懈。广大师生要把践行中国特色社会主义共同理想和坚定共产主义远大理想统一起来，不断坚定中国特色社会主义道路自信、理论自信、制度自信、文化自信。

二、思想引领的主要着力点

（一）全面加强思想文化引领

1.坚持用党的创新理论武装师生的头脑。把深入学习贯彻习近平新时代中国特色社会主义思想作为首要政治任务，引导广大师生在学懂弄通做实上下功夫，增强"四个意识"，坚定"四个自信"，做到"两个维护"，增强师生对中国共产党和中国特色社会主义的政治认同、思想认同、理论认同和情感认同。

2.培育和践行社会主义核心价值观。社会主义核心价值观是我们党凝聚全党全社会价值共识作出的重要论断，积极培育和践行社会主义核心价值观是学校落实立德树人根本任务的核心要求。要把社会主义核心价值观落实到学校教学和管理服务各环节，形成培育和践行社会主义核心价值观工作长效机制，引导广大师生做社会主义核心价值观的坚定信仰者、积极传播者、模范践行者。

3.注重以文化人、以文育人。坚持将中华优秀传统文化、革命文化、社会主义先进文化有机融入学校文化建设之中，积极推进文化传承创新。推进中华优秀传统文化进校园，推动中华优秀传统文化融入教学，开展形式多样、健康向上、格调高雅的校园文化活动，全面提升文化活动质量，打造文化活动品牌。促进学校科学精神和人文精神的深度融合，引领社会主义先进文化的前进方向。

（二）加强和改进新时代学校思想政治教育

1.提升教师思想政治工作水平。坚持不懈用习近平新时代中国特色社会主义思想武装教师头脑，加强习近平总书记关于教育的重要论述的学理化阐释。持续开展优秀教师选树宣传，发掘师德典型，讲好师德故事，形成强大正能量。引导广大教师以德立身、以德立学、以德施教、以德育德，坚持教书与育人相统一、言传与身教相统一、潜心问道与关注社会相统一、学术自由与学术规范相统一，争做"四有"好老师。

2.深化大学生思想政治教育。坚持不懈用习近平新时代中国特色社会主义思想铸魂育人，把学校思想政治教育贯穿各学科体系、教学体系、教材体系、管理体系，融入思想道德、文化知识、社会实践教育。推动理想信念教育常态化、制度化，加强党史、新中国史、改革开放史、社会主义发展史教育。确保广大学生始终忠于党、忠于国家、忠于人民、忠于社会主义，坚定马克思主义信仰、中国特色社会主义信念、中华民族伟大复兴信心。

（三）深入推进思政课程和课程思政同向同行

1. 全面提升思想政治理论课质量。实施新时代立德树人工程，坚持思政课建设与党的创新理论武装同步推进，加快构建以习近平新时代中国特色社会主义思想为核心内容的课程教材体系，开好讲好"习近平新时代中国特色社会主义思想概论"课。深入推进思政课教学方法改革，不断增强思政课的思想性、理论性、亲和力、针对性。

2. 全面推进课程思政建设。结合学校发展定位和人才培养目标，构建全面覆盖、类型丰富、层次递进、相互支撑的课程思政体系。深入挖掘各类课程和教学方式中蕴含的思想政治教育资源，系统进行中国特色社会主义和中国梦教育、社会主义核心价值观教育、法治教育、劳动教育、心理健康教育、中华优秀传统文化教育。深入挖掘专业课程中的思政元素，坚持与课程思政一体化分类推进"专业思政"。

（四）坚决筑牢意识形态领域安全防线

1. 压紧压实意识形态工作主体责任。健全党委统一领导、党政齐抓共管、党委宣传部门组织协调、有关部门和院系共同参与的工作机制，严格落实"一岗双责"，坚持把意识形态工作纳入重要议事日程，纳入党建工作责任制，与学校人才培养和改革发展紧密结合，一同部署落实，一同检查考核，做到权责明确、常抓不懈，推动意识形态工作落实落细落小、向基层延伸落地。

2. 不断壮大主流思想舆论。加强校园媒体建设，主动及时回应师生关注的教育改革发展及校园学习生活热点问题，营造积极向上的教育舆论环境。深入挖掘特色做法、亮点工作和成功经验，积极主动开展对外宣传。积极树立一批站得稳、立得住、叫得响的师生典型，发挥其示范引领作用。

3. 切实加强意识形态工作阵地建设。强化课堂教学纪律，严格执行教师教学考核、教材使用、教学督导等制度，对学校教学工作实行全方位全过程督查。严格落实哲学社会科学报告会、研讨会、讲座、论坛和读书会、学术沙龙等"一会一报""一事一报"制度。完善校内出版物、橱窗、电子显示屏等方面的管理办法，加强对校报校刊等出版物、校园网络广播电台的内容审核，筑牢校园意识形态防线。

第二节　思想引领的具体内容

一、落实立德树人根本任务

齐鲁理工学院牢牢把握"培养什么人、怎样培养人、为谁培养人"这个教育的根本问题，落实立德树人根本任务，完善"三全育人"工作体系，全面提高人学生思想道德素质和科学文化素质，构建大思政育人体系，不断深化教育综合改革，努力办好人民满意的教育，为强国建设、民族复兴伟业提供人才支撑。

（一）坚定理想信念

学校党委坚持不懈用习近平新时代中国特色社会主义思想铸魂育人，教育引导青年学生树立坚定的理想信念，永远听党话、感党恩、跟党走，不断增进对党的创新理论的政治认同、思想认同、理论认同、情感认同。成立以党委书记、校长为组长，各单位、部门负责人为成员的立德树人工作领导小组，完善以"德育为先、能力为本、素质为要、文化为根"的育人工作体系，落实立德树人根本任务。将新生"开学第一课"作为深化爱国主义教育和加强思想道德建设的重要环节，党委书记和校长以及二级学院党政领导坚持讲好"开学第一课"，使学生进一步坚定理想信念，立志奋发图强，顺利开启新的人生篇章。

（二）完善"三全育人"工作体系

学校印发《关于深化"三全育人"综合改革若干意见》，对大学生进行理想信念教育、爱国主义教育、公民道德教育和成长教育，实现全员、全过程、全方位育人，把思想政治教育贯穿人才培养全过程和各环节。着力打造十大育人工程。一是课程育人，聚力打造思政课堂、课程思政示范课；二是科研育人，凸显科研的价值、伦理、学风引领功能；三是实践育人，强化学生责任担当意识培养；四是文化育人，彰显齐鲁文化、红色文化和新时代文化育人特色；五是网络育人，重在净化网络环境；六是心理育人，坚持育心与育德相结合，加强人文关怀与心理疏导；七是管理育人，推行以法德并治为主体的"五化"建设；八是服务育人，重在优化八项学生服务措施；九是资助育人，健全资助体系，100%覆盖家庭经济困难学生；十是组织育人，发挥党组织作用，促进学生全面发展。

（三）构建大思政育人体系

学校成立以党委书记、校长为组长的"时代新人铸魂工程"工作领导小组，全面领导思想政治工作。印发《齐鲁理工学院"时代新人铸魂工程"实施方案》和《关于构建学校"大思政"体系，推动学校共青团工作高质量发展的实施方案》，通过坚持党的领导，落实党建带团建制度机制，聚焦政治引领，全面参与大思政课建设。创新"课堂理论讲授—校内实践体验—校外社会实践"的"三段式"大思政教育模式，搭建校内"四馆一堂二厅"思政教育体验平台，开展集文化实践、思政实践、养成实践于一体的"行走的大思政实践"，将校内小课堂和社会大课堂有机结合起来，努力打造思政教育齐鲁品牌，积极构建大思政育人体系。

二、抓好思想政治教育工作

学校认真贯彻落实中共中央、国务院《关于新时代加强和改进思想政治工作的意见》精神，印发《关于进一步加强和改进大学生思想政治教育的规定》，遵循思想政治工作规律，坚持守正创新，推进理念创新、手段创新、工作创新，把显性教育与隐性教育结合起来，把解决思想问题与解决实际问题结合起来，把思想政治教育工作贯穿于学校党的建设以及教学、科研、管理等各方面各环节。

（一）加强思想政治工作者队伍建设

按照提高素质、优化结构、相对稳定的要求，努力建设一支政治坚定、业务精湛、专兼结合、结构合理的高素质思想政治工作队伍。选拔政治素质和思想作风好、学历层次高而且具有较强组织管理能力的优秀党员干部、教师或毕业生做学生思想政治工作。建好马克思主义学院，配齐配强辅导员、班主任、思想政治理论课教师等师资力量。

（二）重视学校德育工作

2020 年，学校印发《关于进一步加强和改进德育工作的规定》，以增强学生的社会责任感、创新精神、实践能力为基点，以全面提高学生的思想道德素质和人格品质、完善中华优秀传统文化教育为重点，将德育贯彻落实到教育工作中的各个环节。通过发挥课堂德育主阵地作用、增强校园文化育德感染力、强化实践育德教育、拓展网络育德、促进学校与社会合作育德等渠道方法，全面提高青年学生的思想道德素质、公民素质、文明素养、社会责任感。

（三）加强师德师风建设

学校印发《关于进一步加强和改进新时代师德师风建设的实施意见》，切实提高教师的思想道德修养和综合素质。2022 年，学校印发《齐鲁理工学院教师养德修为工程实施方案》，教师普遍参与养德修为项目，师德师风建设成效明显，教师思想品德素养普遍提高。学校每年邀请校内外专家围绕新时代高校教师的专业素养与品格及深入实施教师"养德修为工程"进行专题培训，同时组织教师开展"培根铸魂、立德树人"师德宣讲活动、养德修为大家谈活动、"培根铸魂树师德、立德树人正师风"演讲比赛和"争做四有好老师、当好学生领路人"征文活动，以此弘扬"爱岗敬业、无私奉献"的职业情操和"教书育人、为人师表"的精神风貌，引导广大教师坚定理想信念、厚植爱国情怀、涵养高尚师德，激励广大教师努力成为"四有"好老师。

三、加强思想政治理论课建设

思想政治理论课是落实立德树人根本任务的关键课程，也是提升思政引领力的主渠道和主阵地。学校坚持守正创新，推动思政课建设内涵式发展，坚持用习近平新时代中国特色社会主义思想铸魂育人，坚持思政课建设与党的创新理论武装同步推进，构建以习近平新时代中国特色社会主义思想为核心内容的课程教材体系，坚持以党的创新理论为引领，提升思政课的政治引领力和教学针对性。

（一）创新思想政治理论课教学方式

2020年，学校印发《关于进一步加强和改进思想政治理论课的实施细则》，成立由党委书记、校长任组长，党委副书记、分管教学工作的副校长任副组长的思想政治理论课建设领导小组，负责领导思想政治理论课建设工作，定期讨论研究思想政治理论课建设、师资队伍建设、学科建设等教育、教学工作，及时解决工作中的各种问题。充分发挥思想政治理论课教书育人的主渠道作用，坚持思政课程与课程思政同向同行，发挥各门各类课程协同育人的功能。不断优化以思想政治理论课为引领、以专业课程为核心、以通识课程为拓展、以实践类课程为补充的思政教育体系，促进知识传授与价值引领融为一体，全面落实立德树人根本任务。积极构建"大思政课"育人格局，把思政小课堂与社会大课堂紧密结合起来，通过学校、家庭、社会协同形成推动思政课建设的合力。坚持以学生为中心，改革思政课教学方式，打造"古道思政""行走的思政课"，增强思想政治理论教学的实效性。印发《聚焦服务山东省新旧动能转换重大工程改革创新"形势与政策"课教学项目实施方案》，针对山东省新旧动能转换"十强产业"需求，结合学校应用型人才培养实际，改革创新"形势与政策"课程的教学内容、模式和手段，教育引导学生更好地服务地方经济建设发展。

（二）加强思政课教师和辅导员队伍建设

按照《关于进一步加强思想政治理论课教学的意见》要求加强思政课教师队伍建设。构建"五三三五"教师发展体系，实施"三工程—九模块"培训，精准靶向，分类指导，将"习近平总书记关于教育的重要论述研究"作为思政课教师和辅导员培训的主要内容，提升思政队伍能力素养。2024年，思政队伍共参与校外培训34场次，校内培训3 251人次。严格按照要求配备专职思政课教师，确保高于1∶350的国家标准。配齐配强专职辅导员队伍，确保高于1∶200的规定标准。

（三）大力推进课程思政建设

2020年，学校印发《关于推进课程思政建设的指导意见》和《关于推进课程思政建设工作的实施方案》，围绕推进习近平新时代中国特色社会主义思想"三进"、培育和践行社会主义核心价值观、加强中华优秀传统文化教育及养成教育、深入开展宪法法治教育等内容体系，全面推进课程思政建设。学校成立课程思政研究中心，引领学校课程思政工作的开展。根据不同专业人才培养特点和专业能力素质要求，科学合理设计思想政治教育内容。强化每一位教师的立德树人意识，提升每一位教师的课程思政建设能力，让所有教师都承担好育人责任，守好一段渠，种好责任田，使各类课程与思政课程同向同行，形成协同效应。

齐鲁理工学院课程思政建设质量保障体系如图1-3-1所示。

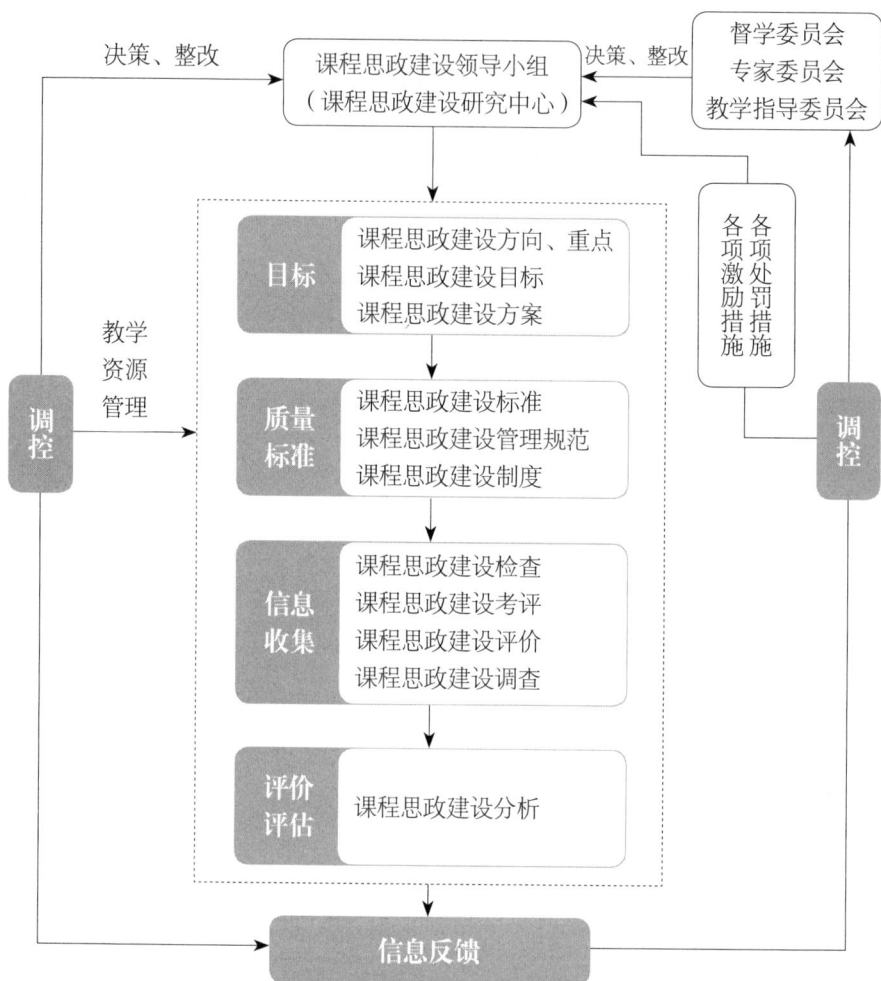

图 1-3-1　齐鲁理工学院课程思政建设质量保障体系示意图

四、加强宣传思想和意识形态工作

学校党委切实履行宣传思想和意识形态工作的主体责任，坚持不懈用习近平新时代中国特色社会主义思想凝心铸魂，建设具有强大凝聚力和引领力的社会主义意识形态，培育和践行社会主义核心价值观，巩固壮大奋进新时代的主流思想舆论，使其成为推动学校发展的强大精神力量。

（一）强化组织领导，健全工作机构

学校党委全面落实意识形态工作责任制。2020 年，学校印发《关于思想政治教育与意识形态工作委员会建设的指导意见》《关于加强意识形态工作的实施方案》，深刻认识"两个确立"的重要意义，切实增强"四个意识"，坚定"四个自信"，做到"两个维护"，牢牢掌握意识形态工作的领导权和主动权，巩固马克思主义在意识形态领域的指导地位。成立思想政治教育与意识形态工作委员会，设立意识形态工作办公室，构建"校领导小组—办公室—部门或学院—师生员工"意识形态四级工作体系和宣传思想文化阵地四级管理体系。严格落实"一会一报""三审三校"等制度，实现意识形态工作全覆盖。

（二）完善制度机制，优化流程方案

学校制定《意识形态工作责任制》《新闻宣传管理办法》《校园媒体管理办法》《舆情应对管理办法》等制度文件 25 个，优化《加强意识形态工作实施方案》《宣传思想文化工作实施方案》《校园安全舆情应对与处置工作方案》《一会一报审批流程》等方案、流程 27 个。创新坚持一个指导思想、明确四级工作责任、坚持"三每"议事规则、打造四类优质课堂、管好五个平台阵地、严抓六项配套措施、建强七支工作队伍、重点防范八项风险等意识形态"八项工作法"。

（三）严格审核监管，规范流程管理

严格组织开展意识形态工作校内专项巡察。严格落实各类论坛、讲坛、讲座、研讨会、报告会等活动的审批、备案手续以及全年"一会一报"审批流程。将校内各级各类新媒体纳入统一管理，规范信息发布"三审三校"流程。对网络舆情进行 24 小时全网监测。针对招生就业、师德师风、学生管理、校园安全等重点领域、重要活动开展或重要文件出台进行舆情风险评估，对可能发生的风险点主动发布《网络舆情风险提示单》，向舆情应对与处置工作领导小组定期提供舆情月报和年报。

五、加强大学生心理健康教育

心理健康教育是促进大学生身心健康、全面发展的教育，是高校人才培养体系的重要组成部分、思想政治工作的重要内容、落实立德树人的重要环节。学校坚持为党育人、为国育才，落实立德树人根本任务，坚持健康第一的教育理念，切实把心理健康工作摆在更加突出的位置，整合贯穿学校、家庭、社会各方面力量，努力培育学生热爱生活、珍视生命、自尊自信、理性平和、乐观向上的心理品质和不懈奋斗、宠辱不惊、百折不挠的意志品质，促进学生思想道德素质、科学文化素质和身心健康素质协调发展。

（一）加强大学生心理健康教育机制建设

按照教育部等十七部门联合印发的《全面加强和改进新时代学生心理健康工作专项行动计划（2023—2025年）》要求，结合《山东高校学生心理健康教育工作体系建设质量标准》，学校制定《关于进一步加强和改进大学生心理健康教育的意见》《心理健康工作体系标准化建设实施方案》，成立由校长、党委书记任组长的心理健康教育工作领导小组，下设心理健康教育中心，建立由"心理健康教育工作领导小组—心理健康教育中心—各部门、各教学单位—全体学生管理人员"构成的四级管理体系，完善"学校—学院—班级—宿舍"四级网络工作体系，健全心理健康教育制度规范、工作标准和工作流程，确保心理健康教育各项工作有规可依、有章可循。

（二）扎实开展大学生心理健康教育工作

学校把心理健康教育课程纳入学校整体教学计划，开设了"大学生心理健康教育""情绪管理""如何高效学习"3门公共必修课和15门公共选修课，共计1 016学时。创新教学改革，提高课程标准，以课堂教学为主渠道，将理论与实践相结合，提高学生心理素质。以"5·25"

大学生心理健康节为契机，每年开展团体辅导、朋辈心理辅导、心理话剧等线上、线下心理健康活动，创造性地将心理健康教育与第二课堂活动紧密结合，通过采用青年学生喜闻乐见的方式普及心理健康教育知识。对有心理困扰或心理问题的学生开展个性化的心理辅导和心理疏导，及时给予必要的危机干预，提高其心理健康水平。每年面向全体学生和教职工开展 2 次全覆盖心理筛查，建立心理健康电子档案，根据心理健康筛查及"周报告，月排查"常态化摸排，建立重点人员心理健康档案，实施"111"工作法和"141"关爱法，多措施联动。

六、思想引领取得的实际效果

（一）思想政治教育成果显著

学校开设的"思想政治理论社会实践"课程获批国家级一流本科课程。学校获批省级一流本科课程 1 门。中宣部《党建》杂志刊登《创新党建领航、文化涵育、实践塑品的"大思政"育人模式》，推广学校大思政育人经验。1 名思政课教师获评济南市教育高质量发展工作表现突出个人，1 项教学成果获得全省学校思想政治理论课教学比赛二等奖，1 名辅导员获评山东高校优秀辅导员。学校全面开展心理健康教育工作，培育学生积极心理品质，获得山东省心理健康月活动三等奖 3 项。学校在全省大学生国旗护卫队展示活动中获一等奖第一名。

（二）服务社会效果突出

学校坚持以服务社会为己任。自 2014 年 6 月以来，学校积极响应教育部的号召，全方位对口援建青海黄南藏族自治州职业技术学校，投资该校加强实验室、图书馆等建设，同时选派教师支教，帮助该校加强专业课程建设、规范教学管理等，中央电视台《新闻联播》报道了学校对口援建工作所取得的突出成绩。学校热心社会培训事业，设立国家、省、市级职业技能培训基地和考试站点共 16 个，累计培训 3 万余人次。

第四章
组织引领——健全大思政育人工作体系

第一节　组织引领的基本内涵

一、组织引领的时代内涵

组织建设是党的建设的重要基础。党的组织路线是党的组织建设的指导方针和根本遵循。2018 年 7 月 3 日，习近平总书记指出："全面贯彻新时代中国特色社会主义思想，以组织体系建设为重点，着力培养忠诚干净担当的高素质干部，着力集聚爱国奉献的各方面优秀人才，坚持德才兼备、以德为先、任人唯贤，为坚持和加强党的全面领导、坚持和发展中国特色社会主义提供坚强组织保证。"组织引领就是通过建立和完善中国共产党的组织体系，加强党的团结和统一，提高党的组织能力和纪律性，为党的事业发展提供坚实的组织支撑。

（一）学习贯彻习近平新时代中国特色社会主义思想

习近平总书记指出："组织是'形'，思想是'魂'。加强党的组织建设，既要'造形'，更要'铸魂'。"这一鲜明生动的论述，深刻揭示了组织建设和思想建设的辩证关系。在组织建设中"铸魂"，就是要坚持用习近平新时代中国特色社会主义思想指导党的组织建设，确保组织建设的方向不偏、立场不移、原则不失。坚持把习近平新时代中国特色社会主义思想贯穿组织建设全过程，推动各项工作更好体现时代性、把握规律性、富于创造性，为实现新时代党的历史使命提供坚强组织保证。

（二）加强组织体系建设

加强组织体系建设，就要以提升组织力为重点，突出政治功能，统筹推进各层级各领域党组织建设，既重视抓好组织设置、组织覆盖，又重视完善组织运行机制、组织管理制度，使党的各级组织都健全、强大起来。切实把基层党组织建设提上日程，积极推进基层党组织标准化规范化建设，有效实现党的组织和党的工作全覆盖，推动基层党建工作有机融入各部门各单位主责主业。大力推动党建理念思路和方式方法的创新，引导各级党组织不断增强政治领导力、思想引领力、群众组织力、社会号召力，切实担负起组织群众、宣传群众、凝聚群众、服务群众的职责，把广大群众紧紧团结在党的周围。

（三）着力培养高素质干部

把培养忠诚干净担当的高素质干部作为新时代党的各级领导班子和干部队伍建设的重要标准。要通过加强思想淬炼、政治历练、实践锻炼、专业训练，推动广大干部严格按照制度履行职责、行使权力、开展工作。党组织要严把政治关和素质能力关，围绕事业发展需要配备干部。教育引导党员干部胸怀"两个大局"，在不断破题、解题实践中提高政治能力，锤炼应对重大挑战、抵御重大风险、解决重大问题的能力。把提高治理能力作为新时代干部队伍建设的重大任务，加强干部教育培训，使广大干部的政治素养、理论水平、专业能力、实践本领跟上时代发展的步伐。

（四）着力集聚各方面优秀人才

人才资源是党执政兴国的根本性资源。要把党内外、国内外、各行业、各领域、各方面优秀人才集聚到中国特色社会主义伟大事业中来，形成具有吸引力和国际竞争力的人才制度体系，努力聚天下英才而用之。进一步深化人才发展体制机制改革，创新人才发现、引进、培养、使用、评价、激励机制，坚决破除束缚人才发展的观念和体制机制障碍，实行更加积极、更加开放、更加有效的人才政策，充分激发人才创新创造活力。加强政治引领和政治吸纳，激发引导广大人才把爱国之情、强国之志转化为报国之行。构建以工作实绩为重点的人才评价标准体系，发挥市场、用人单位等多元评价主体的作用。

二、组织引领的主要着力点

（一）大力加强基层党组织建设

1. 推进基层党组织全面有效覆盖。建立健全基层党组织，做到哪里有党员哪里就有党组织，哪里有党组织哪里就有健全的组织生活和党组织、党员作用的充分发挥。积极适应学校组织结构、管理模式、学科设置、办学形式的变化，不断优化党支部设置，根据实际需要，探索依托重大项目组、学科组、课题组、创新团队、科研平台、学生社区、学生社团等领域设置党组织，推进党组织有效覆盖。

2. 强化基层党组织功能。强化基层党组织政治引领功能，把好教育教学、科研管理等重大事项中的政治原则、政治立场、政治方向关，保证党的路线方针政策落实到最基层。强化基层党组织服务功能，坚持把思想教育和解决实际问题结合起来，搭建师生发展成长平台，引导广大师生讲理想跟党走、爱学习爱劳动爱祖国，培养中国特色社会主义事业合格建设者和可靠接班人。

3. 增强基层党组织活力。推进基层党建工作理念、机制和方法创新，提升工作的针对性和实效性，增强党组织活动的吸引力。选优配强基层党组织书记，大力推进教师党支部书记"党建带头人、学术带头人"培育工程。持续实施"对标争先"建设计划，努力争创先进。加强党员教育、管理和服务，充分发挥党员的先锋模范作用，建设一支素质优良、作用突出、始终站在时代前列的党员队伍。

4. 严格组织生活制度。严格执行"三会一课"制度，严格执行民主生活会、组织生活会、谈心谈话、民主评议党员和党员领导干部双重组织生活制度，健全主题党日活动制度。按照"坚持标准、保证质量、改善结构、慎重发展"的方针，规范工作程序，做好发展党员工作。抓好流动党员教育管理，及时稳妥处置不合格党员。严格执行重大事项请示报告制度。做好党费收缴、使用和管理工作。

（二）着力培养忠诚干净担当的高素质干部

1. 突出政治标准选人用人。坚持事业为上、人岗相适、人事相宜，从党和教育事业需要出发选干部、用干部，突出实践实干选贤能，坚持有为有位聚英才，大力选拔任用热爱教育事业，在推进教育改革发展稳定中敢于负责、勇于担当、善于作为、实绩突出的干部。建设一支忠实贯彻习近平新时代中国特色社会主义思想、符合新时期好干部标准、忠诚干净担当、数量充足、充满活力的高素质专业化年轻干部队伍。

2. 加强干部教育培训和管理。紧紧围绕提高教育治理能力，推动广大干部严格按照制度履行职责、行使权力、开展工作，不断提高学校教育改革发展的能力和水平。坚持把习近平新时代中国特色社会主义思想作为中心内容，不断提高广大干部的政治理论素养和党性修养，锤炼忠诚干净担当的政治品格，不断提高干部扛重活、打硬仗、解难题、防风险的能力，增强干部适应新时代教育改革发展要求的本领。

3. 激励干部积极担当作为。大力加强干部思想教育，不断强化政治担当、历史担当、责任担当，坚定不移走中国特色社会主义教育发展道路。大力推动干部能上能下、能进能出，坚持能者上、优者奖、庸者下、劣者汰。加强组织领导，把激励干部担当作为纳入党政领导班子和干部队伍建设的重要内容，激励广大干部奋发有为、建功立业，推动新时代教育改革发展迈上新台阶、取得新成效。

（三）全面深化新时代教师队伍建设改革

1. 全面提升教师素质能力。全面提升教师思想政治素质，引导教师增强"四个意识",坚定"四个自信",做到"两个维护",践行社会主义核心价值观,弘扬高尚师德,坚持以德立身、以德立学、以德施教、以德育德,争做"四有"好老师,当好"四个引路人"。注重加强教师培养,促使教师自觉坚定终身学习理念,拓宽文化视野,夯实专业知识,把握教育规律,提高育人本领,增强教学效果。

2. 不断深化教师管理改革。不断深化改革,聚焦破除顽疾,优化形成教师人人尽展其才、好老师不断涌现的制度环境,让教师的创新创造活力充分释放出来。严格资格准入,提高入职门槛,完善招聘制度,遴选乐教适教善教的优秀人才进入教师队伍,从源头上保证教师质量。深化考核评价改革,坚持德才兼备、全面考评,突出教育教学实绩和师德要求,坚决破除"五唯"顽瘴痼疾,引导教师潜心教书育人。

3. 切实提高教师地位待遇。满腔热情关心教师,切实提高教师的地位待遇,吸引和稳定优秀人才从教。提高教师政治待遇,充分发挥教师在办学治校中的重要作用,保障教师参与学校决策的民主权利。扩大学校收入分配自主权,建立体现以增加知识价值为导向的收入分配机制,加大高层次人才工资分配的倾斜力度。保障教师身心健康,优化健康服务和工作环境。大力宣传教师中的先进典型,在全校形成学习先进、崇尚先进、争做先进的浓厚氛围。

第二节　组织引领的具体内容

一、完善党建工作体系

齐鲁理工学院坚持不懈用习近平新时代中国特色社会主义思想培根铸魂,重视育人的全程性、系统性、科学性和创新性,聚焦提升思想政治引领力、增强党建组织力、强化青年成才服务力。健全大思政育人工作体系，明确二级学院大思政育人主体责任。完善学生党支部、党小组建设，落实教师、学生党支部融合发展机制。建立党员密切联系团组织制度，完善党建带团建机制。建强思政课教师、辅导员、团干部、心理健康教师、舆情监督员、网评员等"大思政"工作队伍，统筹配合，协调联动，推动党建工作规范化、标准化，使党建工作各项重点任务落实落地。

（一）认真落实党建工作重点任务

2017年，学校推进体系化、制度化、标准化、流程化、数字化的党建"五化"建设，构建"六三六"党建工作体系，发挥保证政治方向、凝心聚力师生等六大作用，推进班子自身建设等三大工程，落实组织、条件、经费等六大保障。2021年，学校印发《党政领导班子成员"双向进入、交叉任职"的通知》，学校党委会成员7人中，4人进入董事会分别任董事长、董事，5人进入校委会分别任校长、副校长。党委书记按照法律程序进入董事会。制定《党委班子成员指导二级学院党组织会议、党政联席会议实施意见》，党委班子成员积极参加联系挂钩二级学院的党组织会议、党政联席会议。

（二）选派党委书记、党建指导员履职尽责

党委书记全面履行书记、督导专员职责，学校党委获评"全国党建工作示范高校"培育创建单位，实现了山东省零的突破。学校党委成员多次在全国、省级党建工作会议上介绍经验。积极推进落实书记派出单位山东第一医科大学（山东省医学科学院）与齐鲁理工学院签订的帮扶发展框架协议。省委教育工委选派的党建指导员爱岗敬业，担当作为，作风正派，廉洁自律，积极投身于党建工作中，圆满完成职责使命和组织交派的任务，为学校党建和思想政治工作作出了积极贡献。

（三）选好配强党务工作者，持续优化党务工作结构

学校制定《党务工作者选配标准》《关于实施教师党支部书记"双带头人"培育工程的意见》，明确了党组织书记、专职副书记和专职组织员的任职标准，对政治素质、思想觉悟、党龄等方面提出明确要求。严格遵循民主评议、支部推荐、组织人事考核、党委研究等程序，确保选拔出的党务工作者党性强、懂教育、会管理、有威信、善于做思想政治工作。健全党建组织机构，目前，学校党委设2个直属机构、6个职能部门，下设4个二级党委、7个党总支、34个党支部、94个党小组。

二、加强基层组织建设

党的基层组织是党全部工作和战斗力的基础，是落实党的路线方针政策和各项工作任务的战斗堡垒，是党团结群众、服务群众、紧密联系群众的桥梁和纽带。学校各基层党组织坚持围绕中心、服务大局，通过强基固本提升功能，强组织、增活力、促发展，同时注重发挥党员的先锋模范作用，构建基层党建工作新格局。

（一）提升党组织标准化规范化建设水平

学校制定《党委会议事规则》《校务委员会议事规则》《党支部委员会会议议事规则》《党政联席会议议事规则》等制度，明确了校、院两级议事决策边界，理顺了议事决策流程。对于重大事项决策、重要干部任免、重大项目安排和大额度资金的"三重一大"事项，均遵循"集体领导、民主集中、个别酝酿、会议决定"的原则，确保决策的科学性、民主性。印发《基层党组织"五基双化"建设标准》，推进"五基双化"建设。通过基层自查自纠、党委督查巡察，推进支部标准化、规范化建设。

（二）落实"双带头人"教师党支部书记"强国行"专项行动

学校党委专题研究部署教育部"双带头人"教师党支部书记"强

国行"专项行动。一是开展党建联建。教师党支部与地方党委政府、企事业单位、科研机构、基层社区等党组织积极开展联学联建。二是提供教育服务。教师党支部以参观交流、专题讲座、技能培训、科普活动、捐赠资助、教育教学等方式，服务支持地方教育事业发展。三是推动科技赋能。教师党支部发挥自身科技和智库优势，强化校地、校企合作，为地方发展提供咨政建言、科技开发、创意设计、文化传播等服务，打造产学研用合作平台，推动成果转化落地。四是深化实践育人。发挥教师党支部学科优势和专业特色，围绕地方经济社会高质量发展需求，带领支部师生深入地方党政机关、街道、乡镇、社区、企业、学校、医院等开展调研实践活动。五是健全人才储备机制。健全《教师党支部书记"双带头人"队伍质量攻坚计划》，加强顶层设计，完善培育储备机制。

（三）坚持党建带团建

为进一步加强和改进党对共青团的领导，2022年，学校印发《关于进一步加强党建带团建工作的实施意见》，要求基层团总支、团支部达到"五有"（有班子、有队伍、有活动、有制度、有阵地）标准，基层团委达到"五好"（班子建设好、队伍建设好、主题活动好、支部建设好、阵地建设好）标准。党委把共青团建设纳入总体规划，制定文件制度，明确目标责任，专题听取共青团工作汇报并专题研究部署，指导团委组织团代会、学代会等活动，指导团委建立社会实践"四个结合"育人机制，在志愿服务队建立临时党支部，构建"1234+X"志愿服务体系。

三、以样板党支部创建培育为依托带动基层党组织全面活跃

学校以化学与生物工程学院党支部入选全国党建工作样板支部培育创建单位为依托，对照《新时代高校党建"双创"工作重点任务指南》目标任务要求，严格高标准做到"七个有力"，充分发挥战斗堡垒作

用，带动基层党组织全面活跃，积极探索党建育人创新路径，推动基层党建工作不断迈上新台阶。

（一）全面实施"对标争优"，实现"七个有力"的支部建设

1. 教育党员有力。党支部始终把政治建设摆在首位，强化"两学一做"学习教育常态化制度化，持续开展"不忘初心、牢记使命"主题教育，以"三会一课"为载体，丰富"主题党日活动"内容，把深入学习习近平新时代中国特色社会主义思想贯穿始终，教育党员牢固树立"四个意识"，坚定"四个自信"。

2. 管理党员有力。党支部坚持党员发展标准，严格党员发展程序，在党员的发展工作中坚持一个方针，填好三个表格，明确五个概念，抓好四个环节；强化理论学习，每年度组织师生党员集中学习培训48学时；每年对党员组织关系进行2次集中排查；党员组织关系转接工作规范有序；党员自觉按时足额交纳党费，充分发挥党员的先锋模范作用，创先争优。

3. 监督党员有力。党支部坚持把纪律和规矩挺在前面，每年召开2次组织生活会、2次民主生活会、2次民主评议党员会；每年开展2次谈心谈话活动。学校党委每学期召开1次"样板支部"建设推进会；党委书记、副书记每年分别给党支部党员讲党课2次，参加党支部组织生活会2次等。

4. 组织师生有力。落实立德树人根本任务，开展"师德建设月"活动；持续推进养成教育，引领优良教风学风建设。

5. 学习宣传有力。党支部充分利用全国高校思政网平台、"灯塔——党建在线"、党支部学习交流平台、学院网站、微信公众号等网络宣传平台，线上与线下结合，开展学习、宣传、交流活动。

6. 凝聚师生有力。充分发挥党支部战斗堡垒作用，做好思想引领和价值观塑造。引导支部党员、任课教师深入挖掘发挥"课程思政"育人功能；指导教师开展教研、教改、科研等工作；与三涧溪村党总支结对共建，开展"三下乡"社会实践活动、大罗张村精准扶贫工作、济东戒毒所志愿活动、创新创业教育工作。

7.服务师生有力。党支部积极组织开展丰富多彩的校园文化活动，以党建带团建促繁荣；健全困难师生帮扶机制。抗击新冠疫情期间，党支部为每名返校学生准备了爱心健康包。每年走访慰问家庭经济困难的学生；发放奖学金和助学金；及时了解、听取、回应师生意见和诉求，增强师生归属感、获得感。

（二）形成"5+4+1+1"的党建工作机制

1.以思想政治建设为统领，全面推动党支部建设。加强党支部思想政治建设，坚持把党的政治建设摆在首位。党支部着力做好"四个强化"，促进教育党员有力、管理党员有力、宣传师生有力。一是强化"四个意识"，增强党支部班子成员和党员队伍的政治纪律和政治规矩意识。二是强化理论学习，提高党支部班子成员和党员队伍政治理论水平。三是强化思想教育和制度治理紧密结合。加强思想教育，提高党员的思想认识，进而增强对制度的认同，维护制度的严肃性和权威性。四是强化宣传工作。充分利用全国高校思政网平台、"灯塔——党建在线"等宣传平台，开展学习、宣传、交流等活动，推动党建工作高效运行。

2.以提升组织力为重点，全面强化党支部建设。党支部从"四个提升"上着力做好教育党员有力、管理党员有力和服务师生有力，全面提升党支部组织力。一是强化政治功能，提升党组织的政治领导力。二是强化党支部政治担当，提升党组织的政治战斗力。三是激发党建活力，提升党组织的政治助推力。四是重视党员的教育培养，提升党组织的政治引领力。

3.提高党内组织生活质量，全面深化党支部标准化建设。以提升党支部凝聚力、生机活力为抓手，落实党支部"一个支部工作制度"，使党内组织生活正常规范、严肃认真，党员参与率高，教育效果好，从而促进教育党员有力、管理党员有力、监督党员有力和组织师生有力。

4.以立德树人为根本任务，全面加强党支部建设。党支部团结带领广大教师落实"一个根本任务"，即立德树人根本任务，加强"双带头人"党支部书记培育，不断提高应用型人才培养的质量，促进组织师生有力、凝聚师生有力和服务师生有力。

（三）推进"结对领航"工程，打通凝聚党员"最后一公里"

以增强支部凝聚力和组织力为目标，以"结对领航"为创新方式，以促进全体学生全面发展为落脚点，进一步完善师生联动党建工作机制。"结对领航"工程推动了党组织架构从"头重脚轻"转向"纵横交织"，做到组织、宣传、凝聚、服务学生有力，打通凝聚党员的"最后一公里"。

（四）探索构建"一站式"学生社区工作体系

学校积极探索构建党委领导、学工牵头、部门协调、学生参与、师生共建、社团助力、辅导员入驻的"一站式"学生社区工作体系，将服务青年学生、党团组织建设、社区育人工作有机融入"一站式"学生社区工作当中，努力把"一站式"学生社区打造成高水平的学生党建前沿阵地、"三全育人"实践园地、平安校园样板高地和智慧服务创新基地。

四、加强党对人才工作的全面领导

学校不断完善党管人才的领导体制机制，健全党委统一领导，组织部门牵头抓总，职能部门各司其职、密切配合，院系主动作为，全校广泛参与的人才工作格局。通过实施人才强校战略，及时调整优化各项工作，帮助解决实际困难，消除后顾之忧，努力为人才成长、发展创造良好环境，努力形成人人渴望成才、人人努力成才、人人皆可成才、人人尽展其才的生动局面。

（一）加强组织领导，完善人才工作格局

坚持党管人才原则，成立由党委书记、校长任组长的党的人才工作领导小组，下设工作计划、政策优化、组织协调、审核考察、工作考核、人事、服务保障等七个人才工作专项组，落实工作机制、机构编制、人才政策、目标任务"四个清单"，形成党委统一领导、人事部门牵头、相关部门各司其职、学院主体落实、师生广泛参与的人才工作格局。制定《党委书记人才工作项目实施方案》，扎实实施党委书记人才工作项目。建立人才工作长效机制，构建"四五六"人才工作体系，通过人才队伍建设"六工程"，不断优化人才生态环境，激发人才创新创造活力。

（二）加强政治引领，提升服务人才水平

制定《领导干部联系高层次人才工作制度》，完善党委、校领导联系服务专家工作机制，切实提升服务人才的意识和水平。一是落实经常联系制度。党委委员、校领导定期与各自联系的 2～3 名高层次人才谈心谈话，定期召开座谈会和交流活动，全面了解各类人才的工作、学习和生活状况，发现问题后及时解决。二是落实联系考核制度。将领导干部联系高层次人才情况列入校院两级领导班子民主生活会议题，纳入对领导干部年度考核内容，全面促进联系人才工作。三是落实服务保障制度。人事、财务、资产、后勤等相关部门加强协同联动，用心为各类人才解难事、办实事、做好事。

（三）建立完善人才工作机构，配齐配强工作力量

学校成立人才引进工作办公室，由一位副校长任主任，配备专职工作人员 10 人，构建"人才工作领导小组—人才工作办公室—各教学单位、部门—各教研室"的四级组织机构，建立健全"四五六"人才工作体系。实施师德师风建设工程、杏坛英才工程、学科团队建设百脉工程、评价改革工程、能力提升工程、环境优化工程等人才队伍建设六大工程。落实政治引领、政策优惠、平台建设、经费支持、服务人才五大保障。

五、组织引领取得的实际效果

（一）师资队伍建设效果显著

近年来学校师资队伍建设步伐不断加快，拥有了一支学历层次较高、年龄结构合理的师资队伍。引进国家级领军人才 1 人，省部级领军人才 10 人，博士 137 人。学校现有教师中，高级职称占 47%，"双师型"教师占 62%，国家级高层次人才 9 人，省级高层次人才 43 人，国际南丁格尔奖获得者 1 人，全国巾帼建功标兵 1 人，全国三八红旗手 2 人，享受国务院政府特殊津贴专家 10 人，全国优秀教师 4 人。获批山东省黄大年式教师团队 2 个，省级科技创新团队 8 个。

（二）科学研究水平不断提高

学校主动对接国家、山东省重大发展战略，不断优化学科专业布局，形成以理工科为优势的雁阵形学科发展布局，科研水平不断提高。建有 8 个省级创新平台，4 个省级教育研究基地。先后举办、承办全国人工智能与忆阻计算应用产业发展高峰论坛、工业大数据与智能制造产业论坛、中国式现代化与文化"两创"论坛、首届忆阻计算及应用国际会议、2024 年生物医药与疾病诊疗国际会议等。

（三）人才培养质量显著提升

学校全面落实立德树人根本任务，构建以"德育为先、能力为本、素质为要、文化为根"的全环境育人体系，创新以成果导向教育（Outcome Based Education，简称"OBE"）理念为主导的"三三三"式人才培养模式，努力培养高素质应用型人才。现有国家级一流本科专业建设点 3 个，山东省一流本科专业建设点 7 个；国家一流本科课程 4

门，山东省一流本科课程30门，山东省课程思政示范课9门；山东省普通高等教育一流教材1部；山东省专业特色学院3个，山东省现代产业学院2个；山东省普通高等学校实验教学示范中心2个，山东省普通本科高等学校示范性基层教学组织2个，山东省普通高等学校示范性实习（实训）基地3个。教学成果获国家级二等奖1项，省级特等奖1项、一等奖1项、二等奖8项。

第五章
活动引领——营造大思政氛围

　　高校作为人才培养的重要阵地，肩负着为党育人、为国育才的使命。在新时代高等教育发展进程中，高校党建与思政教育紧密相连，党建工作与思政教育相辅相成，共同肩负着培养德智体美劳全面发展的社会主义建设者和接班人的重任。2016 年 12 月，习近平总书记在全国高校思想政治工作会议上强调，要"牢牢掌握党对高校工作的领导权，使高校成为坚持党的领导的坚强阵地。党委要保证高校正确办学方向，掌握高校思想政治工作主导权，保证高校始终成为培养社会主义事业建设者和接班人的坚强阵地"。这一讲话凸显了党建在高校思想政治工作中的核心作用，为高校党建引领思政工作提供了根本遵循。2018 年 5 月 2日，习近平总书记在北京大学师生座谈会上指出："高校要牢牢抓住培养社会主义建设者和接班人这个根本任务，坚持办学正确政治方向，建设高素质教师队伍，形成高水平人才培养体系，努力建设中国特色世界一流大学。"这强调了党对高校的领导和党建引领在高校人才培养、学科建设等方面的关键作用。2018 年 9 月 10 日，习近平总书记出席全国教育大会时强调："加强党对教育工作的全面领导，是办好教育的根本保证。"习近平总书记站在党和国家事业发展全局的战略高度，对高校党建工作提出一系列新思想新论断新要求，为推进高校党的建设提供了根本遵循。

在新时代背景下，如何通过创新活动形式，发挥党建引领作用，营造全方位、多层次的大思政氛围，成为高校亟待解决的关键问题。这不仅关系到学生正确世界观、人生观、价值观的塑造，更是推动高等教育内涵式发展、培养社会主义合格建设者和可靠接班人的必然要求。

多年来，齐鲁理工学院坚持以习近平新时代中国特色社会主义思想为指导，全面贯彻党的教育方针，持续推动新时代高校党建示范创建和质量创优工作，不断开创党建和高质量发展新局面。学校立足自身实际，强化活动引领，依托社团力量，常态化举办齐鲁文化节、思政文化节、科技文化节等活动，营造浓厚的文化育人、大思政育人和科创育人氛围。建设"五融六协同""一站式"学生社区，实现大思政育人校园内全域覆盖，努力把"一站式"学生社区打造成学生党建前沿阵地、"三全育人"实践园地、平安校园样板高地和智慧服务创新基地。不仅让思政教育"活"了起来，还在全校营造出了浓厚的大思政氛围，为高校思政教育打造出了响亮的齐鲁样板。

第一节　活动引领的基本内涵

高校党建工作是高校教育事业发展的重要保障，对于培养德智体美劳全面发展的社会主义建设者和接班人具有关键作用。活动引领作为高校党建工作的重要方式，以其生动、灵活、多样的形式，在传播党的理论、增强党员意识、提升党组织凝聚力等方面发挥着不可替代的作用。活动引领通过组织各类具有思想政治教育意义的活动，引导学生在参与活动的过程中，潜移默化地接受思想政治教育的熏陶，形成正确的世界观、人生观、价值观。

一、活动引领的特点

（一）明确导向性

高校党建活动紧紧围绕党的教育方针和高校的根本任务展开，以培养具有坚定理想信念、高尚道德情操、扎实专业知识的社会主义建设者和接班人为核心目标。每一项活动都有着清晰的政治导向和育人目标，无论是理论学习活动、志愿服务活动，还是文化建设活动，都旨在强化党员的政治意识，提高党员的思想政治素质，确保高校始终成为培养社会主义事业建设者和接班人的坚强阵地。

（二）突出教育性

活动引领是高校党建教育的重要载体，具有很强的教育功能。高校党组织通过开展丰富多彩的活动，可以将党的理论和路线方针政策、历史文化等内容生动地传递给党员和师生。这些活动以潜移默化的方式，将党的思想教育融入师生的日常学习和生活中，提高了党建教育的实效性。

（三）主体广泛性

高校党建活动面向全体师生党员，同时也吸引了广大非党员师生的积极参与。高校党组织通过设计多样化的活动形式，满足不同群体的需求，使党建活动具有广泛的群众基础。例如，开展校园文化节党建主题系列活动，涵盖文艺表演、书画展览、学术讲座等多种形式，无论是文科专业的学生还是理工科专业的学生，都能找到适合自己参与的活动项目。志愿服务活动也吸引了众多非党员师生加入，如组织关爱孤寡老人、义务环保等活动，让更多的人在实践中感受党的宗旨和理念，扩大了党建工作的影响力和覆盖面。这促进了不同群体之间的交流与互动，形成了全员参与、共同推进高校党建工作的良好氛围。

（四）形式多样性

高校党建活动形式丰富多样，不拘一格，既有传统的理论学习讲座、主题党日活动，也有结合现代信息技术的线上学习平台、微视频制作比赛等。在理论学习方面，除了邀请专家学者进行专题讲座外，还采用小组讨论、读书分享会等形式，让党员在互动交流中深化对理论知识的理解。实践活动更是形式多样，如红色教育基地参观学习，让党员亲身感受革命先辈的奋斗历程和伟大精神；开展社区共建活动，组织党员走进社区，为社区居民提供服务，增强党员的社会责任感。此外，利用新媒体平台开展线上党建活动，如"学习强国"平台学习打卡、微信公众号党建知识推送等，打破了时间和空间的限制，方便党员随时随地学习和交流，使党建活动更加贴近师生的生活实际，增强了活动的吸引力和感染力。

（五）实践创新性

高校党建活动注重结合时代发展和高校实际，不断进行实践创新。随着社会的快速发展和科技的不断进步，高校党建工作面临着新的机遇和挑战。为适应这些变化，高校党组织积极探索创新活动形式和内容。例如，在"互联网＋"时代背景下开展"智慧党建"活动，利用大数据、人工智能等技术手段，对党员信息进行精准管理，对党建活动效果进行科学评估，同时打造线上与线下相结合的党建工作模式，提升党建工作的效率和质量。在活动内容上，紧密结合当前社会热点问题和高校师生关注的焦点，开展有针对性的主题活动，如围绕"乡村振兴战略"组织相关调研和实践活动，引导师生党员为乡村发展出谋划策，体现了党建活动与时代需求的紧密结合，展现出实践创新性的特点。

（六）增强凝聚性

高校党建活动能够有效凝聚师生的力量，增强党组织的向心力和战斗力。通过共同参与活动，党员之间、党员与师生之间的联系更加紧密，形成了团结协作的良好氛围。例如，在组织大型校园公益活动时，师生党员共同策划、组织和参与，在活动过程中相互配合，相互支持，不仅增进了彼此之间的感情，更培养了团队合作精神。这种凝聚作用不仅体现在活动期间，还延伸到日常的学习、工作和生活中，使广大师生在党组织的引领下，心往一处想，劲往一处使，共同为高校的发展和党的教育事业贡献力量。同时，党建活动也能够将不同专业、不同年级的师生汇聚在一起，促进学科交叉融合和校园文化的多元发展，进一步提升高校的整体凝聚力。

二、活动引领在大思政教育中具有独特的价值

（一）增强思政教育吸引力

传统思政课堂以理论讲授为主，对于学生而言较为枯燥，而活动引领将思政教育内容以生动有趣的活动形式呈现出来，如红色文化主题演讲比赛、历史情景剧表演等，能够瞬间吸引学生的注意力，激发学生的好奇心与求知欲，使学生从被动接受转变为主动探寻思政知识，增强了思政教育的感染力与吸引力。

（二）提升学生参与度

在活动中，学生不再是旁观者，而是参与者、组织者，甚至是领导者。例如在社区志愿服务活动中，学生自主策划服务项目，组织团队成员开展服务，这种深度参与让学生切实感受到自身的价值与责任，提高了学生在思政教育过程中的参与度，促使思政教育真正走进学生内心。

（三）促进思政教育从理论到实践的转化

活动引领为学生提供了将思政理论知识应用于实践的平台。如在科技创新实践活动中，学生运用马克思主义辩证思维解决技术难题，深刻体会到理论指导实践的重要性，同时也在实践中深化对思政理论的理

解，实现从理论认知到实践行动的转化，培养解决实际问题的能力和创新精神。

三、大思政教育中活动引领的实践策略

大思政教育理念的提出，为新时代思想政治教育工作指明了方向。它突破了传统思政教育的局限，强调构建一个全员、全过程、全方位育人的大格局。在这一格局中，活动引领作为一种生动、直观且富有感染力的教育方式，能够有效提高受教育者的主动性和参与度，将思政教育的内容融入丰富多彩的活动之中，使大思政教育更具实效性和吸引力。

（一）明确活动目标，紧扣大思政教育主旨

在设计活动时，要紧密围绕大思政教育的核心目标，即培养具有正确世界观、人生观、价值观，具备深厚家国情怀、社会责任感和创新精神的时代新人。例如，开展"红色基因传承"主题活动，目标可设定为让参与者深入了解红色历史，传承红色精神，增强对国家和民族的认同感与自豪感。每一项活动都应有明确且具体的思政教育指向，避免活动流于形式，确保活动的开展能够切实推动大思政教育目标的实现。

（二）整合多方资源，构建活动育人合力

学校各部门应打破壁垒，协同合作。思政课教师要与专业课教师紧密配合，将思政教育元素融入专业课程教学活动中。同时，学生工作部门要积极组织各类校园文化活动，如主题班会、社团活动等，营造浓厚的思政教育氛围。此外，还要充分利用校外丰富的思政教育资源，拓展活动空间，比如与爱国主义教育基地、博物馆、企业等建立合作关系，组织学生开展实地参观、调研、实习等活动。

（三）创新活动形式，增强活动吸引力

要设计开展具有体验性的活动，让学生在亲身参与中获得深刻的思政感悟。要结合学校特色和地域文化，打造具有影响力的思政品牌活

动。例如，地处革命老区的学校，可以充分利用当地的红色资源，打造"红色文化之旅"品牌活动，吸引更多学生参与其中，打造学校思政教育的特色，提升学校思政教育的影响力。

（四）完善活动评价，确保活动效果

评价活动效果不能仅仅局限于学生的参与程度和活动的热闹程度，而应建立多元化的评价指标体系。既要关注学生在活动中的知识收获，如对思政理论知识的掌握程度、对社会热点问题的分析能力等；也要关注学生的情感体验，如是否增强了爱国情感、集体荣誉感等；还要关注学生的行为改变，如是否在日常生活中践行了社会主义核心价值观，是否积极参与志愿服务活动等。通过采取全面、客观、多元的评价方式，准确把握活动对学生思想政治素养提升的实际效果。在活动结束后，要及时收集学生和教师的反馈意见。可以通过问卷调查、座谈会、线上留言等方式，了解他们对活动内容、形式、组织安排等方面的看法和建议。根据反馈信息，对活动进行总结和反思，找出存在的问题和不足之处，以便于调整和改进活动方案。

第二节　活动引领的具体内容

一、以活动引领营造大思政育人氛围的重要性

（一）丰富思政教育形式

传统思政教育多以课堂讲授为主，形式相对单一。以活动为引领，通过主题演讲、实践调研、文艺演出等多种形式开展思政教育，可以打破传统课堂的局限性，使思政教育更加生动有趣，吸引学生参与。

（二）增强学生主体参与性

活动具有较强的互动性与参与性，学生在活动中不再是被动接受者，而是主动参与者。他们在活动策划、组织与实施过程中，充分发挥自身主观能动性，深入思考思政问题，将思政知识内化为自身价值观。

（三）形成协同育人合力

大思政格局强调全员、全过程、全方位育人。活动可整合学校各部门、各学科力量，如教务处、学生处、各学院等共同参与，实现思政教育与专业教育、日常管理等有机结合，形成协同育人合力。

二、齐鲁理工学院以活动引领营造大思政育人氛围的举措

如何建立健全大思政育人体系，既是回答"培养什么人、怎样培养人、为谁培养人"根本问题的需要，也是高校需要持续探索、创新破难的工作。从 2012 年起，齐鲁理工学院基于独特的齐鲁地理优势，强化党建领航、活动引领，牢牢把住育人方向。

（一）掌舵领航，顶层设计科学创新

2020 年 3 月 20 日，为进一步推动学校党建工作走向深入，加强与教育教学各项工作的融合，根据中共济南市委教育工作委员会办公室印发的《关于推进党建与教育教学业务深度融合的意见》精神，学校制定了《推进党建与业务深度融合的实施方案》。要求树立"大德育"理念和"齐鲁文化孕育下的理工生"理念，积极推进齐鲁传统文化、红色文化育人；持续打造"1+3"育人体系党建品牌。2020 年 12 月 31 日，学校印发《关于进一步加强和改进思想政治工作的规定》，号召全校教职员工不断探索思想政治工作新的途径和方法，积极引导学生参加社会实践。要求努力拓展新形势下大学生思想政治教育的有效途径，引导大学生走到基层、走到工农群众中。把社会实践纳入学校教育教学总体规划和教学大纲，规定学时和学分，提供必要经费。积极探索和建立社会

实践与专业学习相结合、与服务社会相结合、与勤工助学相结合、与择业就业相结合、与创新创业相结合的管理体制。同日，学校印发《关于进一步加强和改进思想政治理论课的实施细则》，要求将思想政治理论课的社会实践活动列入教学计划。紧紧围绕教学内容，结合学生专业实习活动以及学生素质培养活动等，有计划、有组织地进行。引导大学生走出校门，利用参观访问、社会调查等社会大课堂实践教学形式，在社会实践活动中受教育，长才干，增强社会责任感。2020 年 12 月 31 日，学校还制定了《改革创新"形势与政策"课教学项目实施方案》，要求尽快创建"齐鲁文化孕育下的理工生"德育体系，为山东省新旧动能转换重大工程提供品德高尚、思维开放、专业精通的人才支持。该方案决定成立齐鲁文化社团联盟，依托联盟举办以齐鲁文化为主题的系列文化活动，打造几个兼具齐鲁文化特色和理工专业特点的品牌文化活动。2023 年 3 月 20 日，为深入挖掘齐鲁大地丰富的红色文化资源，充分激发齐鲁红色文化的精神伟力和教育价值，学校印发《关于实施红色文化育人工程的若干意见》，要求按照"三进"（进校园、进课堂、进头脑）、"三到"（到基地、到农村、到企业）、"三开"（开发红色文化育人教材、开展红色文化育人研究、开拓红色文化宣传路径）总体架构推进实施红色文化育人工程，通过"六红"（一场红歌会、一系列红剧、一场红色演讲比赛、一次红色文化高端论坛、一次红色图书展、一次红色育人评先树优）活动引领传承红色基因，实现全环境育人目标。

（二）上下联动，活动引领异彩纷呈

齐鲁理工学院充分发挥党组织的核心引领作用，从顶层设计出发，校党委统筹规划，各学院党总支积极响应，形成了从上至下、层层落实的工作格局。在组织活动过程中，各部门、各班级密切配合，实现了资源的有效整合与共享，确保了活动的顺利开展。

1."红色精神宣讲"本土化。从 2022 年 3 月起，齐鲁理工学院扎实开展"弘扬建党精神 传承红色基因"宣讲活动，活动不仅组建了专门的"红色宣讲"队伍，还力图使宣讲内容"本土化"。学校组织专门人员充分挖掘和利用山东本土红色文化资源（济南战役精神、莱芜战役精神、邓恩铭精神、辛锐精神、李敬铨精神、王其鹏精神等），让"红色宣讲"队伍讲述山东本土的革命精神和红色故事，通过"活生生的身边人、实实在在的身边事"回顾党的光辉历程，讴歌建党以来、新中国成立以来取得的伟大成就，歌颂和赞美全国各行各业在抗击新冠疫情期间的典型事迹、模范人物，让党旗在疫情防控斗争第一线高高飘扬；反映人民群众对美好生活的向往，抒发家国情怀，弘扬正能量，歌颂脱贫攻坚战场上英雄楷模们的光辉事迹。

2."齐鲁文化节"多元化。2022 年 9 月 1 日，共青团齐鲁理工学院委员会向全校各团总支、校学生会、齐鲁文化社团联盟发出号召，倡导开展 2022 年"齐鲁文化节"系列活动。活动以"弘扬齐鲁精神 建设校园文化"为主题，广泛涉及"跟着孔子孟子重走齐鲁古道"、孔子祭祀大典、"诵读经典、传承孔子文化"背《论语》游"三孔"（孔府、孔庙、孔林）、"大舜杯"孝德征文大赛、"践推拿文化，树医者风范"中医推拿讲座、"崇尚节约我争先"光盘活动、汉服展演、"齐鲁杯"二十四节气漫画大赛、山东古筝研习讲座、"孙武杯"国防教育知识竞赛、"传承大国工匠精神"素质拓展、"晏婴杯"校园辩论赛、"考工记杯"手工篆刻大赛、"孟子杯"棋王争霸赛、"一茶一琴，品味人生"茶艺研学、"瑞蚨祥杯"创新创业大赛、"齐鲁文化"诗词大赛、中华传统文化经典吟诵大赛、齐鲁民俗文化研究论坛、"至圣杯"孔子文化创意设计大赛、齐鲁名言名句猜灯谜、"鲁班杯"结构设计大赛、"弘扬齐鲁文化，追逐青春梦想"齐鲁文化读书会、"魅力齐鲁，光影瞬间"摄影大赛、"齐鲁杯"大学生礼仪风采展演、"兰亭杯"齐鲁文化书画展、"孙膑杯"武术邀请赛、中国弹弓术展演、话剧《屈原》展演、感受千年文化走进孔子博物馆等 30 项内容。2023 年 9 月至 2024 年 6 月,"齐鲁文化节"活动再次举办,并在 2022 年的基础上进行了改进,让形式和内容都走向多元化;还组织开展了"兰亭杯"书画大赛、二十四节气绘画大赛、"瑞蚨祥杯"创新创业大赛、"齐鲁杯"导游大赛、"鲁班杯"结构设计大赛、"游三孔博物馆 悟孔子文化"活动、"齐韶乐舞"汉服游园活动、齐风舞韵民间舞蹈大赛、齐鲁文化诗词大会、"穿越时空的对话"孔子话剧展演、"齐鲁文化"猜灯谜、"魅力齐鲁,'醉'美校园"摄影大赛、"董永杯"孝亲敬老之星评选、"晏婴杯"校园辩论赛、"践推拿文化,树医者风范"中医推拿讲座活动、杏坛大讲堂、"孙膑杯"武术邀请赛等 17 项活动。"文化节是个筐,只要好的都要往里装",开放多元的"齐鲁文化节"已经成为齐鲁理工学院校园文化建设的实力品牌。

3. "青马工程"实用化。多年来,齐鲁理工学院团委以青马工程为载体,创新活动形式,通过"专题讲座+社会实践"双路径,引导青年骨干"学""思""践""悟"。培训和教学内容涉及国家关于青年的最新指导、走进青马工程、看美丽乡村建设——重走长征路、向马克思主义思想靠近、红色精神宣讲、党和国家的最新方针政策、学会辨析多元化的文化思潮、党的光辉历程、青马学员的能力培养、深刻理解中国式现代化的内涵与特征、把握共青团的改革和发展等,力求培养更多具有坚定理想信念、扎实理论功底和卓越领导才能的青年马克思主义者。

4. "青年大学习"常态化。多年来,齐鲁理工学院团委积极推进"青年大学习"网上主题团课常态化、制度化,组织引导广大青年深入学习宣传贯彻习近平新时代中国特色社会主义思想,坚定不移听党话、感党恩、跟党走,增强团员青年政治意识,提升团员青年的光荣感和责任感。

5. "主题团日"灵活化。齐鲁理工学院团委为进一步加强基层团组织建设，结合学校育人中心工作，联系团员和青年学习成长实际，高质量开展主题团日活动，通过线上与线下相结合、集中活动与个人自学相结合的灵活方式，围绕"维护团结统一——民族大团结　共画同心圆"、"构建人类命运共同体——志同道合携手行　命运与共创未来"、"学习雷锋精神"、"学习二十大、永远跟党走、奋进新征程"、"全民国家安全教育日"、纪念五四运动 105 周年、光盘行动、学习党的二十届三中全会精神、"厚植家国情怀——青春告白祖国"庆祝新中国成立75 周年等活动，增强广大团员和青年对党和国家的认同感、归属感、自豪感，自觉为强国建设、民族复兴的伟业挺膺担当。

三、百花齐放，春意满园

（一）学生思想道德素养显著提升

通过参加一系列紧扣思政教育主旨的活动，学生在思想认知和道德观念上有了质的飞跃。在"红色宣讲"活动中，学生深入了解山东本土红色文化，被革命先辈的英勇事迹打动，对党的光辉历程和伟大成就有了更深刻的认识，爱国主义情感和民族自豪感油然而生。许多学生表示，这些身边的红色故事让他们真切感受到革命的艰辛，更加珍惜当下的和平生活，愿意为实现中华民族伟大复兴贡献自己的力量。在各类文化活动中，学生可以接触到优秀的传统文化，比如"诵读经典、传承孔子文化"背《论语》游"三孔"活动，让学生在诵读经典的过程中，深刻领会儒家思想中的道德规范和人文精神，将诚信、友善、仁爱等价值观内化为自身的行为准则。在日常学习和生活中，学生更加注重自身品德修养，文明礼貌、乐于助人的行为随处可见，形成了良好的道德风尚。

（二）学生参与思政教育的积极性大幅提高

丰富多样的活动形式充分激发了学生参与思政教育的热情。以往思政教育多依赖课堂讲授，学生参与度有限，而如今各类活动为学生提供了广阔的参与空间。在"齐鲁文化节"中，涵盖文化、艺术、学术、实践等多个领域的 30 多项活动，让兴趣爱好不同的学生都能找到适合自己的项目，无论是擅长文艺表演的学生在汉服展演、话剧展演中展现风采，还是热爱学术的学生在"孙武杯"国防教育知识竞赛、"晏婴杯"校园辩论赛中锻炼思维，都充分体现了学生的主动性。"青年大学习"网上主题团课常态化开展，营造出比学赶超的浓厚氛围，使参与团课学习成为广大团员青年的思想自觉和行动自觉。据统计，学校团员青年参与"青年大学习"的参与率持续保持在较高水平，且学习时长和学习深度不断增加。"主题团日"活动采用线上线下相结合、集中活动与个人自学相结合的灵活方式，满足了学生多样化的学习需求，使学生从被动接受思政教育转变为主动参与思政教育，积极探索思政知识。

（三）思政教育与专业教育深度融合

学校通过活动引领，推动了思政教育与专业教育的有机结合，实现了协同育人。比如，在讲解机械制造相关知识时，引入我国在高端装备制造领域突破国外技术封锁、自主创新的案例，让学生在学习专业知识的同时，感受到科技工作者的爱国情怀和创新精神，培养学生的社会责任感和创新意识。在"鲁班杯"结构设计大赛、"考工记杯"手工篆刻大赛等活动中，学生将专业知识运用到实践中，不仅提高了专业技能，还在活动过程中体会到工匠精神、团队协作精神的重要性。文科专业学生在参与"齐鲁文化"诗词大赛、中华传统文化经典吟诵大赛等活动时，加深了对专业知识的理解，也提升了文化素养和思政水平。这种融合式教育，使学生在专业学习中接受思政教育，在思政教育中促进专业成长，培养出既具备扎实专业知识，又有高尚道德情操和社会责任感的高素质人才。

（四）校园文化建设成果丰硕

以活动引领营造大思政氛围，极大地丰富了校园文化内涵，推动了校园文化建设。"齐鲁文化节"已成为校园文化建设的实力品牌，其开放多元的特点吸引了全校师生广泛参与，不同专业、不同年级的学生在文化节中相互交流，相互学习，促进了学科交叉融合和校园文化的多元发展。"青马工程""青年大学习""主题团日"等活动的开展，营造了积极向上、充满活力的校园文化氛围。在校园里，随处可见学生围绕思政话题展开讨论，形成了良好的学习风气。各类文化活动的举办，如书画展览、文艺演出等，为学生提供了展示才华的平台，丰富了学生的课余生活，提升了校园文化品位。校园文化的繁荣，增强了学生对学校的认同感和归属感，使学校成为学生成长成才的精神家园。

（五）学生实践能力和创新精神得到有效培养

活动引领为学生提供了大量的实践机会，有效培养了学生的实践能力和创新精神。在"红色文化之旅""三下乡"等社会实践活动中，学生走出校园，深入基层，将所学知识运用到实际工作中，提高了解决实际问题的能力。在参与社区志愿服务、关爱孤寡老人等活动时，学生学会了如何与他人沟通协作，增强了社会责任感。学校鼓励学生在活动中创新，如在科技创新实践活动、文化创意设计大赛中，学生运用马克思主义辩证思维和专业知识，提出新颖的想法和解决方案。在"至圣杯"孔子文化创意设计大赛中，学生设计出许多富有创意的作品，将传统文化与现代设计理念相结合，展现出独特的创新思维。这些活动培养了学生的创新意识和实践能力，为学生未来的发展奠定了坚实基础。

齐鲁理工学院以活动引领营造大思政氛围的实践取得了显著成效，在学生思想道德素养提升、参与积极性提高、教育融合发展、校园文化建设以及实践创新能力培养等方面都收获颇丰。这一创新模式为高校思政教育提供了借鉴，有力地推动了高等教育内涵式发展，为培养德智体美劳全面发展的社会主义建设者和接班人作出了积极贡献。

第六章
典型引领——完善大思政育人工作荣誉体系

在新时代背景下，高校承担着为党育人、为国育才的重要使命。高校党建工作作为高校各项工作的灵魂和基石，对于确保高校坚持正确的办学方向、培养德智体美劳全面发展的社会主义建设者和接班人具有不可替代的作用。典型引领作为一种行之有效的工作方法，在高校党建工作中具有不可替代的重要作用。通过加强典型选树、强化宣传推广和完善长效机制等实践策略，尤其是深度融入大思政育人工作荣誉体系，能够充分发挥典型的引领作用，提升高校党建工作质量，为高校的改革发展和人才培养提供坚强的政治保障和组织保障。

第一节　典型引领的基本内涵

典型引领是指通过发现、培养、宣传和推广具有代表性、先进性和示范性的个人或集体，以其先进事迹和崇高精神来影响、带动和激励广大师生，从而营造积极向上的氛围，推动工作开展的一种工作方法。在高校党建和大思政育人工作中，典型引领具有重要作用。典型人物或集体往往在思想觉悟、道德品质、工作业绩等方面表现突出，他们的行为和精神能够

成为广大师生学习的榜样，激发师生的积极性和创造性，引导师生自觉践
行社会主义核心价值观，促进高校党建和思政教育工作的深入开展。

一、典型引领的特点

（一）先进性

典型在思想觉悟、道德品质、专业素养等方面具有超越常人的表
现。例如在思政学习方面，他们对党的理论知识理解深刻，积极践行社
会主义核心价值观，能以高度的政治自觉和责任感投入学习、工作和生
活中。

（二）导向性

典型引领可以为广大师生指明前进方向和行为准则。典型的先进事
迹和优秀品质，为师生树立了清晰的学习标杆，可以引导师生朝着正确
的方向努力。

（三）感染性

典型的事迹和精神能够引发师生的情感共鸣，具有强大的感染力。
他们的故事往往充满正能量，能够打动师生的内心，激发师生的情感认
同和行动意愿。

（四）多样性

典型涵盖了不同类型的个人和集体，具有丰富的多样性。在高校
中，典型既可以是在教学科研方面成果显著的教师，也可以是在学业上
取得优异成绩的学生；既可以是在社会实践中表现突出的团队，也可以
是在校园文化建设中发挥重要作用的组织。这种多样性确保了不同领
域、不同层面的师生都能找到自己学习的榜样。

（五）持续性

典型引领并非短暂的影响，而是具有持续性。一方面，典型在高校
的培养和后续管理下，能够不断成长和进步，持续发挥示范引领作用；

另一方面，典型的影响力会在校园中不断传承和延续，形成良好的校园文化氛围。

二、典型引领在大思政体系中具有独特的作用

（一）思想引领作用

先进典型往往具有坚定的理想信念和高尚的道德情操。他们能够成为广大师生党员学习的榜样，引导广大师生党员坚定马克思主义信仰，增强对中国特色社会主义的信念，筑牢思想根基。

（二）组织凝聚作用

在高校党组织中，典型的存在能够增强党组织的吸引力和凝聚力。优秀的党员典型在党组织内部发挥模范带头作用，吸引更多师生向党组织靠拢，同时促进党组织成员之间的相互学习和交流，提升党组织的整体战斗力。

（三）行为示范作用

典型的行为举止和工作态度为广大师生党员提供了具体的行为准则。他们在工作、学习和生活中的优秀表现，激励着其他党员以高标准要求自己，积极践行党的宗旨，在各自的岗位上发挥党员的先锋模范作用。

三、大思政教育中典型引领的实践策略

（一）加强典型选树，确保典型的代表性和先进性

拓宽选树渠道，建立多维度的典型选树渠道，除了关注教学科研和学业成绩，还要注重在学生社团、志愿服务团队、社会实践活动等领域发现和培养典型。严格选树标准，制定明确的选树标准，确保典型在思想政治素质、工作业绩、道德品质等方面都具有先进性和示范性。通过民主推荐、组织考察等程序，选拔出真正优秀的党员作为典型。在大思

政视角下，将对思政教育有深刻理解、积极践行思政理念的表现纳入选树标准。

（二）强化宣传推广，扩大典型的影响力

创新宣传渠道，充分利用新媒体平台，如微信公众号、微博、抖音等，开展典型宣传活动。制作生动有趣的短视频、图文并茂的推文等，提高宣传内容的传播力和吸引力。丰富宣传内容，深入挖掘典型的先进事迹和精神内涵，从不同角度、不同层面进行宣传，展现典型的真实形象和感人故事，使典型宣传更具感染力和说服力。在宣传大思政典型时，突出其在育人过程中将思政元素融入日常的做法以及对学生思想成长产生的积极影响。

（三）完善长效机制，保障典型引领工作持续开展

建立典型培养机制，对选树的典型进行持续培养，为他们提供学习培训、交流研讨等机会，不断提升他们的综合素质和能力水平，使他们能够更好地发挥示范引领作用。针对大思政育人典型，学校组织专门的思政教育培训，以提升他们的思政教育能力与理论水平。

（四）融入大思政育人工作荣誉体系，构建荣誉体系框架

明确不同奖项的评选标准与范围，使荣誉体系全面覆盖大思政育人各个环节。联动各方力量，联合学校各部门、学院，共同参与大思政育人工作荣誉体系的建设与实施。党建部门发挥引领作用，协调各方资源，确保荣誉体系的权威性与公信力。教学部门负责思政课程与课程思政相关奖项评选，学生工作部门负责学生在社会实践与校园文化活动中的思政表现评估。收集师生对荣誉体系的反馈意见，不断优化完善，使其更好地发挥激励与引领作用。学校可以每学年对大思政育人工作荣誉体系进行一次评估，通过问卷调查、座谈会等方式收集师生的意见和建议。根据评估结果，对奖项设置不合理、评选标准不科学的地方进行调整和完善，确保荣誉体系始终符合高校思政教育的发展需求。

第二节　典型引领的基本内容

在高校教育体系中，思想政治教育占据着核心地位。随着时代的发展，构建大思政格局成为高校提升思政教育质量的必然选择。大思政格局强调全员、全过程、全方位育人，旨在整合各方资源，形成协同效应，增强思政教育的实效性。在这一过程中，典型引领的作用不可忽视。典型人物和事迹能够以生动、具体的方式诠释思政教育的内涵，引起学生的共鸣，为大思政格局的构建提供有力支撑。

一、以典型引领构建大思政育人体系的重要性

（一）凝聚各方力量，促进家校社协同

高校思政教育涉及多个部门和群体，包括学校党委、教师、学生工作者以及学生自身。典型能够成为凝聚各方力量的核心。通过典型的示范，学校各部门能够明确自身在思政教育中的职责，加强协作，实现思政资源的优化配置。大思政育人体系不仅局限于学校内部，还需要家庭和社会的参与。典型事迹可以作为连接学校、家庭和社会的桥梁，有助于它们共同构建全方位的思政教育网络。

（二）增强教育的感染力，引导学生自我教育

传统的思政教育方式有时存在内容抽象、形式单一的问题。而典型案例和人物具有生动性和鲜活性，能够将抽象的思政理论转化为具体可感的故事。故事的感染力能够引发学生的情感共鸣，促使他们主动培育和践行社会主义核心价值观，提高思政教育的实效性。典型的力量还在于能够激发学生的自我教育意识。当学生看到身边的同学或优秀校友通

过努力取得成就并成为典型时，会产生模仿和学习的动力。

（三）树立正确价值观，提升综合素质

高校学生正处于价值观形成的关键时期。典型人物所展现出的价值观，为学生提供了明确的价值导向。通过学习典型，学生能够深刻理解社会主义核心价值观的内涵，并将其融入自己的日常生活和未来职业规划，成为有理想、有道德、有文化、有纪律的社会主义建设者和接班人。典型不仅在思想道德方面具有示范作用，在学业、科研、社会实践等方面也往往表现突出。以典型为引领，有助于学生在多个维度全面发展，提升自身综合素质，更好地适应社会发展的需求。

二、以典型引领完善大思政育人工作荣誉体系的举措

在新时代高校教育中，党建工作是引领各项工作的核心，大思政育人理念强调全员、全过程、全方位育人。齐鲁理工学院以典型引领为突破口，完善大思政育人工作荣誉体系，旨在整合教育资源，提升思政教育的实效性和影响力。近年来，齐鲁理工学院组织开展了教师师德标兵、最美教师、养德修为先锋等评选活动，开展大学生大思政育人标兵、文化育人标兵、养成教育标兵等评优活动，大力选树和隆重表彰先进集体和个人。齐鲁理工学院以典型引领完善大思政育人工作荣誉体系的举措，是高校党建与思政教育协同发展的有益探索。通过挖掘、宣传和激励典型，形成了良好的育人环境，促进了学生的全面发展。

（一）掌舵领航，学校党委谋篇布局

学校党委制定完善理论学习中心组学习制度，落实列席旁听要求，学习践行党的创新理论、巩固拓展主题教育成果，严格落实"第一议题"制度，创新会前预学、会上研学、会后深学的"三学"模式，取得扎实成效。

1. 构建党建和思政工作"四级"管理体系。成立由党委书记、校

长任组长的党建和思想政治工作领导小组，贯彻落实《普通高等学校教师党建和思想政治工作质量标准（试行）》，强化组织领导，构建"领导小组—党委教师工作委员会—教师工作部—各单位（部门）"的"四级"管理体系。明确责任分工，压实责任链条，确保工作实效。2024年，学校党委获批"全国党建工作示范高校"培育创建单位。生物与化学工程学院党支部成功获批首批"全国党建工作样板支部"和"全国'双带头人'教师党支部书记'强国行'专项行动团队"，同时24人荣获省、市级各类人才或师德称号。学校党委成员多次在全国、全省教育系统重要会议上作典型发言。

2. 高度重视并定期研究教师思想政治和师德师风建设工作。学校校长、党委书记带头抓思政课建设，主动承担思政课、党课和党纪学习教育。学校在长三角地区民办高校思政课和马院建设研讨会暨上海民办高校思政课与马院建设推进会上介绍经验。学校师德师风建设成效获评"山东省教育综合改革和制度创新十大典型案例"；大众日报、腾讯网等多家主流媒体对教师"养德修为"工程进行了宣传报道。

3. 健全教师荣誉制度体系。学校出台《教师荣誉体系建设实施方案》等文件5个，开展双优教师、最美教师等各类师德典型评选活动，制定《教师"养德修为"工程实施方案》，实施"养德修为"工程，引导教师养成"两模块、20项好习惯"。实施青年教师导师制，师德教育纳入"三工程—九模块"教师培训体系，开展"师德建设月"活动，举办教师入职宣誓仪式，签订承诺书，开展"警钟长鸣"等六大行动，落实师德师风一票否决制。弘扬"德润杏坛、化育桃李"的优良教风，开展"弘扬践行教育家精神""师德建设月"沉浸式宣讲活动，用身边人、身边事诠释师德风范。

4. 健全师德师风建设长效机制。学校将师德师风建设贯穿于教师管理全过程，严把教师准入关，在青年教师招聘中增设思想政治素质考核内容；严把教学过程关，构建"三层次、四方式"师德师风考核体系，考核结果与职称评聘、评奖评优、工资晋级等挂钩；严把失范行为处置关，严格执行师德"一票否决"制度，构建多方协同的师德师风监督体系，建立投诉平台，多渠道公布投诉举报电话，师德师风建设取得显著成效。教师指导学生在中国国际大学生创新大赛中，获国家级金奖 2 项、银奖 5 项、铜奖 7 项，获奖数量位列全国民办高校第一名；获评省级教学名师 1 人；省级以上教学比赛获奖教师 80 人；黄南州优秀支教教师 10 人；教师获市厅级及以上科学技术奖 8 项；评选校级最美教师 8 人、新秀教师 21 人、双优教师 50 人、优秀共产党员 33 人、优秀党务工作者 14 人。

（二）挖掘典型，建立多元化荣誉类别

学校通过广泛选拔、深入挖掘、重点培养等多种形式，从全校师生队伍中"找典型，树榜样"，并对应建立多元化的荣誉类别和表彰体系。

1. 教师典型。自 2015 年起，齐鲁理工学院便以具有前瞻性的教育眼光和推动教育高质量发展的决心，大规模开展涵盖"师德标兵""最美教师""优秀教学团队""优秀教师""新秀教师"等多类别的校级、省级评选与表彰活动。这些活动经过精心策划，严格筛选，一经推出，便如春风拂过校园，在全校师生间迅速掀起了热潮。据不完全统计，截至目前，全校先后评选和表彰师德标兵 35 人、最美教师 45 人、优秀教学团队 26 个、双优教师 41 人、优秀教师 76 人、各类大赛获奖教师 125 人、新秀教师 21 人。这些数字背后，是一个个生动的教育故事，是学校教育事业蓬勃发展的有力见证。这一系列评选表彰活动还极大地增强了教师的职业荣誉感和归属感。这些评选活动树立起的众多优秀榜样，宛如璀璨星辰，照亮了整个校园。教师们纷纷以这些榜样为标杆，内心的教学热情被彻底点燃。如今的齐鲁理工学院，处处洋溢着浓厚的学术氛围和进取精神。在这股新风尚的推动下，学校的教育事业不断向前发展，教学质量稳步提升，为培养德智体美劳全面发展的社会主义建设者和接班人奠定了坚实基础。

2.学生典型。在齐鲁理工学院深入推进大思政育人体系建设的进程中，大学生大思政育人标兵、文化育人标兵、养成教育标兵等评优活动成为一道道亮丽的风景线，发挥着极为关键的引领与激励作用。齐鲁理工学院充分发挥地处齐鲁文化核心区域的独特优势，致力于打造齐鲁文化育人品牌。文化育人标兵在这一过程中扮演着重要角色，他们是传承和弘扬中华优秀传统文化、校园文化的积极践行者。比如，在通识课程"齐鲁文化精神"的学习中，他们认真钻研，深入了解齐鲁文化的历史渊源、发展脉络和精神内涵，不断提升自身的文化素养。在专业课程的学习中，他们积极参与打造"尚德课堂"品牌，将齐鲁文化中的道德观念、人文精神融入专业学习，培养自己的职业道德和人文情怀。在校内文化体验活动中，文化育人标兵们积极利用学校的"四馆一堂二厅"开展学习与交流，深入了解齐鲁大地的历史变迁、民俗风情和文化传承。在推动齐鲁文化实践方面，文化育人标兵们积极参与将齐鲁文化育人融入思政课社会实践、养成教育社会实践等活动，利用假期时间深入乡村、社区，开展齐鲁文化调研与宣传活动。他们通过举办文化讲座、民俗展示活动等，向社会大众传播齐鲁文化，增强社会大众对地域文化的认同感和自豪感。养成教育是齐鲁理工学院落实立德树人根本任务的重要环节。养成教育标兵在日常学习和生活中，严格要求自己，成为同学们在品德修养和行为习惯养成方面的楷模。在价值观养成上，养成教育标兵们展现出了坚定的爱党爱国情怀和强烈的敬业奉献精神。

通过开展大学生大思政育人标兵、文化育人标兵、养成教育标兵等评优活动，齐鲁理工学院在大思政育人工作中取得了显著成效。这些标兵们的先进事迹和优秀品质，在校园内形成了强大的示范效应，激励着广大学生积极向上，追求卓越，为构建大思政育人新格局、培养德智体美劳全面发展的社会主义建设者和接班人奠定了坚实基础。

多年来，齐鲁理工学院还对全校各方面表现优秀的学生进行大力表彰，涵盖学习标兵、道德模范、创新创业之星等多个类别。通过班级推荐、学院审核、全校公示等环节，选拔出具有代表性的学生典型。在每年的学生毕业典礼暨学位授予仪式上，学校要对省级和校级优秀毕业生、大学生志愿服务西部计划优秀组织单位和先进个人进行大张旗鼓的表彰和宣传。此外，学校还会通过其他活动对学生进行表彰。在学业学习、道德规范上表现突出的学生会得到相应的鼓励与表彰，在各类学科竞赛、文体活动中表现突出的学生也会得到相应的奖励和荣誉。在科技创新实践活动、文化创意设计大赛等赛事中，成绩优异的学生也会得到公开表彰。在校园文化建设方面，积极参与社团活动、志愿服务活动的学生同样会受到学校的认可和表扬，他们在丰富校园文化生活、营造良好校园氛围中发挥了重要作用。在这种氛围的带动下，校园内形成了比学赶超的良性竞争环境，争先创优蔚然成风。这一良好风气，有力推动了学校优良学风、校风的建设，为学生成长成才创造了更为有利的环境，也为学校教育事业的高质量发展注入了源源不断的活力。

三、百花争妍，各美其美

在新时代高校教育的发展进程中，齐鲁理工学院积极探索以典型引领完善大思政育人工作荣誉体系的创新模式，经过长期实践，取得了显著效果，在学生成长、教师发展、校园文化建设以及学校整体发展等多个层面都产生了积极且深远的影响。

（一）学生思想政治素养显著提升

典型引领与大思政育人工作荣誉体系的深度融合，让齐鲁理工学院学生的思想政治素养得到全方位提升。在各类学生典型的示范带动下，学生积极学习党的理论知识，对马克思主义的信仰、对中国特色社会主义的信念以及对中华民族伟大复兴中国梦的信心更加坚定。在学校组织的各类思政教育活动中，以优秀学生党员为代表的典型积极参与并发挥带头作用，带动身边同学深入学习社会主义核心价值观。在参与社会实践活动时，学生受典型事迹的激励，展现出强烈的社会责任感和奉献精神。许多学生主动参与社区服务、公益活动和大学生志愿服务西部计划等项目，在实践中锻炼自己，为社会贡献力量。据统计，近年来参与志愿服务活动的学生人数逐年增加，服务时长显著增加，服务质量显著提升，学生在这些活动中不仅提升了实践能力，更在思想上得到了升华，深刻体会到了奉献的价值和意义。

（二）教师教学与育人水平显著提高

齐鲁理工学院开展的一系列教师典型评选和表彰活动，极大地激发了教师的教学热情和创新精神，推动教师不断提升教学与育人水平。广大教师以"师德标兵""最美教师"等为榜样，积极投入教学改革和课程建设中。在教学方法上，教师们不断创新，引入案例教学、项目驱动教学、小组合作学习等多种教学方法，提高课堂教学的趣味性和实效性。在思政课程教学中，教师们结合典型案例，将抽象的思政理论知识转化为生动的故事和实际案例，让学生更容易理解和接受；在专业课程教学中，教师们深入挖掘课程中的思政元素，将其巧妙融入教学内容，实现了知识传授与价值引领的有机统一。同时，教师们更加注重自身的师德修养，以高尚的道德情操和人格魅力感染学生。在这种氛围下，教师队伍的整体素质得到显著提升，教学质量稳步提高，为学校的人才培养提供了有力保障。

（三）校园文化建设蓬勃发展

典型引领在齐鲁理工学院的校园文化建设中发挥了重要作用，推动校园文化呈现出蓬勃发展的良好态势。学校通过宣传各类典型事迹，营造了积极向上、追求卓越的校园文化氛围。在校园里，随处可见展示典型风采的宣传栏和海报，校园广播、校报、微信公众号等媒体平台也定期推出典型事迹报道，让师生们随时随地都能感受到榜样的力量。

（四）学校社会声誉和影响力不断提高

齐鲁理工学院以典型引领完善大思政育人工作荣誉体系的实践成果，得到了社会各界的广泛关注和认可，学校的社会声誉和影响力不断提高。学校的党建工作和思政教育经验多次在全国、全省教育系统重要会议上得到推广和宣传，并受到上级主管部门的高度评价。同时，学校的育人成果也得到了社会的广泛认可。学校培养的学生在思想政治素质、专业技能和实践能力等方面都表现出色，受到用人单位的好评。学校的毕业生就业率和就业质量逐年提高，许多毕业生在各自的工作岗位上取得了优异的成绩，为学校赢得了良好的社会声誉。

此外，学校的典型事迹和育人经验还受到了媒体的广泛关注。人民日报、光明日报、中国教育报等多家主流媒体对学校的党建工作和思政教育经验进行了报道，进一步扩大了学校的社会影响力。同时，学校成为其他高校学习借鉴的榜样，为推动高校思想政治教育事业的发展作出了积极贡献。

第七章
机制引领——建立多元评价体系

在高等教育不断发展的当下，高校党建工作面临着新的机遇与挑战。加强和改进高校党建工作，是落实立德树人根本任务的重要保障。传统的党建评价方式存在一定的局限性，难以全面、准确地反映党建工作的实际成效。因此，通过机制引领建立多元评价体系，成为推动高校党建工作高质量发展的必然选择。

第一节　机制引领的基本内涵

在高校党建工作中，机制引领是推动党建工作科学化、规范化和高效化的关键，有着丰富且关键的基本内涵。它意味着需要构建一套科学、系统且规范的党建工作运行机制。这一机制涵盖组织架构、职责分工、工作流程等方面，旨在确保党建工作的有序开展。从目标导向层面看，机制引领以实现高校党建工作目标为核心。通过设定清晰的短期、中期和长期目标，引导党建工作沿着正确的方向前行，并依据目标制定具体的实施步骤，使党建工作有的放矢。在制度保障上，机制引领体现为建立健全一系列党建工作制度，包括党员教育管理、组织生活开展、党内监督等制度，以制度约束和规范党员及党组织的行为，让党建工作有章可循。激励约束机制也是其重要内涵。一方面，通过表彰奖励、荣誉授予等方式激励党员积极参与党建活动，发挥先锋模范作用；另一方面，对违反党规党纪的行为进行严肃处理，形成有效的约束。机制引领强调党建工作的动态调整与优化。随着时代发展和高校实际情况变化，要及时对党建工作机制进行评估、改进和完善，以适应新的形势和任务要求。

一、高校党建机制引领的特点

（一）系统性

高校党建机制引领是一个全面且系统的工程，涵盖了党建工作的各个方面。从党组织的顶层设计，包括党委的领导决策机制，到基层党支部的具体工作开展，如党员发展流程、组织生活安排等，都有相应的机制进行规范和引导。不同层级、不同环节的机制相互关联、相互作用，形成一个有机整体，共同推动高校党建工作有序开展。

（二）动态性

随着时代的发展和高校内外部环境的变化，高校党建工作面临的任务和挑战也在不断更新。机制引领具有动态性特点，能够及时适应这些变化。一方面，对现有党建机制进行定期评估和审查，根据实际情况对不符合发展需求的部分进行调整和优化。另一方面，不断探索和建立新的机制，以应对新出现的问题和挑战。

（三）导向性

机制引领为高校党建工作指明了方向。机制引领以培养德智体美劳全面发展的社会主义建设者和接班人为根本导向。在党员发展机制中，注重考察入党积极分子的思想政治素质、道德品质和社会实践能力等，确保吸收的党员具备良好的综合素质。在党建活动开展机制中，引导活动主题紧密围绕党和国家的重大方针政策以及高校的中心工作展开，使党建活动成为传播正能量、促进高校发展的重要载体。

（四）激励性

完善的激励机制是机制引领的重要组成部分。通过设立多种激励措施，激发党员和党组织的积极性、主动性和创造性。对于党员个人，设立优秀党员、党员先锋岗等荣誉称号，给予精神和物质奖励，激励党员在学习、工作和生活中发挥先锋模范作用。对于党组织，对在党建工作中表现突出的党支部进行表彰，提供更多的资源支持和发展机会，促进党支部之间的良性竞争，提升整体党建工作水平。

二、机制引领在大思政育人体系中具有独特的价值

（一）资源整合价值

在大思政育人体系中，高校党建机制引领能够有效整合各类思政教育资源。党建工作涉及高校各个部门和群体，通过机制引领，学校的教学资源、师资力量、校园文化资源等可以进行统筹协调。同时，利用党建活动平台，将校园文化活动、社会实践活动等纳入思政教育范畴，实现资源的优化配置，避免思政教育资源的分散和重复建设，提高资源利用效率。

（二）协同育人价值

高校党建机制引领为大思政育人体系下的协同育人提供了有力保障。通过建立健全党组织领导下的协同育人机制，明确各部门在思政教育中的职责，促进学校党政部门、教学单位、学生工作部门等之间的协同合作。推动全员育人，使教师、管理人员、后勤服务人员等都承担起育人责任；推动全过程育人，将思政教育贯穿学生从入学到毕业的整个学习生涯；推动全方位育人，将课堂教学、实践教学、网络教学等多种育人方式有机结合，形成育人合力，共同推动大思政育人体系的完善和发展。

（三）思想引领价值

党建工作始终以党的先进理论为指导，在大思政育人体系中，党建

机制引领能够发挥独特的思想引领作用。党组织通过开展各类理论学习活动、主题教育等，引导师生深入学习马克思列宁主义、毛泽东思想、邓小平理论、"三个代表"重要思想、科学发展观、习近平新时代中国特色社会主义思想，坚定理想信念。同时，利用党建工作的政治优势，及时把握师生的思想动态，对错误思想和观念进行纠正和引导，确保大思政育人体系始终沿着正确的政治方向前进，培养师生正确的世界观、人生观和价值观。

（四）文化传承与创新价值

党建文化是校园文化的核心组成部分，通过机制引领，能够将党的优良传统和革命文化融入校园文化建设中，丰富校园文化内涵。同时，党建机制引领鼓励师生结合时代发展和高校实际，创新校园文化形式和内容，使校园文化更具时代性和吸引力，为大思政育人体系营造良好的文化氛围。

三、大思政育人体系中机制引领的实践策略

（一）完善协同合作机制

构建跨部门联动平台。成立由学校党委牵头，思政教学部、教务处、学工处、团委等多部门参与的大思政工作协调小组。定期召开联席会议，共同商讨大思政教育工作的规划、实施与评估，打破部门壁垒，促进信息共享与工作协同。加强校际合作与资源共享。鼓励高校之间建立大思政教育联盟，共同开展教学研究、师资培训、课程建设等活动。通过共享优质思政教育资源，如联合开发线上思政课程、互派教师交流授课等，增加大思政教育的广度和深度，提升整体教育水平。

（二）优化评价反馈机制

建立多元化评价指标体系。除了传统的学生成绩考核外，将学生的思想认识、行为表现、社会实践参与度等纳入评价范围。同时，对教师

的思政教学能力、育人效果进行评价，包括教学方法创新、学生满意度等方面。强化评价结果的反馈与应用。及时将评价结果反馈给教师和学生，为教师改进教学提供依据，帮助学生认识自身的优势与不足。对评价优秀的教师和学生给予表彰和奖励，对存在问题的学生提出针对性的改进建议，形成"评价—反馈—改进"的良性循环，不断优化大思政教育质量。

（三）强化保障支持机制

加大政策支持力度。学校党委出台一系列支持大思政教育的政策文件，明确各部门在大思政教育工作中的职责和任务，为机制引领提供政策依据。保障经费投入。设立大思政教育专项经费，用于课程建设、实践活动开展、师资培训、教学资源开发等方面。确保有足够的资金支持大思政教育的各项工作，为机制引领的有效实施提供坚实的物质基础。

（四）创新激励引导机制

设立大思政教育专项奖励。设立大思政教学成果奖、优秀思政工作者奖、学生思政实践优秀奖等，对在大思政教育中表现突出的个人和团队进行表彰和奖励，激发师生参与大思政教育的热情。开展榜样示范活动。挖掘和宣传在大思政教育中涌现出的先进典型，通过举办事迹报告会、优秀案例展示等活动，发挥榜样的示范引领作用，引导更多师生积极投身于大思政教育实践。

第二节　机制引领的具体内容

明确大思政教育的总体目标和阶段性目标是机制引领的首要任务。总体目标应紧密围绕培养担当民族复兴大任的时代新人，将思想政治教育融入人才培养全过程。阶段性目标则需根据不同学期、学年以及学生的成长阶段进行细化。设定明确的育人目标，为大思政教育工作提供清晰的方向指引。建立健全一系列科学合理、行之有效的制度是机制引领的重要保障，包括：教学管理制度，规范思政课程的教学计划、教学大纲、教学方法等，确保教学质量；师资队伍建设制度，明确思政教师的选拔、培养、考核标准，加强师资队伍的专业化建设；学生参与制度，鼓励学生积极参与大思政教育活动，激发学生的主动性和创造性。合理配置资源是大思政教育机制引领的关键环节。在人力资源方面，整合校内各部门的力量，形成专兼职结合的思政教育工作队伍，不仅包括思政课教师，还涵盖辅导员、专业课教师以及党政管理人员等，明确他们各自在大思政教育中的职责和任务，实现全员育人。在物力资源方面，加大对思政教育教学设施的投入，建设现代化的思政教育实践基地、多媒体教室等，为教学活动提供良好的硬件条件。在财力资源方面，除了设立专项经费外，还应拓宽资金来源渠道，争取社会捐赠、政府支持等，确保大思政教育工作有充足的资金保障。

一、以机制引领建立多元评价体系的重要性

（一）助力精准评估，提升教育质量

传统单一的评价方式往往难以全面、准确地反映大思政教育的实际成效。以机制引领建立多元评价体系，能够从多个维度对教育过程和教育结果进行评估。通过将学生的课堂表现、课后实践活动参与度、思想认识提升情况等纳入评价范畴，结合对教师教学方法创新、教学成果转化等方面的考量，能够更精准地把握大思政教育的质量与效果。

（二）激发主体活力，促进全面发展

多元评价体系为学生和教师提供了更广阔的展示平台，能够充分激发他们的积极性和主动性。对学生而言，除了传统的学业成绩评价，还

能在思想道德、社会实践、团队协作等方面获得认可。同时，多元评价体系鼓励学生积极参与各类思政活动，挖掘自身潜力，实现全面发展。对教师来说，多元评价体系关注教学创新、学生成长引导等多方面，促使教师不断提升自身专业素养和教学能力，积极探索更有效的育人方式，形成教学相长的良好局面。

（三）促进多方协同，强化育人合力

大思政教育强调全员、全过程、全方位育人，多元评价体系的建立有助于强化这一协同育人的格局。机制引领下，大思政教育评价体系涵盖了学校各部门、各层级人员在大思政教育中的作用和贡献。通过对不同主体的评价，明确各部门在育人工作中的职责履行情况，促进部门之间的沟通与协作。

（四）适应时代需求，推动教育创新

随着社会的快速发展和教育理念的不断更新，大思政教育面临着新的机遇与挑战。以机制引领建立多元评价体系，能够及时适应时代变化，引导教育创新。例如，在信息化时代，评价体系可以将学生利用新媒体平台参与思政学习和传播的情况纳入考量，鼓励教师运用新媒体技术创新教学手段，开发线上与线下相融合的教学模式。对这些新的教育方式和学习行为的评价可以为大思政教育的创新发展提供反馈和方向，使其更好地满足新时代对人才培养的需求。

二、以机制引领建立多元评价体系的举措

在新时代高等教育的发展浪潮中，齐鲁理工学院紧跟时代步伐，积极探索大思政育人新格局，通过强化机制引领，在思政教育领域取得了显著成效。学校推出的《构建完善以养成教育评价为主要内容的多元化、信息化、全过程德育实践评价体系》，以及健全的大思政工作队伍绩效考核和奖惩办法，为思想政治工作的高质量开展提供了坚实保障。

（一）构建完善德育实践评价体系

齐鲁理工学院推出的德育实践评价体系，以养成教育评价为核心，具有多元化、信息化、全过程的显著特点。在多元化评价方面，评价体系涵盖了学生在思想道德、行为习惯、社会实践等多个维度的表现。信息化的融入则为评价体系注入了强大动力。学校搭建了先进的信息化平台，通过大数据技术收集、整理和分析学生的日常行为数据。全过程的评价贯穿于学生在校学习的始终。从新生入学时，学校就启动对学生的德育评价。在入学教育期间，通过观察学生在团队建设活动中的协作能力、对校规校纪的遵守情况等进行初步评估。随着学习生活的推进，每学期定期对学生进行综合评价，包括课程学习中的思政表现、社会实践活动的参与成果等。毕业时，对学生在整个大学期间的德育表现进行全面总结评价，为学生的成长提供完整的记录，也为用人单位提供全面的参考。这种突出德育评价和实践评价的体系，有效引导学生注重自身品德修养的提升，使学生在日常生活中更加注重自身的行为规范，积极参与各类德育实践活动。

（二）健全大思政工作队伍绩效考核和奖惩办法

齐鲁理工学院将教师大思政育人考核纳入绩效考核、评优评聘的重要环节，建立了一套科学合理的大思政工作队伍绩效考核和奖惩办法。在绩效考核指标设置上，全面且细致。在教学方面，不仅考核教师的教学内容是否准确、教学方法是否得当，更注重其在教学过程中对思政元素的融入。在科研方面，鼓励教师开展与思政教育相关的研究。教师发表的关于思政教育创新方法、思政教育与专业教育融合路径等方面的科研成果，都将作为绩效考核的重要依据。在社会服务方面，教师参与社区思政教育讲座、指导学生社会实践等活动的表现，也会纳入考核范畴。与之相配套的奖惩办法明确且有力。对在大思政育人工作中表现突出的教师，给予物质奖励和精神表彰。在评优评聘中，优先考虑这些教师，为他们提供更多的职业发展机会。对未能达到大思政育人要求的教师，进行有针对性的培训和指导，帮助他们提升育人能力；若经过多次培训仍不符合要求，则按照相关规定进行处理。这样的绩效考核和奖惩办法，激发了教师参与大思政育人工作的积极性和主动性。教师们积极参加各类思政教育培训和研讨活动，不断提升自身的思政素养和育人能力。

三、百花呈瑞，美美与共

在新时代教育发展的浪潮中，齐鲁理工学院积极探索机制引领，建立多元评价体系，在思政教育、教师发展、学生成长以及校园整体发展等多方面取得了显著且深远的成效，为高校大思政教育提供了可借鉴的范例，有力地推动了高等教育事业的高质量发展。

（一）学生综合素质全面提升

齐鲁理工学院以养成教育评价为核心的多元化、信息化、全过程德育实践评价体系，促使学生综合素质实现质的飞跃。在思想道德层面，学生对思想政治理论知识的理解与践行能力显著提升。通过参与丰富多样的思政实践活动，如社区志愿服务、红色文化宣传等，学生深刻领悟社会主义核心价值观的内涵，并将其融入日常生活，在校园中积极传播正能量，形成良好的道德风尚。在关爱孤寡老人的社区志愿服务中，学生不仅为老人提供生活帮助，还与他们交流谈心，传播红色故事，展现出强烈的社会责任感与奉献精神，得到社区居民的广泛赞誉。在行为习惯上，校园文明程度大幅提升。课堂纪律更加严明，学生自觉遵守课堂秩序，积极参与互动；宿舍文明建设成效显著，学生注重宿舍卫生与文化营造，互帮互助氛围浓厚；校园文明礼仪成为学生日常行为准则，礼貌待人、文明用语成为校园常态。学生积极参与各类实践项目，在实践中运用所学知识解决实际问题，团队协作、沟通交流和组织协调能力不断提高。在"乡村振兴"主题调研实践中，学生深入农村，了解农业发展现状，为乡村产业发展、文化建设提出建设性意见，其调研成果得到当地政府的认可，切实为乡村发展贡献了力量。

（二）教师育人水平显著提高

大思政工作队伍绩效考核和奖惩办法的实施，极大地激发了教师的积极性与创造力，推动教师育人水平全面提升。在教学方面，教师积极创新教学方法，将思政元素巧妙融入专业课程。在科研方面，教师积极开展思政教育相关研究，探索思政教育与专业教育融合的新路径、新方法。近年来，学校教师在思政教育领域的科研成果不断涌现，发表了大量高质量学术论文，承担多项省部级以上科研项目，为思政教育实践提供了坚实的理论支撑。

（三）协同育人格局有效形成

机制引领下，齐鲁理工学院成功构建起全员、全过程、全方位的协同育人格局。学校各部门之间打破壁垒，密切协作。思政教学部与教务处协同制订教学计划，确保思政教育在专业课程中的合理融入；学工处与团委共同组织丰富多彩的校园文化活动，将思政教育贯穿其中。全员育人氛围浓厚，教师、管理人员、后勤服务人员等都积极参与育人工作中。教师在教学中注重价值引领，管理人员在日常管理中传递思政理念，后勤服务人员以优质服务感染学生，形成了全方位育人的良好氛围。专业课教师在课堂上不仅传授专业知识，还引导学生树立正确的职业观与职业道德；管理人员在处理学生事务时，注重培养学生的规则意识与责任意识；后勤服务人员通过自身的辛勤工作，为学生树立敬业奉献的榜样……全过程育人得以实现，从学生入学到学生毕业，思政教育贯穿始终。

（四）校园文化内涵不断丰富

机制引领促进了校园文化的传承与创新，丰富了校园文化内涵。党建文化在校园中广泛传播，红色文化主题活动成为校园文化的重要组成部分。学校定期组织师生参观红色教育基地，邀请老一辈革命家、英雄模范来校作报告，举办红色文化主题展览、演讲比赛等活动，让师生在参与中传承红色基因，弘扬革命精神。校园文化形式与内容不断创新，结合时代发展和学校实际，学校开展了一系列富有特色的文化活动，比如"科技文化节"鼓励学生参与科技创新实践，培养创新精神。良好的校园文化氛围成为大思政教育的重要因素，影响着学生的思想观念与行为习惯。学生在丰富多彩的校园文化活动中，增强了文化自信，提升了综合素质，校园文化的育人功能得到充分发挥。

（五）学校整体发展迈上新台阶

机制引领为学校的整体发展注入强大动力，推动学校在多个方面取得显著成就。在人才培养质量上，学校培养的学生思想政治素质高、专业能力强、综合素养好，受到用人单位的广泛好评。毕业生在工作岗位上表现出色，能够迅速适应工作环境，为社会发展贡献力量，学校的社会声誉和影响力不断提升。学校的教育教学改革不断深化，大思政教育与专业教育深度融合，课程建设、实践教学等方面取得丰硕成果。学校打造了一批具有示范效应的思政课程和课程思政示范课，实践教学基地不断拓展，实践教学质量显著提高。在学科建设方面，学校围绕大思政教育，加强相关学科的建设与发展，使学科特色更加鲜明，学科水平不断提升。学校的党建工作成效显著，学校党委成员多次在全国、全省教育系统重要会议上作典型发言。学校党委获批"全国党建工作示范高校"培育创建单位，多个党支部荣获"全国党建工作样板支部""全省党建工作标杆院系"等称号，党建工作为学校发展提供了坚强的政治保障和组织保障。

第二篇

文化涵育——大思政育人载体

第八章
文化涵育工程理念创新和理论构建

从广义上讲，文化是人类创造出来的所有物质和精神财富的总和。文化既包括世界观、人生观、价值观等具有意识形态性质的部分，也包括自然科学和技术、语言和文字等非意识形态的部分。确切地说，文化是一个包含历史、地理、风土人情、传统习俗、生活方式、文学艺术、行为规范、思维方式、价值观念等内涵的范畴。文化涵育就是通过文化的潜移默化作用，培养人的道德、情感和价值观。文化涵育既包括对传统文化的传承，也包括将其融入现代文化的理解与创新。多年来，齐鲁理工学院立足于人才培养目标，探索文化涵育的理念创新和理论构建，在此基础上逐步建立并完善了一套全方位以文化人的育人体系。

第一节　把握"一个核心"
坚守中华民族的"根"与"魂"

习近平总书记指出，中华优秀传统文化是中华文明的智慧结晶和精华所在，是中华民族的"根"与"魂"，是中华民族的精神命脉。把握"一个核心"，就是按照习近平总书记重要指示精神，牢牢把握并坚守住中华优秀传统文化是中华民族的"根"与"魂"这个核心，通过大思政视角下的"浸润式"文化育人工程，逐步形成以文化人、以德树人的全方位、立体化、闭环式育人体系，使学生在接受相关专业教育培养的同时，普遍接受优秀传统文化的"浸润"和熏陶，让他们除了具备合格的专业理论和技能外，还普遍具有人文审美、爱党爱国、尚德守法、尊友孝亲的高尚情怀。

齐鲁理工学院立足于培养具有人文情怀的高素质、高技能应用型人才，坚持立德树人的人才培养目标，坚持为党育人、为国育才的办学方向，探索发挥济南、曲阜两校区分处齐鲁文化两大核心区域的独特优势，将中华优秀传统文化，尤其是齐鲁文化精神元素立体化、多维度、全方位"浸润式"融入人才培养全过程，融入人文养成教育、理想信念教育、社会主义核心价值观教育、爱国主义教育全过程，形成了显著的育人特色，打造了文化育人齐鲁样板。

一、以习近平文化思想为引领，确立以文化人的培养方向

党的十八大以来，习近平总书记着眼宣传思想文化领域的新形势新情况新问题，站在全局和战略高度，作出一系列重要论述和指示批示，指引新时代宣传思想文化工作取得历史性成就，形成了习近平文化思想，构成了习近平新时代中国特色社会主义思想的文化篇，为齐鲁理工学院以文化人新理念形成、新理论构建、新实践探索提供了强大的思想行动指南。

学校围绕人才培养开展文化建设工作，牢牢坚持党的文化领导权，坚持物质文明和精神文明协调发展，勇于担负新时代文化使命，坚定文化自信，坚守高校文化阵地，培育和践行社会主义核心价值观，铸牢中华民族共同体意识，掌握信息化条件下舆论主导权，广泛凝聚师生共识；坚持以学生为中心，加强文化遗产保护传承，构建文明和谐校园。

把握习近平文化思想核心要义，对学校实现以文化人的人才培养目标具有方向性、决定性的重大意义。全校师生要努力做到"十个深刻领会"：

一是深刻领会学校坚持党的文化领导权的重大意义。习近平总书记多次就高校思政工作和文化传承发展工作发表系列重要讲话。深入学习领会习近平文化思想，就是要坚持党的文化领导权不动摇，树立高校思想文化工作新理念新思想新战略，为学校发展注入文化育人的强大动力。学校是培育时代新人的主阵地，是锻造优秀青年的大熔炉，坚持用习近平文化思想培根铸魂，切实担负起培养时代新人的重大使命，是一项在新征程中光荣而艰巨的重大任务。

二是深刻领会优秀传统文化是推动学校物质文明和精神文明协调发展的强大动力。进入新时代，弘扬以伟大建党精神为源头的中国共产党人的精神谱系，发展社会主义先进文化，弘扬革命文化，传承中华优秀传统文化，抵制校园拜金主义、享乐主义、极端个人主义和历史虚无主义等错误思潮，就要统筹推动文明培育、文明实践、文明创建，形成适应新时代要求的思想观念、精神面貌、文明风尚、行为规范，确保学校的办学事业行稳致远。

三是深刻领会指导性理论与优秀传统文化"两个结合"的根本要求。习近平总书记创造性提出"坚持把马克思主义基本原理同中国具体实际相结合、同中华优秀传统文化相结合"。贯彻习近平文化思想，就是要植根本国、本民族、本地区、本校历史文化沃土，激活中华优秀传统文化中富有生命力的优秀因子，将思想精髓同中华优秀传统文化精华贯通起来，聚变为新的理论优势，不断攀登学校新的思想高峰。

四是深刻领会学校所担负的文化使命。作为理工类大学，学校深入学习贯彻习近平文化思想，以宏阔的视野和定位，秉持以文化人的育人理念，推动文化繁荣发展，强化文明传承，推进文化创新，为培养高技能、有情怀的优秀人才提供思想保证、舆论支持、精神动力和文化滋养。新时代大学生生逢盛世，肩负重任，中华优秀传统文化是培根育人的重要源泉，也是塑造健全人格、陶冶高尚情操的宝贵财富。

五是深刻领会文化自信的核心内涵。文化自信是一个国家、一个民族甚至一个学校发展中最基本、最深沉、最持久的力量，有文化自信才能立得住、站得稳、行得远，才有引领力、凝聚力、塑造力、辐射力。只有坚定文化自信，才能古为今用、推陈出新，才能坚守中华文化立场，传承中华文化基因，砥砺前行，创新活力。

六是深刻领会学校培育和践行社会主义核心价值观的重大意义。核心价值观是决定文化性质和方向的最深层要素。"倡导社会主义核心价值观"被写入宪法，中共中央办公厅印发《关于培育和践行社会主义核心价值观的意见》，中共中央、国务院印发《新时代公民道德建设实施纲要》等指导性文件。学校教育的对象是青年学生群体，只有充分发挥社会主义核心价值观的引领作用，强化教育引导、舆论宣传、文化熏陶、实践养成、制度保障，把社会主义核心价值观融入法治建设、校园文化建设、课堂教学以及日常生活，才能确保一系列法规文件精神落实落地，收到良好的教育效果。

七是深刻领会掌握高校信息化条件下舆论主导权和阵地作用。当今社会，信息技术日新月异，数字化、网络化、智能化飞速发展，掌握信息化条件下舆论主导权已成为巩固壮大学校主流思想和文化阵地的必然要求。如何弘扬主旋律、振奋精气神，统筹网上网下、内宣外宣，巩固壮大奋进新时代的主流思想舆论，已成为一项重大课题。为此，学校自筹资金2亿元建设了先进的智慧化校园。

八是深刻领会以育人为中心的文化工作导向。在齐鲁理工学院，"一切以学生为中心，为了学生的一切"这个工作导向，是学校建设与发展事业的所有工作中始终秉持的基本原则。单就文化设施方面而言，学校以高质量文化供给实现高层次文化培育需求，建设了齐鲁文化馆、齐鲁文化广场、孔子博物馆、龙山文化博物馆、古道驿站等多个齐鲁文化育人基地，让学生亲身领略齐鲁文化精粹，在"学、研、行、养"中领悟先贤理念，强化文化涵养。

九是深刻领会保护传统文化遗产的重要性。历史文化遗产承载着中华民族的基因和血脉，保护历史文化遗产是推动文化传承发展的重要基础。习近平总书记对保护历史文化遗产高度重视并作出重要指示："把老祖宗留下的文化遗产精心守护好，让历史文脉更好地传承下去。"在习近平文化思想引领下，学校充分发挥自身所处齐鲁文化核心区域的独特优势，创造性地开展了"齐鲁古道行"系统性系列活动，并以此开展文化挖掘与传承工程，目前已建设驿站6个，过万人次师生参加了活动。这一"行走的课堂"，不但深受大学生的欢迎，而且得到地方政府和社会各界的大力支持，还得到许多知名媒体的广泛关注和深度报道。

十是深刻领会构建中国话语权，讲好中国故事。进入新时代，讲好中国故事，传播好中国声音，贡献中国大智慧，是习近平文化思想的重要内容之一。学校以开放的办学理念进行文化交流，广泛开展对外合作，提升了影响力，扩大了品牌效应，提高了办学质量和社会声誉。比如，学校以"孔子讲堂"为切入点，在对外交流活动中，宣讲了儒家文化精髓，弘扬了齐鲁文化精神。

二、以党和国家文化政策为指导，确立以文化人的基本原则

学校始终坚持党的教育方针是办学行为的指南，国家政策规定是教育教学行动的准则。在文化育人方面，学校始终坚持以政策理论武装头脑，以创新理念指导实践，以开拓性实践先行先试，努力探索独具特色的文化教育机制，力争在同类高校中实现人无我有、人有我优、人优我特的育人优势。

习近平总书记2018年在北大师生座谈会讲话中指出："人无德不

立，育人的根本在于立德。""爱国，是人世间最深层、最持久的情感，是一个人立德之源、立功之本。"中国人民的特质、禀赋不但铸就了绵延几千年发展至今的中华文明，而且深刻影响着当代中国发展进步，深刻影响着当代中国人的精神世界。这种伟大精神一代一代传承下去，文化是最好的载体。

学校深入贯彻落实教育部《完善中华优秀传统文化教育指导纲要》精神，制定措施，明确以文化人的任务目标。

一是加强中华优秀传统文化教育，是学校深化中国特色社会主义教育和中国梦宣传教育的重要组成部分。中华民族 5 000 多年悠久文明的传承，具有深厚的历史渊源和广泛的现实基础。加强中华优秀传统文化教育，对于引导大学生更加全面准确地认识中华民族的历史传统、文化积淀、基本国情，具有重大意义。

二是加强中华优秀传统文化教育，是学校构建中华优秀传统文化传承体系、推动文化传承创新的重要途径。当今世界，文化在综合国力竞争中的地位和作用更加凸显，越来越成为民族凝聚力和创造力的重要源泉，博大精深的中华优秀传统文化是我们在世界文化激荡中站稳脚跟的根基。青年学生是祖国的未来、民族的希望，加强对大学生的中华优秀传统文化教育，对于培养中华优秀传统文化的继承者和弘扬者、推动文化传承创新、建设社会主义先进文化具有基础作用。

三是加强中华优秀传统文化教育，是学校落实立德树人根本任务，培育爱党爱国、诚信担当、热爱生活、富有情怀的高技能型人才的重要基础。世界多极化、经济全球化深入发展，国内经济社会转轨转型、深刻变革，现代传播技术迅猛发展，世界范围内各种思想文化的交流交融交锋更加频繁，社会思想观念日益活跃。大学生思想意识更加自主，价值追求更加多样，个性特点更加鲜明，社会上一些不良思想倾向和道德行为，对他们健康成长产生了不容忽视的影响。加强中华优秀传统文化教育，对于引导大学生增强民族文化自信和价值观自信，自觉践行社会主义核心价值观具有重要作用。

为抓好传统文化教育，学校重点抓好"六个坚持"：

一是坚持习近平文化思想，贯彻党的教育方针，围绕立德树人根本任务，整体规划，分层设计，有机衔接，系统推进。

二是坚持中华优秀传统文化教育与培育和践行社会主义核心价值观相结合。深入挖掘和阐发中华优秀传统文化讲仁爱、重民本、守诚信、崇正义、尚和合、求大同的时代价值，坚持"两创"原则，处理好继承和创新的关系，做好创造性转化和创新性发展。

三是坚持中华优秀传统文化教育与时代精神教育和革命传统教育相结合。既要大力弘扬以爱国主义为核心的民族精神，又要积极弘扬以改革创新为核心的时代精神，继承和弘扬革命传统。

四是坚持弘扬中华优秀传统文化与学习借鉴国外优秀文化成果相结合。既要高度重视培育学生的民族自信心、自豪感，又要注重引导学生树立世界眼光，博采众长。

五是坚持课堂教育与实践教育相结合。既要充分发挥课堂教育的主渠道作用，又要注重发挥课外活动和社会实践的重要作用。

六是坚持学校教育、家庭教育、社会教育相结合。既要发挥学校主阵地作用，又要加强家庭、社会与学校之间的配合，形成教育合力。

三、以学校自身拥有的文化"基因"为切入点，确立文化涵育先进理念

（一）齐鲁文化立体化、多维度、全时空"浸润式"育人理念

齐鲁理工学院济南、曲阜两校区分处齐、鲁文化发源的核心区域，地域文化优势独特，学校以"齐鲁"冠名，寓意学校当以齐鲁大地为根基，以齐鲁文化为底蕴，以弘扬齐鲁精神为己任，传承齐鲁文化精髓，

培育山东教育高地，助力山东经济发展，服务全国发展战略。

早在 2012 年，学校就开启了齐鲁文化育人体系的探索研究之路。2014 年，在全面总结以往文化育人工作的基础上，学校确立了"齐鲁文化孕育下的理工生"育人理念，针对不同的学科专业、不同的文化育人环节、不同的文化育人载体、不同的文化育人条件、不同的文化育人主体等，制定具体的文化育人标准；修订人才培养方案，将齐鲁文化类课程纳入课程体系；设置齐鲁文化育人实践环节。成立齐鲁理工学院齐鲁文化研究院，设立"孔子学堂"，全面推进养成教育并将其作为齐鲁文化教育实践的重要载体，组建齐鲁文化社团联盟，打造齐鲁文化活动品牌，建设以齐鲁文化为气韵的文化校园。

学校联合校内外知名专家教授，围绕学校人才培养文化特质进行把脉研讨，对齐鲁文化育人体系建设系统进行补充完善、提炼"打磨"，着力培育和凝练具有自身鲜明特色的校训、校风。同时，学校利用寒暑假学习班，组织校训、校风大讨论，反复征求意见。

学校将齐鲁文化育人理念写入学校发展规划，专列专述，分解任务，明确职责。学校在"十三五"发展规划中，确定实施特色校园文化建设工程，把文化育人融入人才培养各环节，凝练形成具有鲜明学校特色的校训、校风、教风、学风，塑造体现齐鲁理工人执着信念、昂扬斗志、优秀品格的大学精神。

2015 年，在师生广泛酝酿和讨论、多方征询校内外专家意见和建议的基础上，学校最终确定校训为"知学、知道、知善、知美"，校风为"尚德、尚礼、尚勤、尚新"，向全校公布并进行了内涵解读。

学校文化涵育的具体目标是，利用齐鲁文化深刻而强大的精神内涵影响和塑造青年学生，把校园打造成具有齐鲁文化特色的精神高地。

学校以文化人的基本要求是：齐鲁理工学院要有担当，学校教师要有作为。学校倡导培育教职工信奉这样一种理念：每一所卓越的大学，每一个成功的教育家，每一名优秀的教师，都要有胸怀博大、以文化人的弘道追求，兼具涵养深厚、泽被后代的学术能力和情操责任。

学校先进的文化理念和育人工作得到了社会各界和相关专家的认可。2020年，山东省高等教育管理科学研究会确定将中华文化研究中心落户齐鲁理工学院，希望学校发挥传统文化研究的人才优势，把研究中心打造成弘扬传播中华优秀文化的平台，结出丰硕的成果。

学校"十四五"规划确定加强大学文化建设，大力弘扬新时代先进文化、革命文化、优秀传统文化，深入挖掘齐鲁文化的时代内涵，凝练形成学校特色的教风、学风、作风，塑造齐鲁理工人的精神品格和精神风貌。深入实施"九个一"文化育人工程，提升孔子学堂建设水平和影响力，丰富齐鲁文化课程资源，打造高频次、高质量、高水平的"杏坛大讲堂"，加强齐鲁文化社团联盟建设，丰富"齐鲁文化节"活动内容，精心打造文化活动品牌，建设更具特色和内涵的齐鲁文化景观。

（二）齐鲁文化意蕴中的人才培养育人理念

为了全面落实立德树人根本任务，学校创造性地将齐鲁文化元素融入办学思想、教学行为和各个育人环节中，让中华优秀传统文化的魅力自始至终熠熠生辉，使以文化人的育人目标始终保持正确的方向。比如，在学校办学理念"学生为本、质量立校、人才兴校、科技强校、文化荣校、依法治校"中明确强调了"文化荣校"，在"德育为先、能力为本、素质为要、文化为根"育人理念中明确强调了"文化为根"，在"知学、知道、知善、知美"校训、"尚德、尚礼、尚勤、尚新"校风、"学而习、学而思、学而达、学而用"学风、"德润杏坛、化育桃李"教风中，都融入了儒家、墨家、道家、法家等齐鲁文化核心精神元素。

学校将齐鲁文化核心精神元素植入校训，使这所理工类高校的"名片"充满了浓郁的齐鲁文化意蕴。

学校的校训是"知学、知道、知善、知美"，简称"四知"校训。

校训立足于当代社会人才需求和育人德为先的培养标准，荟萃儒、道、法、墨各家之精髓，具有浓郁的齐鲁文化精神意蕴。

知：本义为学识、明了等，通"智"。此处的"知"，取意于"知行合一"，知中有行，行中有知。有探求、笃行之意。

知学："学"泛指在大学一切有益于个人知识、能力和素质提升的活动。"知学"，即深刻领悟学习的重要意义，把大学作为学习的净土、乐园，把学习作为首要任务，珍惜大学美好时光，主动学习，勤奋学习，学会学习，进而达到好学、乐学的境界。

知道："道"最初的意义是道路，后来引申为途径、方法、本源、本体、规律、原理、境界、终极真理等。"道"是宇宙万物产生和发展的总根源，是自然规律，是人类社会的一种规则、法则。"知道"，即把问道、求道、循道作为学习的基本要义，积极主动地认识、探求和遵循自然之道、处世之道、做人之道。

知善："善"意为心地仁爱，品质淳厚；好的行为、品质；友好；擅长；赞许；等等。"善"具有深刻的伦理学、哲学、心理学内涵。"知善"就是把善作为修身养德的基本规范，明善道、育善根、存善念、留善心、行善举、择善言、为善人。

知美："美"是指能引起人们美感的客观事物的一种共同的本质属性。美包括美心和美行。"知美"就是领悟美的内涵，把美作为最高的价值追求，从一念一言一行做起，美其心、美其言、美其行，成为美的化身、美的使者。

知学、知道、知善、知美，内在关联，相互统一。其中，"知学"是基础，"知道"是根本，"知善"是基本要求，"知美"是最高价值追求。大学的根本任务在于立德树人。齐鲁理工学院以此为校训，旨在激励齐鲁理工人传承和弘扬齐鲁文化，在"知学"中求道，在"知道"中向善，在"知善"中臻美，在"知美"中实现人生最美好的梦想。

学校的校风是"尚德、尚礼、尚勤、尚新",简称"四尚"校风。

尚:意为尊崇、注重。

尚德:"德"就是遵循本心、顺乎自然。"大学之道在明德,在亲民,在止于至善。"(《礼记·大学》)德是立人之本,立业之基。"尚德"旨在倡导齐鲁理工人传承中华民族的传统美德,弘扬社会主义核心价值观,努力成为品德高尚的人。

尚礼:"礼,体也。言得事之体也。"(《释名》)"礼者,理之粉泽。"(《太公六韬》)"礼义廉耻,国之四维。"(《管子》)"不学礼,无以立。"(《论语》)"君子博学于文,约之以礼。"(《论语》)"尚礼"旨在倡导齐鲁理工人讲文明、懂礼貌、重礼仪,努力创建尊师爱生的校园文化。

尚勤:"勤"意指做事尽心尽力、持之以恒。"民生在勤,勤则不匮。"(《左传——宣公十二年》)"人生在勤,不索何获。"(《后汉书——张衡列传》)。"尚勤"旨在倡导齐鲁理工人爱岗敬业,勤于思考、勤于修身、勤于学习、勤于工作、勤于奉献,不断提升自我,努力为学校发展作出更大贡献。

尚新:"新"就是求新、求变、求善。"汤之,《盘铭》曰:'苟日新,日日新,又日新。'《康诰》曰:'作新民。'《诗》曰:'周虽旧邦,其命维新。'是故君子无所不用其极。"(《大学》)"尚新"旨在倡导齐鲁理工人坚持开放办学的理念,主动适应经济社会发展需要,顺应高等教育发展趋势,不墨守成规,不故步自封,不因循守旧,不断进取创新,展现新风貌,创造新业绩,开创新局面。

(三)齐鲁文化涵育中坚守不变的理念和情怀

学校自创办以来,始终坚守这样一种信念:只有让每一名学生都学有所成,每一个家庭才会有希望,每一个地区才会有发展。学校校长在讲述学校的发展目标时说过这样一句话:"教育就是点燃万千学子和家庭希望的火种,就是推动区域经济社会发展的新动能。"这句话是对齐鲁理工学院办学理念的最好诠释。

自办学之初，学校就坚守这样一条"铁律"：不让一名学子因贫困辍学，不让一个家庭因贫困无望。正是因为这种信仰和情怀，学校设立了专项助学基金，用于资助家庭经济困难的学生。近年来，设立校长奖学金，每年自筹2 000余万元作为助学、奖学基金，目前已累计资助5万余人。

每年新生报到之际，校领导和有关部门负责人都会亲自到现场办公，指导办理贫困生助学事宜，与贫困学生及家长谈心，鼓励他们坚定求学之路、希望之路，确保家庭经济困难的新生通过学校"绿色通道"顺利办理入校手续。

在2024年新生开学报到现场，一位家长感动地说："把孩子送到齐鲁理工，我们很放心，很清心，很舒心。像齐鲁理工这样的学校和这样一群教育工作者，才是实实在在地用实际行动践行习近平总书记提出的'中国特有的教育家精神'。"

第二节　秉持"两创"基本原则
确保以文化人的正确方向

习近平总书记多次强调指出，对传统文化我们要遵循的基本原则是"创造性转化，创新性发展"，也就是说，对传统文化既不能"照单全收"，也不能"全盘否定"。目前，"两创"原则下的文化育人模式，正逐步成为齐鲁理工学院"以文化人"的办学特色和自觉行为。

学校要秉持传统文化"两创"原则，首先就要增强师生的文化自信和高度认同。文化是民族的血脉，是人民的精神家园。文化自信是更基本、更深沉、更持久的力量。中华文化独一无二的理念、智慧、气度、神韵，增强了中国人民内心深处的自信和自豪。

通过学习领会习近平文化思想，学校师生深刻认识到，建设社会主义文化强国，增强国家文化软实力，实现中华民族伟大复兴的中国梦，实施中华优秀传统文化传承发展工程，对学校发展建设与人才培养具有重大指导性意义。

学校坚持文化"两创"原则，践行习近平总书记提出的文化要"不忘本来、吸收外来、面向未来"的基本要求，逐步引导教育学生树立对中华优秀传统文化的"三结合"观。

一、以"古为今用"为目的的传统文化与现代文明结合观

2016年10月，习近平总书记在纪念红军长征胜利80周年大会上强调："一个不记得来路的民族，是没有出路的民族。"这一论述说明，唯有传承，方能发展；割舍与断裂意味着崩塌和消亡。

"中华文化积淀着中华民族最深沉的精神追求，是中华民族生生不息、发展壮大的丰富滋养。"中华优秀传统文化是中华儿女集体智慧的结晶，具有鲜明的民族特色。中华优秀传统文化所内涵的民族精神，是中华民族赖以生存和发展的精神支柱。民族精神是中华优秀传统文化最集中、最本质的体现，正是这种世代相传的民族精神，生生不息地鼓舞和鞭策着中华民族在命运多舛中薪火相传地挺起了自豪的精神脊梁。

习近平总书记在主持中共中央政治局集体学习时指出："要使中华民族最基本的文化基因与当代文化相适应、与现代社会相协调，以人们喜闻乐见、具有广泛参与性的方式推广开来，把跨越时空、超越国度、富有永恒魅力、具有当代价值的文化精神弘扬起来，把继承传统优秀文化又弘扬时代精神、立足本国又面向世界的当代中国文化创新成果传播出去。"

通过学习和理解习近平总书记重要讲话精神，全校师生深刻认识

到，要让熠熠生辉的中华优秀传统文化在新时代焕发出更加璀璨的光芒，学校必须发挥教育"主阵地"的作用，勇于担当。

二、以"推陈出新"为目的的传统文化与时代精神结合观

学校充分发挥齐鲁大地文化资源丰富、地处齐鲁文化发源核心区域的独特优势，着力打造文化育人特色品牌，根植齐鲁文化，构建起以齐鲁文化为深厚底蕴和丰富内涵的"大思政"育人理念。

习近平总书记指出，从我国的现实国情来看，创造更为先进的文化，彰显中国传统文化的时代精神，需要在改革创新的伟大实践中完成，不仅要重视传承中华优秀传统文化，还要创造更为先进的文化。

从历史上看，一个国家、一个民族的强盛，总是以文化兴盛为支撑的，中华民族伟大复兴需要以中华文化发展繁荣为条件。对历史文化，特别是先人传承下来的道德规范，要坚持古为今用、推陈出新，有鉴别地加以对待，有扬弃地予以继承。

坚持"两创"原则，坚定文化自信。只有全面深入了解中华文明的历史，才能更有效地推动中华优秀传统文化创造性转化、创新性发展，更有力地推进中国特色社会主义文化建设，建设中华民族现代文明。

贯彻和践行习近平总书记关于中华优秀传统文化的"创造性转化，创新性发展"的"两创"原则，是学校以文化人"大思政"育人的指导思想、根本遵循和自觉行为。

学校将"两创"原则贯穿于整个育人过程，确立"齐鲁文化孕育下的理工生"育人理念，实施齐鲁文化育人工程并取得突出成效，学校设立的孔子学堂被中国孔子基金会确定为"优秀传统文化传承示范基地"，山东省中华文化研究中心落户学校，学校的文化育人经验在《中国教育报》要闻版以《内化于心 外化于行——齐鲁理工学院文化育人纪实》为题作了重点报道，山东电视台《理响中国》栏目分两期报道

了学校文化育人的成效。

三、以"引领话语"为目的的中华优秀传统文化与世界文化结合观

学校坚持中华优秀传统文化是中华民族的"根"与"魂"的基本原则，开展对外交流和学生思想政治教育。

一是坚持对外来文化"拿来主义"的"洋为中用"。按照习近平总书记指出的"对我国传统文化，对国外的东西，要坚持古为今用、洋为中用，去粗取精、去伪存真，经过科学的扬弃后使之为我所用"的指示精神开展交流与教育工作。

二是坚持"海纳百川"的"交融互鉴"。文明因多样而交流，因交流而互鉴，因互鉴而发展。"各美其美"不如"美人之美，美美与共"。文化虽无国界，但学校始终坚持立足中国国情来对待外来文化，使外来文化中优秀的、有生命力的要素在中国大地上生根发芽、开花结果，成为中华文化的有机组成部分。

在对外交流与合作中，学校秉持的基本原则是：坚持把跨越时空、超越国度、富有永恒魅力、具有当代价值的文化精神吸收进来，把继承传统优秀文化又弘扬时代精神、立足本国又面向世界的当代中国文化创新成果传播出去。坚持对中华文化的自信、耐力、定力，坚定文化自信，相互尊重，平等交流。

学校作为培养国家优秀人才的建设高地，在对外交流方面，坚持开放办学理念，通过合作办学、联合培养、合作研究、师生互访等形式，不断加强与国外知名高校的合作与交流。学校已与美国、澳大利亚、德国、新西兰、泰国等国家的近50所高校建立合作关系。主动对接"德国工业4.0"，与德国莱茵科斯特公司和史太白大学合作，开办中德合作试点班，共建"中德智能制造技术中心"，面向国际培养应用型人才。

第三节 实现文化涵育"三和谐"
培育修为养成"二情怀"

学校的文化涵育是指在传统优秀文化育人体系建设中，注重培养和强化民族精神、理想信念和心理层面的和谐，以及推动传统文化和现代文化的融合，提升自身修养等。"三和谐"具体内涵包括人与自然的和谐，人与社会的和谐，人自身心灵世界的和谐。"二情怀"，即人文情怀和家国情怀。"三和谐"与"二情怀"是贯穿中华优秀传统文化观和新时代中国特色社会主义发展观以及世界和平与发展观的基本思想，也是立世之本、立国之本、立家之本，更是立人之本。

文化涵育要求在文化育人的过程中，既要坚守和传承中华优秀传统文化，也要结合学校教育教学和人才培养特点，不断创新发展，促进学校稳定和谐，增强自信，展现魅力。

一、实现文化涵育"三和谐"是学校教育的必然要求

（一）"人与自然的和谐"是涵育"三和谐"的基础

"和谐"既是中华优秀传统文化的精神，也是辩证唯物主义美学的基本观点。"和谐"是对立事物之间在一定的条件下，具体、动态、相对、辩证的统一。

"中和"为美是儒家文化的精髓所在。儒家以和谐为美，强调把杂多的或对立的元素组合成一个均衡、稳定、有序的和谐整体，因而排除和反对一切不和谐、不均衡、不稳定、无序的组合方式。这样，在和谐与不和谐、均衡与不均衡、稳定与不稳定、有序与无序之间，相成相

济，以取其中。中国传统文化以中和之美为理想，强调不偏不倚，反对过度极端，反对不和谐、不均衡、不稳定。

学校将"中和之美"这种理念恰到好处地运用到新时代教育教学和人才培养措施中，既是文化的传承，也是文化的创新，还是培养学生立身为命、修身养性、谋生创业的基本遵循。

纵观人类发展史，经历过三个主要矛盾不断转移的阶段。一是工业革命前人与自然的抗争关系，主要是为了生存，为了吃饱；二是工业革命后人与社会的抗争关系，主要是为了生活富足，吃得好；三是当代信息社会人与自身的抗争关系，主要是为了精神平和，生命质量高。

人与自然是和谐共生的关系，"自然是生命之母，人与自然是生命共同体，人类必须敬畏自然、尊重自然、顺应自然、保护自然"。"天人合一""道法自然"的哲学思想，"劝君莫打三春鸟，儿在巢中望母归"的经典诗句，"一粥一饭，当思来处不易；半丝半缕，恒念物力维艰"的治家格言，无不体现了"顺时""以时""不违时"等尊重自然规律的智慧，这是万古不变的真理。

2019 年习近平总书记在北京园博会开幕时指出："我们要维持地球生态整体平衡，让子孙后代既能享有丰富的物质财富，又能遥望星空、看见青山、闻到花香。""绿水青山就是金山银山。""良好生态环境是最普惠的民生福祉。"这种自然和谐观是学校对青年学生进行"三观"教育的指导思想。

（二）"人与社会的和谐"是涵育"三和谐"的核心内涵

人本价值是和谐社会的基本体现。两人谓"从"，三人谓"众"，多人谓"会"，即社会。纵观社会的盛衰演变，我们务必清醒地认识到，社会主义核心价值观是统领我国社会安全稳定发展的内在精神力量。

在社会主义核心价值观内涵中，富强、民主、文明、和谐，自由、平等、公正、法治，爱国、敬业、诚信、友善，传承着中华优秀传统文化的基因，寄托着中华民族上下求索、历经千辛万苦确立的理想和信念，也承载着我们每个人的美好愿景。

社会和谐的核心价值观是国家文化软实力之魂。一个国家的文化软实力，从根本上说，取决于其核心价值观的生命力、凝聚力、感召力。培育和弘扬核心价值观，有效整合社会意识，是社会系统得以正常运转、社会秩序得以有效维护的重要途径，也是国家治理体系和治理能力的重要方面。历史和现实都表明，构建具有强大感召力的核心价值观，关系社会和谐稳定，关系国家长治久安。

学校的发展和个人的事业同样重要。齐鲁理工学院作为一所理工类本科高校，着眼于"一切为了学生"，立足于服务社会，回馈社会，促进社会和谐稳定发展，这是学校始终坚持的办学宗旨。只有坚守这一宗旨，学校才能乘风破浪，勇立同类学校改革发展的潮头。在这种大格局大思维大文化培养理念教育下的毕业生，也才能够在市场经济的大潮中淡定从容，担当有为。

（三）"人自身心灵世界的和谐"是涵育"三和谐"的最高目标

弗洛伊德精神分析学说认为，关于人的本性，每个人由生到亡必经"人生三部曲"，即"本我，自我，超我"。所谓"本我"，是指人最为原始的、可满足本能冲动的欲望，如饥饿、生气等。所谓"自我"，是指以合理的方式来满足本我的要求，比如，人们饿了的时候知道走进便利店花钱买吃的。所谓"超我"，位于人格结构的最高层，是道德化的自我，由社会规范、伦理道德、价值观念内化而来，"超我"是"本我"和"自我"摩擦导致的一种和谐。在中华传统文化的发展长河中，关于人的本性学说，也有一批圣贤哲人发表过经典学说，比如荀子的"人性本恶"学说。道家的"道法自然"和儒家的"从心所欲不逾矩"表述的都是"超我"的状态。

弗洛伊德按照"三我"学说，得出了"人之初性本恶"的结论，但通过后天家庭和社会的教化，绝大多数人成了合乎伦理法度的"好人"。在我国传统儒家文化看来，"人之初性本善"。在这种观点下，所谓"好人"，就是通过后天的教化，人们更加保持和完善了初始状态的"善"，从而保持了后天的道德、规范和价值观。

其实，中西方两种人性论的观点是"殊途同归"的。两种观点都强调了后天教育与影响的重要性甚至决定性。一个理想的社会，就是每个人在满足"本我"的情况下，通过教育影响和自我修养，形成一种平衡和谐，达到超越自我的境界，自觉地尊崇规则法度，这样的人类社会才会团结、稳定、和谐，而要实现这一目标，对人施予文化的涵育和道德的浸润是必不可少的手段。

儒家传统文化阐述以修身立德为目的的"自我和谐"之法："吾日三省吾身"，强调的是反躬自省、自我批评；"心存敬畏，手握戒尺"，强调的是遵纪守法、不碰底线；"慎权、慎独、慎微、慎友"，强调的是防微杜渐、不弃微末；"祸莫大于不知足，咎莫大于欲得"，强调的是人要管住自己的欲望。

多年以来，学校全方位多角度立体化将齐鲁文化融入"大思政"育人体系，以文化为滋养，全面提升大学生综合素质，厚植仁爱、诚信、家国情怀，感受文化魅力，平衡和谐心理，营造团结氛围，为创建平安和谐稳定校园奠定了坚实基础。

二、培育修为养成"二情怀"是人才培养的基本要求

（一）以自身素养撑起人文情怀

学校坚持育人德为先，育德重养情。青年学生的责任担当、诚实守信、思想状态、艺术素养、审美情趣、气质修养等都属于人文情怀的范畴。文化涵育的基础目的，首先就是要教育引导学生心理健康阳光，感情丰盈充沛，气质大度高雅，做人质朴真诚，做事勤勉踏实。

学校坚持从传统文化经典中汲取营养，培育人文情怀。习近平总书记指出，中华优秀传统文化是人们进行道德教育修养的"好教材"，人们通过学习把握"中华民族传统美德"，有助于"正确处理义与利、己与他、权与民、物质享受与精神享受等重要关系"，"中国传统文化博大精深，学习和掌握其中的各种思想精华，对树立正确的世界观、人生观、价值观很有益处"。

（二）以传统文化涵育家国情怀

家庭是社会的最小单元。家庭和家族文化历来是中国传统文化的重要组成部分。受儒家文化的影响，家族文化中的宗祠文化、家谱文化、家风家训文化至今已传承几千年，其中的"仁义礼智信"和"温良恭俭让"早已成为世代持家树人的标杆信条，也早已展衍为"振兴中华，匹夫有责"的精忠报国民族意识。

轮廓清晰的家风家训传承是中华民族区别于世界其他国家和民族的独有的文化精髓，其最大的优势在于高度融合的"家国情怀"。正是这种家中有国、国中有家的民族精神，孕育了历朝历代灿若群星的舍小家、顾大家、为国家的人杰翘楚。他们不惜成本，不思取舍，甚至不顾生命。在面对国家和民族危难之时，世界上没有任何一个国家或民族能像中华民族一样坚如磐石，百折不挠。

习近平总书记在会见第一届全国文明家庭代表讲话时引用《礼记·大学》中的话："所谓治国必先齐其家者，其家不可教而能教人者，无之。"可见他对家庭、家教、家风的重视。

"天下之本在家。"尊老爱幼、妻贤夫安，母慈子孝、兄友弟恭，耕读传家、勤俭持家，知书达礼、遵纪守法，家和万事兴等中华民族传统家庭美德，被中国人铭记在心中，融入血脉里。它们是支撑中华民族生生不息、薪火相传的重要精神力量，是家庭文明建设的宝贵精神财富。

关于家庭文化的重要性，习近平总书记认为：家庭是人生的第一个课堂，父母是孩子的第一任老师。孩子们从牙牙学语起就开始接受其家庭影响和教育，好的家庭教育更容易培养子女获得好的人生。家庭教育涉及很多方面，但最重要的是品德教育，是如何做人的教育。也就是古人说的"爱子，教之以义方"，"爱之不以道，适所以害之也"。青少年是家庭的未来和希望，更是国家的未来和希望。

每个不同的家庭文化对其子女的世界观、人生观和价值观的影响都会起到十分重要的作用，因此，为了发挥家庭在学生成长中的作用，学校建立了辅导员、学管部门与学生家庭的沟通联动机制，较好地发挥了家庭在育人方面的作用。

第九章
齐鲁文化涵育工程机制和品牌创新

文化既能育人，也可强校。近年来，齐鲁理工学院实施大思政育人体系下的文化涵育系列工程，使学校的人才培养质量不断提高，学校的办学事业蓬勃发展，学校的社会影响力逐年扩大。

促进招生形成高质量"进口"，就业形成高素质"出口"，招生与就业双丰收。近三年学校本科学生毕业去向落实率平均为97.51%。

促进教学科研质量大提高。教师科研立项数量大幅增加，科研成果层次大幅提高。

促进学校的社会影响力不断扩大。学校以文化人的做法和经验"走向大江南北"。近年来，学校多次在各类会议上介绍大思政育人经验。

促进媒体关注度不断提升。仅2024年，人民日报、中国教育报、中央电视台等多家主流媒体报道学校大思政视角下的文化育人工程特色经验或先进事迹数十次。

第一节　锚定齐鲁文化精神高地
创新文化涵育系统架构

　　齐鲁文化是中国 5 000 多年灿烂文化的重要组成部分，具有悠久的历史和丰富的内涵，拥有雄厚的思想体系，蕴含深厚的道德观念和审美理念。在我国古代丰富的地域文化中，齐鲁文化属于既核心又经典的文化，属于中华优秀传统文化的主流文化。

　　齐鲁大地俗称孔孟之乡，是儒家文化发源地，也是中华文明重要发祥地。习近平总书记考察山东期间，多次对传承和发展齐鲁优秀传统文化作出重要指示。齐鲁文化是中华优秀传统文化的重要组成部分，深刻理解和传承齐鲁文化中蕴含的宝贵价值观念和人文精神，有利于增强历史自觉，坚定文化自信，更好地助力推动中华民族现代文明建设。

一、把握齐鲁文化的核心精神

　　齐鲁文化所创造的主要精神，如创新、变革、开放、务实、兼容、法治、奋斗、尚智、仁爱、忠孝、诚信、崇礼、民本、中庸、尚义、德治、和合等，后来成为中华民族精神的重要源头和主干，是中华民族生生不息、赖以不断发展的精神支柱和灵魂所在。

　　齐鲁理工学院正是携带并传承着优秀文化基因，诞生并发展在齐鲁大地这片文化的沃土。从诞生的那天起，学校就注定会卓尔不凡。

　　学校根植于中华文明中心黄河流域下游的齐鲁大地，发轫于璀璨儒家文化发源地曲阜，远跖于山东政治、经济、文化中心济南，两地办学，"齐风鲁韵"相融。正是优渥的文化基因，融进了学校蓬勃发展的血脉，凝聚了卓越的文化底蕴。"将每一名迈进齐鲁理工校园的学生培育成有人文情怀的技能型理工人才",既是共识,也是目标,更是过程。

二、明确齐鲁文化涵育体系的内涵架构

以齐鲁文化为切入点开展中华优秀传统文化教育。中华优秀传统文化是中华民族语言习惯、文化传统、思想观念、情感认同的集中体现,凝聚着中华民族普遍认同和广泛接受的道德规范、思想品格和价值取向,具有丰富的思想内涵。加强对青年学生的中华优秀传统文化教育,要以弘扬爱国主义精神为核心,以家国情怀教育、社会关爱教育和人格修养教育为重点,着力完善大学生的道德品质,培育理想人格,提升政治素养。

以革命文化为切入点开展"天下兴亡、匹夫有责"的家国情怀教育。着力引导青年学生深刻认识中国梦是每个人的梦,以祖国的繁荣为最大的光荣,以国家的衰落为最大的耻辱,增强国家认同,培养爱国情感,树立民族自信,形成为实现中华民族伟大复兴的中国梦而不懈努力的共同理想追求,培养大学生做有自信、懂自尊、能自强的中国人。

以儒家文化为切入点开展"仁爱共济、立己达人"的社会关爱教育。着力引导青年学生正确处理个人与他人、个人与社会、个人与自然的关系,学会心存善念、理解他人、尊老爱幼、扶残济困、关心社会、尊重自然,培育集体主义精神和生态文明意识,形成乐于奉献、热心公益慈善的良好风尚,培养大学生做高素养、讲文明、有爱心的有为人才。

以中华优秀传统经典为切入点开展"正心笃志、崇德弘毅"的人格修养教育。着力引导青年学生明辨是非、遵纪守法、坚韧豁达、奋发向上,自觉弘扬中华民族优秀道德思想,形成良好的道德品质和行为习惯,培养大学生做知荣辱、守诚信、敢创新的合格接班人。

以对传统文化热爱和探究为切入点,培养文化创新意识,增强传承

和弘扬传统文化的使命感。按照习近平总书记对传统文化"创造性转化，创新性发展"的基本要求，深入学习我国古代思想文化的重要典籍，理解中华优秀传统文化的精髓，强化学生文化主体意识和文化创新意识；深刻认识中华优秀传统文化是中国特色社会主义植根的沃土，辩证看待中华优秀传统文化的当代价值，正确把握中华优秀传统文化与中国化马克思主义、社会主义核心价值观的关系。

以提高文化涵育水平为切入点打造一支中华优秀传统文化教育骨干队伍。近年来，学校不断加大传统文化类教师的引进和培训力度，造就一批以中青年为主的中华优秀传统文化教育骨干教师和学科带头人。加强面向全体教师的中华优秀传统文化知识培训，在哲学社会科学教学科研骨干研修、高校思想政治理论课骨干教师研修、高校辅导员骨干培训中加大中华优秀传统文化内容的比例，提高各专业教师开展中华优秀传统文化教育的能力。

以文化共享资源为切入点建设优秀传统文化网络信息平台。学校充分利用现有电子阅览室、数字图书馆等数字文化的数据资源成果，推动优秀传统文化网络传播，制作适合互联网、手机等新兴媒体传播的传统文化精品佳作。打造有广泛影响的传统文化特色网站，开设传统文化专栏。加强智慧校园建设，近几年学校自筹资金 2 亿元优化智慧校园建设，为校园文化和文化育人建设提供了坚实的现代化条件和手段。其中，以齐鲁文化涵养养成教育为主体的育人平台，创建了包含 4 个齐鲁文化数字资源库、150 余门慕课及丰富线上教育资源的齐鲁文化自主学习平台，开创了线上线下融合育人的局面，实现了校内校外教育资源融通互补。

以重点场馆为切入点加强中华优秀传统文化校园教育活动。利用学校的山东党史馆、齐鲁文化馆、校史馆、图书馆、档案馆、文化广场等，结合校史、院史、学科史和人物史的挖掘、整理和研究，发挥其独特的文化育人作用。深入开展创建中华优秀传统文化艺术传承学校活动，邀请曲阜、济南等驻地传统文化名家、非物质文化遗产代表性传承人等进校园、进课堂。依托共青团、学生党支部、学生会、学生社团等，开展主题教育、理论研讨、社会实践、志愿服务、文艺体育等形式多样、丰富多彩的活动。

以传统文化社会活动基地为切入点构建互为补充、相互协作的齐鲁文化实践平台。充分利用"齐鲁古道行"沿途驿站、故居旧址、名胜古迹、文化遗产、具有历史文化风貌的街区等，组织学生开展"行走的课堂"，进行实地考察和现场教学。充分利用学校济南、曲阜两校区分别位于齐鲁文化核心区域的优势条件，开展齐鲁文化主题教育。在曲阜校区开展"三孔"、尼山儒家文化现场教育，让学生感悟儒家文化的博大精深。充分利用济南校区位于百脉泉边、大明湖畔的优越条件，开展以泉水文化为依托的传统文化实践教育。学生每次身临其境之时，感受那种跨越时空的震撼，就仿佛听到了春秋圣贤的谆谆教诲，悟到了宋代词圣的悲怆情怀。

以学校和大学生家庭紧密结合为切入点充分发挥家庭在中华传统文化教育中的重要作用。发挥辅导员的纽带作用，把学校教育与家庭教育结合起来，形成文化育人合力，倡导家长通过言传身教，形成爱国守法、遵守公德、珍视亲情、勤俭持家、邻里和睦的良好家风，营造弘扬中华优秀传统文化的家庭教育氛围。

第二节　弘扬齐鲁文化核心精神
创新文化涵育精品工程

学校近年来重点打造的文化涵育品牌工程，是一项系统性、立体化、多角度、全方位、闭环式独具特色的系列工程，概括为"三大"精品工程。

一、科学部署实施齐鲁文化"五个五"系列工程

齐鲁文化以儒家文化为核心，以"仁"为本，以"和"为贵，以"德"为先，以"孝"为重，以"礼"为范。学校探索全新育人模式，即以"齐鲁义化＋"为总思路和新形态，以"仁"为体，以"智"为用，以培养有齐风鲁韵的高素质应用型人才为目标，从文化育人的任务、要求、布局、路径、措施入手，实施"五个五"齐鲁文化育人工程，持续深入推进文化育人。

1. 以"五育"为根本任务。以培育和践行社会主义核心价值观为主旨，坚持以育根、育魂、育心、育德、育品等"五育"为根本任务，构建完善的齐鲁文化育人体系。

2. 以"五化"为基本要求。以齐鲁文化育人资源的有效挖掘和利用为主线，落实化古为今、化繁为简、化难为易、化外为内、化知为行等"五化"基本要求，环环相扣，最大限度地实现齐鲁文化创造性转化。

3. 以"五全"为总体布局。通过推进齐鲁文化全面、全程、全部、全员、全域等"五全"育人，优化齐鲁文化育人布局，创建齐鲁文化育人优良生态环境。

4. 以"五融"为主要路径。将齐鲁文化育人融入德育、智育、体育、美育、劳动教育，让齐鲁文化在融入"五育"过程中实现创新性发展。

5. 以"五措"为配套措施。采取理念引领、理论支撑、精神传导、实践磨砺、环境熏陶等措施，全方位"浸润式"文化育人。

二、多措并举开展齐鲁文化"九个一"育人工程

1. "一理念"。加强大学文化体系建设，引领齐鲁文化育人工作。坚持以"齐鲁文化孕育下的理工生"为理念，塑造大学文化，凝练大学精神，形成"四知"（知学、知道、知善、知美）校训、"四尚"（尚德、尚礼、尚勤、尚新）校风。

2. "一机构"。加强齐鲁文化研究院建设。齐鲁文化研究院中既有齐鲁文化研究专家，也有教育理论研究专家，还有教育实践专家，他们从不同视角，深入开展齐鲁文化与齐鲁文化育人研究，开设齐鲁文化课程，指导齐鲁文化活动，为齐鲁文化育人提供教育理论指导和优质文化资源。依托研究院，成立齐鲁文化与思政教育研究中心、齐鲁文化与课程思政研究中心、齐鲁文化与养成教育研究中心、齐鲁书法文化研究中心等，加强专题研究。

3. "一课程"。加强齐鲁文化模块课程建设。在专业人才培养方案通识教育平台中，设置12学分的齐鲁文化模块课；开设"齐鲁文化精神"必修课程及"八模块"、34门系列齐鲁文化选修课程，让大学生学习和掌握齐鲁文化精神，领略齐鲁文化精粹。将省级一流课程"齐鲁文化精神"制作成慕课上线并广泛推广使用。拓展模块课程教学模式，采用现场教学模式，实现课堂教育和文化实践无缝连接。依托龙山文化博物馆、曲阜国学院、齐长城遗址、孟洛川纪念馆等校外齐鲁文化育人基地开展教学活动。

4. "一学堂"。加大孔子学堂建设投入。学堂以"仁爱"为魂，以

"诚朴、刚毅、乐学"为训，以"写好字、读好书、做好人"为宗旨，以"修身立志、怡情养性、健全人格、追求成功"为理念，以培养"文质合一、内外兼修、知行统一"的现代君子为目标，开展丰富多彩的教、修、传等活动。依托学堂，学校面向国内外承办"齐风鲁韵"等文化交流活动，让来自四面八方的学子感受齐鲁文化的魅力。

5. "一讲坛"。传承孔子杏坛遗风古韵，开办"杏坛大讲坛"，邀请文化大家走进校园弘文励教，为大学生提供齐鲁文化盛宴，让大学生走近齐鲁文化名家，感悟齐鲁文化大家的情怀，接受齐鲁文化气韵的熏染。

6. "一联盟"。加强大学生齐鲁文化社团联盟建设，搭建齐鲁文化活动平台，建有齐鲁文化类社团 28 个。依托社团开展丰富多彩的齐鲁文化活动；以社团成员为"火种"，辐射带动全体学生，实现学生参与活动全覆盖，有效推动齐鲁文化育人活动。

7. "一节日"。每年 10 月份举办"齐鲁文化节"启动仪式，集中开展涵盖研究类、传承类、实践类等三大类型的齐鲁文化品牌活动，将齐鲁文化育人活动不断推向高潮。

8. "一养成"。深入开展以社会主义核心价值观为主旨，以齐鲁文化为底蕴的"四主体、四要素、五模块、六环节、二十项规范"的养成教育。"五模块、二十项规范"指养成教育内容包含信念、品德、性格、学业、行为等五大方面，具体有二十项规范，每个规范都规定了具体行动，涵盖了学生学习、生活的主要方面。"四主体"是指养成教育参与主体包含学校、学生、家庭、社会，通过成立"四主体"参加的养成教育联谊会，共同参与养成教育计划、监督、考核等环节的活动，充分发挥"四主体"职能作用。"四要素、六环节"是指养成教育突出抓好认知学习、情感体验、意志磨炼、行为养成等四大要素，按照宣传教育、自主选择、制订计划、组织活动、记录反思、考核评价等六个环节有序组织实施，鼓励学生在大学期间通过自主选择的方式养成终身受益的好习惯。

9. "一景观"。建设讲述齐鲁文化故事的校园人文景观，让学生时时、处处感受齐鲁文化的浸润。在济南和曲阜两校区分别布设以齐文化、鲁文化为主题的文化景点，共 67 处。两校区文化广场、道路、教学楼、公寓等建筑物，命名均源于齐鲁文化经典。道路两旁、教学楼走廊等随处可见的是齐鲁文化名言警句。

徜徉在齐鲁理工学院的校园，师生们能自豪地感受到在时尚现代的氛围里，处处荡漾着浓郁的齐鲁文化意蕴，时刻散发着齐风鲁韵的馨香。高大伟岸的孔子塑像，庄严地伫立在教学楼前。温馨宽敞的齐鲁文化广场上，四周宣传栏上镌刻着齐鲁文化经典图文。古朴典雅的齐鲁文化馆里，浓缩了几千年来齐鲁文化的一脉相承。在这里，每一幅图片，每一个文字，都闪烁着中华民族生生不息的奋斗之光，都承载着齐鲁儿女的执着、坚强与善良。

学校的校园文化育人目标是，让齐风鲁韵的浓厚氛围涵盖校园的每一个角落，让学生脑之所学、目之所及、心之所悟、行之所为皆文化，让文明之花开遍齐鲁理工学院校园，让每一名大学生的火热青春在齐鲁理工学院文化涵育的全方位"浸润"中绽放光芒。

三、全面实施齐鲁文化视域下课程思政与思政课程教学改革工程

近几年，学校着力推进"大思政课"视角下的文化育人，将齐鲁文化核心精神融入公共文化课、实践课、专业课、思想政治理论课等所有课程教学中，把齐鲁文化崇尚气节、家国同构的爱国主义精神，厚德载物的仁道精神，追求美美与共的大同精神，和而不同的和合精神，自强不息的进取精神等核心精神融入课堂教学。

（一）开通齐鲁文化教育"直通车"

开设齐鲁文化通识课程。将齐鲁文化融入通识课程，强化以齐鲁文化为载体的思政教育，开设"齐鲁文化精神"课程。该课程创新"1331"教学模式，目标聚焦 1 个学习任务，明确资料收集、现场考察、形成成果 3 项课前准备工作，将教学过程分为成果展示、精神阐释、案例分析 3 个阶段，课后以 1 项实践项目结尾。学校的齐鲁文化通识课教学效果良好，其中的"齐鲁文化孕育下的理工生——思想政治理论社会实践"课程获批国家级一流本科课程，"齐鲁文化精神"课程获批山东省一流本科课程。

编写齐鲁文化教育教材。学校先后组织校内外专家编写出版《齐鲁文化精神》《齐鲁文化精神 20 讲》《大学生养成教育》《齐鲁红色文化》等文化专题教材，将爱党爱国、诚实守信、友善乐群、感恩守义、知行合一等齐鲁文化和齐鲁红色文化核心精神融入教材，着力打造以文塑品的"尚德课堂"品牌，实现以文化人的育人目的。其中，学校的《齐鲁文化精神》教材获批山东省一流教材。

提高齐鲁文化科研水平。学校先后承担"独立学院实施通识教育与教育教学改革研究""新时代齐鲁文化育人体系的构建与研究"等省级课题，"构建'培养齐鲁文化孕育下的理工生'理念下的文化育人体系的研究与实践"与"中华优秀传统文化'双创'引领下'齐鲁文化＋'育人模式之探索与实践"两项课题先后荣获山东省教学成果奖。这些科研成果沉淀积累了齐鲁理工学院的文化基因与精神财富。

（二）开设齐鲁文化实践课

植根齐鲁沃土，以文培根是齐鲁理工学院"大思政"育人的特色和亮点。自 2013 年始，学校探索确立了以弘扬中华优秀传统文化、革命历史文化、当代社会主义先进文化为主题的思想政治教育社会实践课程。该课程共 96 学时，包括 24 学时的理论学习和 72 学时的社会实践。

理论学习分为"思想政治理论知识串讲"和"实践指导"两部分，内容设计紧密围绕三大文化主题和学生社会实践活动展开，提高了针对性和吸引力。课程深受学生欢迎，收到了良好的以文化人效果。

作为一所理工类高校，理工科学生占比较大。为了提升大学生人文素养，学校深入开展齐鲁文化资源育人实践活动，构建完善的立体育人体系。在实践教学过程中，学校注重从现有的课程教学体系中提炼"实践点"，从博大的齐鲁文化资源中提炼"教育点"，实现两者的有机对接，形成"点—线—面—体"的立体育人体系，提升齐鲁文化的传播力、吸引力、感染力。学校组织学生开展研学活动，通过参观历史古迹、文博场馆等，引导学生走进融"知识、文化、教育"为一体的齐鲁文化"第二课堂"，现场追溯历史、反思现实，进一步彰显齐鲁文化的育人功能，引发学生心灵深处的共鸣与认同。

（三）探索将"大思政"教育融入专业课堂

用齐鲁文化之光照亮"大思政"育人之路。为了实现齐鲁文化与专业课堂教学的有效融合，达到专业课教学立德树人、专业课教师课堂思政的目的，学校各学院结合本专业课程特点，组织专业课教师深入研讨，反复编排，书写详细案例，力避生搬硬套，务求"天衣无缝"，追求最佳效果。

比如，护理专业课教师打造以齐鲁文化主题项目为驱动的教学模式，有的教师采用线上和线下相结合的混合式教学模式，通过齐鲁文化主题项目驱动的课程思政教学建设、齐鲁文化主题"第二课堂"建设、齐鲁文化视角下礼仪资源库建设三个模块，依托项目实施的全过程，实现知识与技能、过程与方法、情感态度与价值观三维目标的统一，将中华优秀传统文化中的"仁、义、礼、智、信"融入沟通技巧教学，引导学生掌握有效的沟通技巧，学会倾听、共情、表达，建立良好的护患沟通，通过情景模拟、案例分析等形式，引导学生关注患者心理需求，提供个性化的护理服务，体现人文关怀。

教学过程中，将齐鲁文化中的礼仪思想，如仁爱精神、礼制规范和诚信守诺，与护士职业精神相契合，与护士礼仪规范相契合，与建立和谐医患关系相结合。借鉴齐鲁文化中的经典案例，如孔子的"因材施教"、孟子的"仁政"思想和管子的"以人为本"，创新教学方式，提高学生学习兴趣和参与度，引导学生关注患者心理需求，树立团队合作意识。

（四）打造"思政课程＋齐鲁文化"任务驱动式教学模式

学校将齐鲁文化精髓内涵有机融入全部思政课程的教学内容、教学过程、教学考核。马克思主义学院专门制定了《关于将齐鲁文化（齐鲁红色文化）融入思政课程教学的实施方案》，统一部署，并结合每门思政课特点，将"形势与政策""思想道德与法治""中国近现代史纲要""马克思主义基本原理""习近平新时代中国特色社会主义思想概论""毛泽东思想和中国特色社会主义理论体系概论"等6门公共必修课全部融入各具特色的齐鲁文化教学元素。

齐鲁文化融入思政课主要采取针对性融合方法，即将齐鲁文化和齐鲁文化精神中展现出的核心思想、经典具体事件、经典人物与思政课的章、节、具体知识点进行一对一、一对多、多对多的融入。

比如，"形势与政策"课教师将时事理论导入儒家文化与中华民族共同体意识，解析儒家文化在促进民族团结中的实践，选取历史上儒家思想影响下的民族团结故事，分析儒家文化如何通过"和而不同""兼容并蓄"的理念，提升中华民族的凝聚力。

又如，"毛泽东思想和中国特色社会主义理论体系概论"课教师将齐文化的务实精神融入毛泽东思想的实践观讲述中。通过讲解齐文化的务实精神，引导学生理解毛泽东思想的实践观，以及习近平新时代中国特色社会主义思想体系中的实践要求。

第三节　立足齐鲁文化传承弘扬
创新文化涵育特色品牌

一、开设"行走的课堂"，让优秀传统文化在新时代绽放光芒

为传承弘扬齐鲁文化精神，体现"齐鲁文化孕育下的理工生"育人理念，让学生在"行走的课堂"中陶冶情操，增长见识，零距离感受齐鲁文化的魅力，学校经过反复论证、周密部署，组织师生开展了"齐鲁古道行"文化考察活动。

（一）在"金声传古道"系列活动中播撒齐鲁学子爱国情

2021 年 10 月，一场致力于优秀传统文化创新发展的"齐鲁古道行"文化考察之旅，在齐鲁理工学院的精心筹划和周密组织下拉开了帷幕。考察团师生从曲阜出发，穿越鲁中峻岭到达临淄、泗水滨长勺之战遗址、青石关、齐长城。途中那些书本上的地名跃然眼前，考察团师生在田野间感受到了传统文化扑面而来的生命气息和独特魅力。

同年，齐鲁理工学院学生制作的短视频《金声传古道》，荣获全国"讲好中国故事"创意传播大赛特等奖。他们以亲历之行，用讲故事的形式，呈现了齐鲁古道的来世今生，挥洒了对齐鲁文化的满怀豪情：

参天之木必有其根，齐鲁古道兴于齐鲁文明。道有多种，唯有齐鲁古道方才呈现灿烂辉煌的齐鲁文化。青山与古道，圣哲从此过，遗迹上千载，金声传古今。作为见证和弘扬中华优秀传统文化的典型廊道，齐鲁古道的美丽画卷自此徐徐展开。

海岱之间至圣先师孔子揭开了儒家文化的帷幕，后世圣贤们不畏险阻，将儒家之道与齐鲁文化融为一体，文化之道的融合必然需要地理之

道的相通。

齐鲁古道是春秋战国时期齐鲁两国交通的要道，它西起曲阜，经泰安过莱芜，最终到达临淄，全长 250 多千米。齐鲁古道因战而修，因商而兴，这是一条贯穿齐鲁的交通要冲，也是贸易往来的商道，更是一条文化传播和交流的大道。

曲阜孔庙起点有一座石刻牌坊，上书"金声玉振"，笔力雄劲。"金声玉振"这 4 个字是亚圣孟子对至圣孔子的评价，语出《孟子·万章》，原文说："孔子之谓集大成。集大成者，金生而欲振之也。"这句话的意思是说孔子的思想如同奏乐，集众音之大成。

随着现代交通的发达，齐鲁古道逐渐淡出人们的视野，但是作为一条文化古道，依然与今天的齐鲁大地产生强烈的时空共鸣。行走于古道，从孔庙传出的金声仍然响彻古今。沧海桑田，久远的齐国和鲁国每天都有大量的人员和物资通过这条路相互交流，这条路上车辙的深度为 15 厘米到 20 厘米，是千百年人力车通过的时候留下的痕迹。

齐鲁古道是一条文化廊道，有了这条通道，齐鲁文化才可以互动、互补、交流、融合，没有齐鲁古道就没有灿烂辉煌的齐鲁文化。有了这条古道，齐鲁文化由开始的涓涓细流，继而形成两条奔腾汹涌的大河，最后汇入了浩瀚无垠的中国传统文化的汪洋大海，并取得了无限的生命力和自信。

（二）在"重走先人路"时体味历史文化的源远流长

一个不记得来路的人终将找不到前行之路。学校组织师生开展"齐鲁古道行"社会实践，是落实立德树人根本任务的创新举措，是提升学生能力的重要渠道，是培养"齐鲁文化孕育下的理工生"的重要手段，不但有利于学生从历史、地理的角度了解源远流长的齐鲁文化，而且对于增强青年一代的文化自信具有重要意义，让文化成为学生自我成长的内在力量，内化于心，外化于行，从而为学生的全面发展奠定基础。

（三）在"行走"中提高文化素养和鉴赏水平

理论经受实践的考验才能成为真理。广大学子通过在游中学、在学中研、在研中思、在思中行，研学并举，达到知行合一；通过社会调查、参观访问、亲身体验、资料收集、专家点评、集体活动、同伴互助、文字总结等方式，培养了沟通能力、写作能力、调查研究能力、创新能力和实践能力。同时，将理论知识搬到社会课堂，在"行走"中验证了理论是否正确，指导实践是否可行。

（四）在"亭台楼阁"前感悟中华优秀传统文化的不竭魅力

截至目前，"齐鲁古道行"文化考察活动已连续开展多次，建设了6个驿站，超万人次学生参与了活动。

作为一场规模宏大、系统复杂、全员参与的创新性文化之旅，"行走的课堂"给青年学生带来一场从未有过的文化熏陶和审美体验。

穿行在纵横交错的齐鲁古道间，伫立在沧桑璀璨的历史遗迹前，学生仿佛听到了久远的历史回声，看到了清晰的历史愿景，摸到了坚实的历史印记。

在曲阜校区，学生放下手中厚重的纸质课本，来到庄严肃穆的"三孔"园林，聆听孔庙前每日响彻的晨钟暮鼓，余音缭绕。在这里，每一片瓦砾都记载着历史演变的痕迹，每一个文字都渗透着泱泱中华的威严。在这里，他们结识了一位善解人意的老人，循循善诱的师长，通情达理的长者。

在济南校区，学生在大明湖畔理解了杜甫"海右此亭古，济南名士多"的含义；在千佛山下，他们感悟到了"舜躬耕历山下"的满怀豪情；在离学校仅几公里外的街区，有天下名泉百脉泉奔涌而出；李清照故居默默伫立于章丘明水古城之中。

齐鲁理工学院两个校区横跨齐鲁大地，身处齐鲁文化核心区域，这种得天独厚的优势条件，赋予学校文化涵育且融于血脉的文化基因，赋予文化之旅强大且可持续的生命力。

一名学生在参加"齐鲁古道行"考察活动后写下了深刻的感悟,字里行间流淌着对博大齐鲁文化的敬仰之情,同时也流露出他心境和格局的升华。

今天和昨天,我们和他们——穿越时空的对话

穿越千年时光,跟随圣人的脚步,踏在先人走过的古道,与其足迹重合,心中涌起无尽的感慨与遐想。齐鲁大地历史悠久,文化璀璨,古道蜿蜒,岁月的痕迹在石板上刻下了深深的纹路。

当行走在位于鲁长城遗址玉门山段的山地大型石墙遗址时,山道崎岖,刚开始我们笑谈着那不知如何落脚的杂草地,但当我们意识到那是战士的来时路时,又不约而同地噤声不语——如果此时不仅要扛起武器跑上去,还要躲避上方敌人的攻击,该需要多大的勇气与毅力呢?"生活的平安美好原是有人在负重前行换来的。"我们感叹着,更加注意脚下的土地。

走在古道上,仿佛能听到历史的回声。这里曾是商贸往来的重要通道,马蹄声、吆喝声仿佛还在耳边回荡。西杓山村的沿途,古老的村落错落有致地分布在古道两旁。村中的老屋,依然保留着古朴的风貌,那斑驳的土墙、褪色的门窗,都在诉说着岁月的故事。老人们坐在大树旁,金色的阳光洒在他们斑白的头发上。初来乍到的我们兴奋地看着这一切,热情地向村民们打着招呼。走过一段路后便看到了河流,教授讲到它是曾经从孔子和他的学生面前流过的河流。古与今重合,今时的我们站在同样的位置上,仿佛看到了当时向弟子们传播思想的圣人。河流旁泥土潮湿,石头也被水流击磨得各有特色。我们感叹于大自然的美,但又要集中注意力看清脚下的路。

今天的我们,不仅重走了一条古时先人走过的路,更是迈上了一座连接起过去和现在的桥梁。在其中我们不仅窥见历史的变迁,古人艰苦

生存还要传播思想的艰辛，也在与同学相互搀扶中体验到了那一份战友情。村民遇见我们时报以热情的招呼，同学有难时大家施以援手，疲惫后同学们的相互调侃，让互不相识的同学在此刻体会到了人情的真挚。初见时我们看着孔子列国行雕塑中孔圣人眼神中的那份坚韧，感慨于一份可抵万难的执着；看到焦裕禄在车间合照时疲惫的面孔，感叹他内心对祖国的热爱与奉献；听见流水的叮当作响，惊讶于与孔圣人见过的同一条河流从未断流……帷幕落下，我们收获颇多。此行虽只有三天，但已然让我们拥有了传播齐鲁文化的坚定决心，我们将怀揣那一份热爱，继续向前！

二、开展"一院一品"创建活动，打造齐风鲁韵校园活动品牌

学校组织各个学院开展以齐鲁文化为主题的品牌创建系列活动，打造了一大批"争奇斗艳"、各具特色、叫得响、立得住、有品位、可持续的文化品牌。比如，文学院开展的《论语》朗诵活动，以普及国学经典为特色，弘扬齐鲁文化，发扬孔子教育思想，通过校园广播进行宣传，介绍诵读《论语》的意义，使学生在朗朗上口的经典诵读中，感受中华优秀传统文化的博大精深，学习先贤的人格修养，体味圣人的"仁爱"哲理，涵养个人的道德情怀，浓厚校园的文化氛围，引领校园高雅文化。通过鼓励学生坚持读经典、诵经典，最终收到读懂、成诵的效果，帮助学生养成了古诗文诵读的良好习惯，让学生在潜移默化中培养了爱好，丰富了生活，陶冶了情操，提升了品格。

三、举办齐鲁文化"第二课堂"教育活动，创建系列主题教育活动特色

齐鲁文化所追求和倡导的基本精神，构筑了中华民族的基本内涵。为了达到以文化人、以文育人的目的，使学生充分挖掘齐鲁文化内涵，

传承齐鲁文化精神，近年来，学校不但将齐鲁文化特色课程列入教学计划，使其进入"第一课堂"，而且以新生入校和学期开学等"开学第一课"，文化节、大讲堂等丰富多彩的"第二课堂"形式，分列100多个项目开展齐鲁文化主题教育。其中，许多特色活动项目现已成为常规性、推广性、普遍性、固定式展演品牌，举例如下：

1."诵读经典、传承孔子文化"之背《论语》游"三孔"。通过背诵《论语》，到"三孔"游学，弘扬中华优秀传统文化，推动《论语》及其他儒学知识的传播，汲取国学教育的智慧，传播古代经典好声音，弘扬传统文化正能量。

2."大舜杯"孝德征文大赛。学校所在地泉城济南拥有丰厚的舜文化积淀。学生通过研读史料和传说，感知虞舜之所以被推崇为"德圣"，主要是因为他的孝感动天、厚德载物等方面。举办"大舜杯"孝德征文大赛，不仅让学生了解了舜文化内涵，还弘扬了孝德的美好精神。

3."晏婴杯"校园辩论赛。学校积极开展校园辩论赛，让学生深刻体会古代贤达的演说智慧，领悟齐鲁优秀传统文化精神，在辩论中得到精神熏陶，了解内容丰富、内涵独特的齐鲁古典文化魅力，彰显新时代大学生风采。

4."鲁班杯"结构设计大赛。作为历史上伟大的发明家和"工匠"，鲁班在建筑、机械和军事等领域都有伟大的成就。让学生学习鲁班"工匠"精神，培养学生的创新思维和实际动手能力，培养其团队合作精神，让更多的学生具备"大国工匠"的基本素养和创新创业能力。

5."齐韶乐舞"汉服游园活动。中华服饰文化源远流长，举办汉服游园活动和展演活动，让学生感受传统民族服饰文化之美，对民族服饰的历史演变和文化遗产有直观的认识，同时增强学生对民族服饰的审美感受。

第十章
齐鲁红色文化育人工程具体实践和体系探索

　　红色文化是中国共产党领导全国各族人民在长期革命、建设、改革进程中创造的以马克思主义中国化为核心的先进文化，是推动中华民族从独立自主走向繁荣富强的源头活水，凝结着中国共产党人的崇高理想、坚强意志、优良作风和高尚品格。传承和弘扬红色文化有利于青年学生形成身份认同、价值认同和行为认同。

　　红色文化是一个内涵丰富且开放发展的完整体系。红色文化包括革命理想、革命精神、革命道德和革命文艺四大部分。习近平总书记多次强调："革命理想高于天。"共产主义理想信念是先锋队性质的根本体现，也是中国共产党人特有的理想信念和精神支柱。

　　习近平总书记指出，革命传统教育要"既注重知识灌输，又加强情感培育，使红色基因渗进血液、浸入心扉，引导广大青少年树立正确的世界观、人生观、价值观"。

　　习近平总书记指出："红色是中国共产党、中华人民共和国最鲜亮的底色。"齐鲁理工学院全面贯彻党的教育方针，落实立德树人根本任务，担当为党育人、为国育才使命，充分发挥红色文化教育作用，引导青年学生传承红色基因、树立红色理想，以实际行动把革命先烈流血牺牲打下的红色江山守护好、建设好，矢志不渝为实现中华民族伟大复兴而奋斗。

第一节　架构"三三三六"理念
实现全环境育人目标

　　党的十八大以来，习近平总书记对传承红色基因、讲好红色故事、阐扬红色文化、培育时代新人，相继作出了一系列重要指示批示。为牢固树立"齐鲁文化育人"理念，深入挖掘齐鲁大地丰富的红色文化资源，充分激发齐鲁红色文化的精神伟力和教育价值，齐鲁理工学院实施了红色文化育人工程，按照"三三三六"（三进、三到、三开、六红）总体架构整体推进，传承红色基因，实现全环境育人目标。红色文化育人工程坚持以习近平新时代中国特色社会主义思想为指导，落实立德树人根本任务，以坚定理想信念为核心，以传承红色基因为主线，深入挖掘和阐发中国共产党人精神谱系，特别是山东省红色文化资源的丰富内涵和时代价值，构建红色基因传承工作体系，让红色基因融入青年大学生日常学习、生活，让青年大学生坚定理想信念，培养本领担当，锤炼过硬品格，成为红色基因的传承者、实践者、验证者。

一、打造育人"第二课堂"，传承红色基因

　　通过挖掘齐鲁大地的红色文化资源，弘扬红色文化，传承革命精神，培植爱国主义情怀。

　　红色文化蕴含了丰富的革命精神和厚重的历史文化内涵，见证了"没有共产党就没有新中国"的历史，激励了一代又一代中华儿女为理想和信仰顽强拼搏。山东有着深厚的红色文化底蕴，从中国共产党早期活动开始，山东地区就涌现出诸多可歌可泣的革命事迹。例如，在抗日

战争时期，沂蒙山根据地的军民鱼水情就是齐鲁红色文化的典型代表。这里的人民群众积极支持抗日武装斗争，涌现出无数像"红嫂"这样的拥军模范。

为了赓续红色文化，从革命文化中汲取奋勇前行的磅礴力量，齐鲁理工学院积极构建红色文化传承有效机制，扎根齐鲁文化沃土，将红色文化积极融入学校齐鲁文化整体育人工程之中。充分利用"三馆一厅"红色育人场所，推动齐鲁红色文化与铸魂育人相结合，打造红色育人"第二课堂"，努力培养道德高尚、本领高强、品行优良、底蕴深厚的新时代高素质人才。

二、学习先烈事迹，弘扬革命精神

通过学习和宣传革命先烈的英勇事迹，弘扬不屈不挠、艰苦奋斗的革命精神，激励学生树立正确的人生观和价值观。

红色文化蕴含着丰富的社会主义核心价值观教育资源。在红色文化育人工程中，通过展示革命先辈们的爱国情怀，比如在济南战役等诸多战斗中战士们为了国家和人民英勇献身的事迹，培养学生的爱国价值观。同时，红色故事中也体现着公正、法治等观念。例如，在根据地建设过程中制定了严格的纪律和公平公正的分配制度等，让学生明白公正、法治的重要性。诚信和友善在红色文化中也有诸多体现，如军民之间相互信任，相互帮助，对于塑造当代人的价值观有着深远的意义。

三、了解红色文化魅力，强化思想政治教育

学校将红色文化融入思想政治教育课程，增强学生的历史责任感和使命感，培养学生的爱国情感和社会责任感。

齐鲁红色文化是齐鲁文化的重要组成部分。山东作为文化大省，拥有悠久的历史文化传统，而红色文化也为其增添了新的活力。齐鲁理工

学院实施开展红色文化育人工程，能够使学生更加深入地了解齐鲁地区独有的红色文化魅力。例如，山东各地的红色纪念馆、革命遗址等承载着丰富的红色文化。像莱芜战役纪念馆，通过实物展示、场景复原等方式，让人们可以直观地感受当时战斗的激烈和军民的英勇。通过这种方式，学生可以增强对本地文化的自豪感，增强文化自信，认识到齐鲁红色文化在全国红色文化体系中的重要地位。

四、参观红色教育基地，实现"红色实践"育人目的

学校通过组织学生参观红色教育基地、参与红色文化活动等实践形式，让学生在实践中感受红色文化的魅力，旨在将其培养成具有坚定理想信念、高尚道德情操、扎实知识基础、强烈社会责任感的时代新人。

红色文化育人工程强调实践活动。"红色实践"育人，是齐鲁理工学院用红色文化铸魂育人的一大特点。目前，学校与莱芜战役纪念馆、济南战役纪念馆、三涧溪村、孟良崮战役纪念馆、红嫂纪念馆、铁道游击队纪念园、地雷战纪念馆等联合建立校外红色实践基地 20 个。

学校组织学生参观红色教育基地，旨在通过红色文化的教育和熏陶，让学生亲身感受红色文化的魅力，增强教育效果。还有红色研学和社会实践活动，让学生深入革命老区，走访老革命家或其后代，挖掘一手红色故事。同时，鼓励学生参与红色文化志愿服务活动，如在红色纪念馆担任讲解志愿者，在实践中加深对红色文化的理解，实现知识学习与实践锻炼的有机结合，提高综合素养。

第二节　打造传承红色基因载体
展现本土化文化魅力

齐鲁红色文化育人工程是学校大思政育人的重要载体，也是新时代培养担当民族复兴大任的时代新人的重要途径，具有深远的时代意义和现实意义。

一、讲好红色故事，传承红色精神

（一）赓续红色血脉

齐鲁大地是中国共产党早期革命活动的重要区域，从沂蒙山革命根据地的烽火岁月到渤海革命老区的艰苦斗争，有着丰富的红色文化资源。实施齐鲁红色文化育人工程，能够让这些红色故事、红色精神在当代青年学生中得以传承。例如，沂蒙山小调诞生于费县，反映了军民鱼水情和人民群众的抗日决心。将这种承载红色基因的文化形式融入育人工程，可以使新一代青年学生真切感受到先辈们的爱国情怀和革命意志，激发青年学生的爱国热情，增强他们的民族自豪感和凝聚力，让红色血脉得以延续。

（二）增强文化记忆

红色文化记忆是一个地区乃至国家文化记忆的重要组成部分。在山东，有许多红色遗址，比如济南战役纪念馆、莱芜战役纪念馆等，承载着特定的历史事件和记忆。学校推出红色文化育人工程后，每年组织师生参观这些地方，以加深对历史的了解。学生在参观济南战役纪念馆时，通过观看实物、图片和影像资料等，铭记济南战役的惨烈与胜利的来之不易，返校后写出的多篇文章发表在学校网站和社会网站上。红色文化育人工程强化了红色文化的记忆，防止了红色记忆的淡化。

二、挖掘价值内涵，培育价值观

（一）让价值观更加生动具体可感

齐鲁红色文化蕴含着丰富的价值观内涵，如爱国、奉献、忠诚等，这些价值观与社会主义核心价值观高度契合，可以帮助青年学生树立正确的世界观、人生观和价值观，培养他们的责任感和使命感。例如，在胶东地区地雷战的故事中，民兵们为了保卫家乡，不怕牺牲，巧妙地运用地雷打击敌人，这种爱国奉献精神可以作为生动的教材，丰富社会主义核心价值观教育的内容，让抽象的价值观变得具体可感。

（二）将价值观融入校园生活

红色文化育人工程通过开展红色文化活动等，引导青年学生将社会主义核心价值观融入校园生活。比如组织红色文化主题演讲比赛，让学生在准备和参与的过程中，深入思考红色文化所体现的价值观，并将其转化为自己的行为准则，在实际生活中践行爱国、敬业等价值观。

三、与课程融合，增强文化自信

（一）本土文化的独特魅力

齐鲁红色文化是山东本土文化的瑰宝，融合了山东人民的智慧、勇气和坚韧精神。学校通过红色文化育人工程的开展，如建设"齐鲁红色文化展览馆"，成立齐鲁红色文化研发团队，编写《齐鲁红色文化读本》教材，进行一系列齐鲁红色文化资源融入思政课的教学改革，形成了齐鲁红色文化与课程全面整合、深度融合的育人特色，体系化的设计增强了红色文化铸魂育人的整体效果，凸显了山东红色文化的独特魅力。

（二）强化归属感和认同感

对于青年学生而言，齐鲁红色文化育人工程能够增强他们对本地文化的归属感。这种归属感会进一步转化为文化认同感，增强他们的文化自信。青年学生了解自己家乡在革命历史中的重要贡献，如莱芜战役的胜利对解放战争进程的推动等，就会油然而生一种自豪感，从而更加坚定文化自信，进而使齐鲁红色文化在新时代焕发出新的光彩。

四、丰富教育载体，优化教育方法

（一）沉浸式教学感召学生

齐鲁红色文化育人工程结合现代教育技术手段，通过沉浸式体验、实践教学等方式，为思想政治教育提供了多样化的载体，使思想政治教育更加生动、贴近学生实际，提升了教育的吸引力和实效性，为思想政治教育注入了新活力。传统的思想政治教育以课堂讲授为主，而红色文化育人工程可以利用红色文化基地、红色文化演出等多种形式，例如，学校建设的党史馆、山东党史馆、齐鲁文化馆，组织学生实地参观，让学生身临其境地感受革命氛围。这种实景式的教育载体比单纯的课堂教学更具吸引力和感染力。

（二）让学生扮演好自己的角色

红色文化育人工程鼓励教师采用体验式、互动式的教育方法。例如，在课堂上开展红色文化主题的角色扮演活动，让学生扮演革命时期的战士、群众等角色，体验当时的生活和斗争场景。这种创新的教育方法提高了学生参与思想政治教育的积极性，增强了教育效果，使思想政治教育更加生动、有效。

第三节　丰富红色文化育人手段
夯实大思政育人根基

在 2025 年的全国两会政协联组会上，习近平总书记站在为党育人、为国育才的战略高度，对如何培养德智体美劳全面发展的社会主义建设者和接班人，提出明确要求。其中重要一点，是把思政教育"小课堂"和社会"大课堂"有效融合起来。

思政课是落实立德树人这个根本任务的关键课程，作用不可替代。习近平总书记曾说："办好思政课，是我非常关心的一件事。""讲好思政课不仅有'术'，也有'学'，更有'道'。"

2019 年 3 月，在学校思想政治理论课教师座谈会上，习近平总书记生动指出："如果做一天和尚撞一天钟，照本宣科、应付差事，那'到课率'、'抬头率'势必大打折扣。很多学校在思政课上积极采用案例式教学、探究式教学、体验式教学、互动式教学、专题式教学、分众式教学等，运用现代信息技术等手段建设智慧课堂等，取得了积极成效。这些都值得肯定和鼓励。"

红色基因的形成过程就是红色文化对一个人的思想、情感、行为的塑造过程。齐鲁理工学院挖掘红色文化的育人内涵，提升红色文化的育人功能，出台了一系列措施和制度，引导学生树立正确的世界观、人生观、价值观。

一、坚持红色文化"三进"，夯实红色文化育人根基

（一）红色文化进校园

1. 创建教育平台。学校成立红色文化与思政教育研究院、红色资源教育教学研究中心、齐鲁红色文化大数据库等一批校级红色文化教育与实践平台。推动"红色云展厅进校园"活动常态化、长效化、制度化。

2. 组织主题教育。5月5日是马克思诞辰纪念日，学校每年会在这一天开展"红色五月铸魂育人"主题教育，通过红色电影进校园、纪念馆馆长讲爱国主义主题教育课、中国共产党革命精神展、红色文化学术育人沙龙、红色经典诵读、红色故事微视频展播等，让全校学生共享"红色文化大餐"。

3. 营造红色氛围。通过校园广播播放红色歌曲、讲述红色故事、研讨红色话题等，让学生接受耳濡目染的熏陶。以《齐鲁理工学院报》为载体，开辟《山东红色历史》专栏专版，及时报道红色文化育人举措、成就及相关红色经典故事、红色先进人物等，营造红色文化育人的浓厚氛围。

（二）红色文化进课堂

1. 开设红色文化精品课程。依托精品课程建设，全面推进红色文化"进课堂"。邀请党史专家、国史专家、道德模范等，通过在线教学、情境教学、访谈教学、现场教学等形式，开设第一课堂与第二课堂、理论教学与实践教学、课堂教学与网络教学、教师讲授与学生参与的"四个结合"的红色文化精品课程。学校主要党政领导干部每人每年不少于2个学时，宣讲党史上的重大事件、伟大精神、先进人物。

2. 开设红色文化主题党课。通过基层党组织班子成员带头讲、党务骨干集中辅导系统讲、党员干部结合岗位讲等方式，把红色文化讲"活"、讲"火"、讲精彩、讲透彻，使学生深刻了解中国共产党带领

人民进行革命、建设、改革的伟大历程和深刻内涵，增强学生传承红色基因的自觉性，鼓励学生用实际行动传承理想信念的火种和红色传统。

3. 开设"齐鲁红色文化"必修课程。该课程设 2 学分，纳入思政理论课体系。通过丰富教学形式，优化教学载体，强化教学感染力，让学生在课堂中感悟红色文化。同时，加强红色文化师资队伍建设，从理论和实践方面完善考核体系，将"齐鲁红色文化"打造成精品课程，使其成为红色文化教育的主渠道。

4. 探索思政课程教学改革。

以"中国近现代史纲要"课程为基础，探索创新"解放济南——夺取大城市之创例"虚拟仿真实验教学项目。通过再现事件的真实情景，学生可以如身临其境般去体验和感悟革命历史。摈弃传统的以灌输为主的教学方式，更加关注学生的切身体验。

（三）红色文化进头脑

1. 启动红色文化讲堂活动。以"杏坛大讲堂"活动为依托，每年邀请老红军、革命先辈的亲属给师生讲红色文化故事，通过专题讲座、座谈讨论、论文交流等方式，宣讲老一辈革命家为中国解放事业和新中国建设而建立的不朽功绩，探求他们所承载的革命精神，进行爱国主义、革命传统和民族精神教育，增强师生对革命理想信念的认同，增强红色文化的真实性和吸引力。

2. 开展红色影视作品赏析活动。充分利用《地雷战》《沂蒙六姐妹》《战地红花》《沂蒙》《光耀齐鲁》《红色根脉》等优秀红色影视作品资源，每年在新生中开展一次红色影视作品赏析活动，用影视作品陶冶学生的情操。

3. 组建红色社团。鼓励、支持学生组建一批红色文化品牌社团，选派优秀思政教师担任指导教师。通过社团活动凝聚并影响广大学生。

二、坚持红色文化"三到",强化红色文化育人实践

(一)定期到红色教育基地参观

定期组织师生参观中共山东早期历史纪念馆、济南战役纪念馆、章丘第一支抗日武装纪念馆、辛锐展览馆、章丘烈士陵园、莱芜中共山东省工委旧址陈列馆、沂蒙红嫂纪念馆等红色教育基地和"红色片区建设示范区";鼓励学生利用假期去寻找当地红色文化的历史遗迹、红色故事,拜访当地的老红军,倾听其经历的革命斗争历史,领悟红色精神和老一辈革命家不屈不挠、艰苦奋斗的革命精神,汲取"红色营养",坚定跟党走的信念和信心。

(二)暑期到农村调研

利用暑期"三下乡"活动,积极鼓励和指导学生参与红色历史文化研究项目,依托大学生社会调查项目等平台,组织学生对红色历史文化进行调研,完成高质量调研报告,寓红色文化育人于服务地方社会发展,推动对地方红色文化的挖掘整理、创新发展和宣传推广,使大学生增长知识和见识,提升综合素质,培养社会责任感。

(三)到企业开展专业实习

利用专业实习等途径组织学生到企业中参与生产劳动,参与校企红色文化共建,使其了解实体经济在新中国建设发展过程中发挥的重要作用,增进大学生同普通劳动者的感情,提升大学生的社会适应能力,增强大学生的创新创业意识。每年组织一次红色文化主题社会实践优秀成果评选大会,对获得社会实践优秀成果的同学进行表彰,并精选一批学生社会实践优秀成果进行汇编和展览,激发广大学生积极参加红色文化主题社会实践的热情。

三、坚持红色文化"三开"，提升红色文化育人水平

（一）开发红色文化育人教材，提升红色文化育人质量

从丰富的红色文化资源中汲取富有感染力的鲜活案例和生动素材，组织专家和教师编写《红色精神与当代大学生》《山东红色革命历史》《山东革命先烈事迹》等主题教材，将红色文化历史转化为课程、史料转化为素材、现场转化为课堂，使学生系统掌握中国革命史，接受红色精神教育，增强师生对中国共产党和中国特色社会主义的政治认同、思想认同、情感认同和行动认同。

（二）开展红色文化育人研究，提高红色文化育人学术水平

围绕中共党史研究、红色文化教育和宣传领域中的一些重大理论和现实问题，凝聚党史战线、思想政治理论课战线中的一批专家和学者开展理论研究及文化宣讲，挖掘红色历史资源，讲好红色故事，传承红色精神，打造理论阐述、文化宣传、对话交流的示范性成果发布平台。积极开展红色文化课题研究，聚焦"革命斗争与理想信念教育""红色精神的时代价值""红色文化与文化自信""沂蒙精神"等专题，不断深化理论阐释，推出一批高水平的理论研究成果，释放红色文化资源的"乘法效应"，努力打造红色文化的精神殿堂。

（三）开拓红色文化宣传路径，彰显齐鲁文化育人特色

将红色文化教育融入新媒体建设中，充分利用校园媒体、校园网络及以微信、微博为代表的新媒体等传播媒介，建立红色主题网站，开通"两微一端"红色文化平台，积极宣扬革命先烈的英雄事迹，把"想讲"和"会讲"结合起来，把"想听"和"爱听"糅合起来，把"自己讲"和"一起讲"融合起来，使红色文化故事可听、可信、可传播、可存储，不断提升红色文化的吸引力和影响力，提高大学生对红色文化的知晓度，增强大学生对红色文化的认同感。

四、坚持组织"六红"，浓厚红色文化育人氛围

（一）组织一场红歌会

每年在新生中组织开展一次红歌合唱比赛，强化红色记忆，加强革命传统教育，增强大学生的集体荣誉感和整体"精气神"。

（二）组织一系列红剧

新生入校后，打造舞台剧《红日》《红嫂》《乳娘》《铁道游击队》等，将红色文化从"讲台"搬上"舞台"，通过让学生以"角色扮演"的沉浸体验方式，身临其境地体悟历史的发展，提高学生学习实践的积极性与参与度，推动学生将学到的理论知识融会贯通到舞台上，达到"转识为智、化智为行"的育人目的。在国庆、元旦等重大节日前后，各学院适时组织红剧演出活动。

（三）组织一场红色演讲比赛

新生入校后，鼓励学生进行红色文学与文艺创作，采取演讲比赛等形式，让学生思、学、讲红色文化，在学生中普及红色文化理念。

（四）组织一次红色文化高端论坛

每3年举行一次红色文化高端论坛，广泛邀请全国各地红色文化研究专家，挖掘红色文化的深刻内涵和重要的育人价值，不断完善红色育人工程体系。

（五）组织一次红色图书展

每年3月，在图书馆一楼大厅组织一次红色图书展览。图书馆组织红色图书推介讲解，引导师生阅读红色书籍，以红色文化自我教育熏陶。

（六）组织一次红色育人评先树优

每年年底，评选表彰一次红色育人工作先进集体、先进个人或红色文化建设精品，充分发挥先进模范的典型引领作用和辐射带动作用。

五、以齐鲁红色文化为引领，探索出"六红德育"新路径

齐鲁理工学院坚持全面贯彻党的教育方针，落实立德树人根本任务，深入挖掘齐鲁大地丰富的红色文化资源，持续实施红色文化育人工程，构建以"党建"为引领核心，以齐鲁红色文化为主线，以德育为落地点，探索出一条"六红德育"新路径。充分发挥齐鲁红色文化的教育价值，为培养合格的社会主义事业建设者和接班人提供独具文化育人特色的成功范例和宝贵经验。

（一）护红旗——以红色为底，让青春飞扬

学校高标准建设国旗护卫队，从全校学生干部队伍中遴选出身体素质达标、政治素质过硬、学习成绩优秀者担任队员。自 2015 年以来，国旗护卫队员坚持每日升、降国旗活动，积极参加校内外大型活动的升、降、护国旗任务，并成为学校爱国主义教育的主力军。目前，学校有 2 支国旗护卫队，共 180 人。每天升降国旗和每周三集体训练是国旗护卫队固定的活动。自成立以来，国旗护卫队不仅圆满完成日常升降国旗的任务，还在学校开学典礼、毕业典礼、历届运动会、军训阅兵等重大活动现场有着不俗的表现，赢得了全校师生的认可。

（二）唱红歌——传唱红歌，声声入心

学校每天通过校园广播播放 1 首红歌，每周组织学生在国旗下集体唱 1 首红歌，每年组织 1 次红歌比赛，每年组织 1 次"万人红歌大合唱"。全校师生在唱红歌中歌颂中国共产党在百年奋斗中对初心的坚守、对使命的担当，教育引导学生牢牢铭记中国共产党为实现国家富强、民族振兴、人民幸福和人类文明进步事业作出的伟大历史贡献。

（三）办红展——坚守红色阵地，弘扬红色精神

学校成立"党史馆筹划专项工作组"，组织召集各部门、各学科组及全体学生，从筹划布展、征集展品、招募讲解、设计活动等方面共同

参与这座校内党史馆的打造。开展"秀出红色传家宝"活动，学生纷纷从家中找出如毛主席徽章、退伍军人证明书等红色老物件共 36 件。基地建成后，最终确定以"山东党史"为主题。"线上 VR + 线下场馆"相结合的形式，使学生有了可视可听、再现场景式的实地体验。

（四）访红址——追寻红色足迹，牢记初心使命

学校充分利用济南市丰富厚重的红色资源，建立济南战役纪念馆、莱芜战役纪念馆、辛锐纪念馆等 8 个红色地标，不断创新活动形式，举办"我和红色遗址合个影""红色地标打卡"等主题活动，分批次组织学生瞻仰参观，进行沉浸式现场教育，开展重温入党入团誓词、齐唱国歌和团歌等实践体验活动，着力引导学生在学习实践中锻炼成长。

（五）读红书——汲取红色力量，滋润颗颗红心

为讲好红色故事，弘扬红色精神，传承红色基因，学校组织编写《齐鲁红色文化读本》。同时，组织专家和教师编写《红色精神与当代大学生》《山东红色革命历史》《山东革命先烈事迹》等主题教材，不断提升红色文化育人质量。目前学校图书馆建有齐鲁文化教育、红色党史、习近平总书记专栏等特色馆藏资源 3.6 万册。学校依托养成教育、团员和青年主题教育读书班、青马培训等主题教育，动员学生自主阅读红色书籍；举办"学史力行"分享会、骨干领读、朋辈联读等读书活动 40 余场，让学生重温红色历史，感悟书中的理想信念，汲取精神力量。

（六）续红脉——传承红色基因，赓续红色血脉

学校组建"校、院、班"三级宣讲团。目前校级宣讲团成员 36 名，院级宣讲团成员 135 名。宣讲团成员深挖齐鲁红色文化资源，结合亲历、亲见、亲闻，通过"争当薪火传人""致敬最美逆行者""乡村振兴""讴歌建党伟业"四个篇章，讲述党的光荣历史和优良传统，教育引导全校师生坚定理想信念，从红色典型崇高精神中汲取砥砺奋进的精神力量，以实际行动践行初心使命，用赤诚情怀书写责任担当。

六、馆堂红色文化给予学生成长最广阔的空间

习近平总书记指出："革命博物馆、纪念馆、党史馆、烈士陵园等是党和国家红色基因库。要讲好党的故事、革命的故事、根据地的故事、英雄和烈士的故事，加强革命传统教育、爱国主义教育、青少年思想道德教育，把红色基因传承好，确保红色江山永不变色。"

学校注重挖掘利用齐鲁大地丰富的红色教育资源，将传承红色基因与培养担当民族复兴大任的时代新人有机结合。

学校注重将红色元素融入校园环境，营造浓郁的红色文化氛围，打造"三馆一厅"红色育人场馆。"三馆"，即党史馆、山东党史馆、齐鲁红色文化展览馆；"一厅"，即党建主题展厅。

党史馆主要展示中国共产党的发展历程、重大历史事件、重要人物等，通过丰富的史料、实物、图片、多媒体等形式，让师生深入了解党的历史，传承红色基因，增强爱国主义情怀，提升党性修养。

山东党史馆聚焦于山东地区党组织的发展脉络，展现山东人民在党的领导下进行革命、建设和改革的奋斗历程和辉煌成就，突出山东地方党史的特色和亮点，使师生对本土的党史有更直观、更深入的认识。

齐鲁红色文化展览馆，通过一个个鲜活的故事讲述党的重大历史事件、革命先烈的英勇事迹以及新时代共产党员的先进事迹。通过设置互动体验区，让参观者亲身体验党的历史，提高参与感和认同感。在 VR 体验区，学生可以身临其境地感受革命战争年代的场景。同时，设置问答环节，让大家在参与过程中了解党的知识。

红色文化育人场馆集历史文化展览、课堂拓展学习、虚拟空间体验、育人成果展示于一体，是连通第一课堂、第二课堂，融通线下与线上，融合党史学习教育、思政教学、红色文化传承等功能的教育基地，是巩固思政课成果、延伸大思政教育的重要平台，成为学校最亮眼的文

化风景。目前，它已成为全校师生开展爱国主义教育、"四史"教育、红色文化教育的重要基地。

"重温党的激昂岁月，回顾百年奋斗历程……展览中，每份资料都有革命故事，每张图片都饱含深情。我愿用青春语言传播红色故事，用实际行动凝聚时代力量。"2021级新闻学专业学生杨梦迪参观完百年党史展后备受鼓舞。

党建主题展厅，设在学校图书馆一楼。走进大厅，映入眼帘的是百种红色经典图书，内容涉及习近平总书记的重要论述和重要文献选编、中共党史人物传、中国共产党人的精神谱系、中国共产党的初心和使命等。像这样的红色经典主题图书展，学校在每个学期都会用心举办。鼓励师生与红色经典同行，共同感受红色精神的魅力。

第四节　坚定红色文化育人信念　取得实践化育人实效

齐鲁红色文化育人工程自实施以来，通过思想引领、实践育人、文化传承等多种方式，取得了显著的实际效果。

一、思想引领让学生更加自信

通过实施红色文化育人工程，学生的思想觉悟得到显著提升，理想信念更加坚定。

（一）党史馆成为信念"加油站"

为深入学习党的光辉历史，传承红色基因，激发学生的爱国情怀，学校经常组织开展"重温红色记忆，汲取精神力量"党史馆参观活动。

参观活动中，学生怀着对党的深厚感情和对历史的敬畏之心，在讲解员的带领下，共同回溯中国共产党波澜壮阔的历史篇章，重温党的初心使命。从五四运动在山东的影响，到解放战争期间山东人民全力支援前线抗战，生动再现了中国共产党带领山东人民浴血奋战、艰苦创业的峥嵘岁月。

参观活动结束后，各学院积极组织开展心得体会分享活动。学生纷纷表示被先烈们的英勇事迹震撼。先烈们在艰苦卓绝的环境下，信念坚定，不畏艰难，勇往直前，为了实现民族独立和人民幸福付出了巨大的代价，也更加坚定了永远跟党走的信念和决心。

通过参加活动，学生深入学习和感受党的光辉历史，培养了爱国主义情怀，激发了作为青年一代的使命担当，并将党史学习教育成果转化为推动学院发展、服务社会的实际行动。

（二）团员青年让团徽熠熠生辉

为增强团员青年的使命感、责任感和大家敬团爱团的意识，校学生会以"传承五四薪火，争当时代先锋"为主题，在孔子文化广场开展"我与团旗、团徽合个影"征集展示活动，用镜头记录团员与团旗、团徽合影的美好瞬间。

活动现场气氛热烈，秩序井然，团员们佩戴着团徽，围绕着团旗，开展了一系列丰富多彩的活动。活动邀请讲解员对团旗、团徽的设计意义、历史背景和象征精神进行诠释，使团员们更加深入地了解团旗、团徽；他们在团旗前庄严宣誓，重温入团誓词，声音洪亮而坚定，表达对团旗、团徽所代表的精神的深刻理解和敬意；团员们发挥创意，借助能展现团旗、团徽的工具，如团员证、手持牌等，拍摄出具有创意和特色的合影照片，将团旗、团徽与青春的笑容定格在一起，展现出蓬勃的朝气。

"我与团旗、团徽合个影"活动，不仅增强了团员们的归属感和荣誉感，还激励着更多的青年积极向团组织靠拢，让广大青年更加深刻地认识到团旗、团徽的重要意义，进一步激发他们的爱国情怀和责任感。

二、爱国主义教育让学生爱得更加深沉

红色文化育人工程通过组织参观革命遗址、纪念馆，开展红色主题教育，激发学生的爱国热情。许多学生表示，通过深入了解革命先烈的英勇事迹，更加珍惜今天的幸福生活，增强了为国家和社会作贡献的责任感。

学生王璐写的一篇参观感受非常具有代表性。

传承沂蒙精神　赓续红色基因

"孟良崮上鬼神号，七十四师无地逃。""喜见贼师精锐尽，我军个个是英豪。"这是陈毅将军在孟良崮战役胜利后诗兴大发写下的诗句。孟良崮战役是齐鲁大地上生生不息的革命精神的体现。身为齐鲁儿女，更能感受到这片土地渗透在自己血脉深处的红色基因。

孟良崮战役是解放战争时期，中国人民解放军华东野战军于1947年5月13日至16日由陈毅、粟裕指挥，在山东省临沂市孟良崮地区对国民党军进行的进攻作战。作为一场山地运动歼灭战，该战役全歼国民党"五大主力之首"的整编第七十四师，一举扭转了华东战局。

这场战役深刻体现出"水乳交融，生死与共"的军民情怀。民心向背是战争胜利与否的关键所在，人民战争永远是制胜的法宝。孟良崮战役是人民战争的光辉典范，战役期间，27万解放军战士冲锋陷阵的背后是69万余名沂蒙支前民工。"最后一碗米送去做军粮，最后一尺布送去做军装，最后一件老棉袄盖在担架上，最后一个亲骨肉送去上战场。"这首民谣真切反映了人民支持是战争胜利之本。英雄的沂蒙儿女，筑起了不倒的人民长城。军民鱼水情深、同仇敌忾是孟良崮战役胜利的根本保障。在国民党军发动重点进攻时，沂蒙人民给予了解放军毫无保留的

支持，家家户户实行坚壁清野，使敌人得不到一点儿粮食给养的补充。而当我军机动作战时，群众则纷纷返回家园，烧水做饭，送信带路，倾尽全力支援人民子弟兵作战。

为了保障战役胜利，英雄的沂蒙儿女广泛动员起来，全程支前，全力支前，全面支前。黄家峪村原村委会主任李在修主动把自家不多的粮食拿出来给部队送去。拥军支前女模范"沂蒙六姐妹"，当时年龄最大的也不过20岁出头，她们发动全村男女老幼为部队当向导，送弹药，运粮草，护理伤员。战役期间，六姐妹之一的伊淑英正怀着身孕，仍然翻山越岭，为部队筹集草料。杨桂英在转移伤员时，一颗炮弹落在了距离她4岁儿子不远的地方，巨大的爆炸声当场就把他震聋了，一个天真可爱的孩子从此就生活在了无声的世界里。

在孟良崮战役期间，沂蒙人民共出动临时民工69万余人。仅蒙阴县支前民工人口就超过了10万。而当时蒙阴县总人口只有20万左右，支前民工的数量占到全县总人口的一半以上。

习近平总书记在2013年视察山东时指出："山东是革命老区，有着光荣传统，军民水乳交融、生死与共铸就的沂蒙精神，对我们今天抓党的建设仍然具有十分重要的启示作用。""沂蒙精神与延安精神、井冈山精神、西柏坡精神一样，是党和国家的宝贵精神财富，要不断结合新的时代条件发扬光大。"因此，作为新时代的青年，我们更应自觉扛起传承红色基因的使命担当，把握时代要求，贴近受众实际，让沂蒙精神的故事常讲常新、深入人心。

三、学生在实践育人中成长进步

学校组织学生参与红色文化实践活动，如重走革命路、参加志愿服务等。学生在实践中深刻体会了红色文化的内涵，增强了社会责任感和使命感。许多学生在实践活动中表现出色，成为红色文化的积极传播者和践行者。

为积极响应"三下乡"大学生暑假社会实践专项行动的号召，由文学院2023级汉语言文学和英语专业组成的"初心燃梦"实践团队，赴山东省夏津县开展了为期5天的"红色革命文化探访"专题社会实践活动。怀着对革命先烈的敬仰，实践队师生参观了夏津革命历史纪念馆，深入了解解放战争时期夏津县人民遭受敌人迫害的惨状。馆内展示了夏津县从敌人入侵到在共产党的带领下全面解放的整个过程，体现了当时斗争生活的艰苦以及共产党为解放百姓而奋斗的场面。鲜活生动的历史，对师生产生了深刻的影响，在师生的心中刻下了崇敬先烈、传承革命精神的深深烙印。实践团队还在鄌城、椹仙村、黄河故道森林公园、朱国祥纪念馆、颐寿园等地进行走访考察，了解夏津县农业和旅游业发展现状，感受夏津县将"红色品牌建设"与城镇经济发展相融合的发展模式。通过此次社会实践活动的亲身体验，师生更加深入地了解和感受到红色革命文化的精神内涵，广大学生纷纷表示，要在激扬青春中，书写无愧于时代的壮丽篇章！

学校为传播热爱祖国、保卫祖国、建设祖国的爱国主义精神，主动提出开展一场国旗护卫队与启蒙教育机构的创新合作活动。随着国旗升起，国歌奏响，红色血脉延续荡漾在一个个稚嫩的身躯。本次活动充分展现了学校国防教育理念建设的先进成果，国旗护卫队作为加强爱国主义教育和国防教育的重要载体，对营造良好的国防教育氛围有着重要的意义。通过此次活动，广大学生的思想主张得以发挥，精神面貌得以充分展示，进一步增强了爱国热情。将爱国主义精神与国防教育紧密结合，厚植于心，积极引导学生树立正确的人生观、价值观，让广大学生努力成为能担重任的新时代青年。

四、培养了一批时代新人

通过红色文化育人工程，培养了一批具有坚定理想信念、高尚道德情操、扎实知识基础、强烈社会责任感的时代新人。

（一）有红色文化的地方就有学生的向往

学校组织曲阜校区的师生赴曲阜市石门山镇的黄沟村参观学习，观赏了黄沟村以绘有红色文化为主要内容的文化墙、文化广场。黄沟村大力弘扬红色文化和社会主义核心价值观；以善行义举四德榜为平台，广泛宣传崇德向善、修身养性的文化精神，着力打造以红色文化、社会主义核心价值观为主基调的全民修身一条街。黄沟村革命历史悠久，村东大牛山脚下建有中共曲阜市农村第一个党支部诞生地纪念碑亭，全体师生在纪念碑前重温入党誓词。学生近距离地感受了新时代新农村发展建设的新风貌、新成果，真真切切地感受到"鲁都星火，红色黄沟"这八个字的分量。大家纷纷表示，要坚持以习近平新时代中国特色社会主义思想为指导，以实际行动为社会主义新农村建设贡献青春力量。

（二）学生的演讲展示了信念和力量

红色文化强调爱国主义、集体主义和奉献精神，有助于学生树立正确的价值观，增强社会责任感和历史使命感。

通过学习红色文化，学生能更深入地了解中国革命历史，理解中国共产党和中国人民的奋斗历程，增强民族自豪感和历史认同感。

红色文化中的英雄事迹和革命精神为学生提供了道德榜样，激励他们在生活中践行诚实、勇敢、坚韧等品质。

红色文化育人工程在价值观、历史认知、道德教育等方面对学生产生了深远影响。学生在思想、学习等方面的进步是非常明显的，这在一次以红色文化为主题的演讲比赛中得到了很好的体现。下面这篇学生演讲稿（有删改）非常具有代表性。

传承山东红色文化　争当新时代好青年

山东红色文化精神非常丰富，其中济南战役精神是山东红色文化的重要组成部分之一。济南战役精神是一种植根于齐鲁文化的优良传统，是在马克思主义指导下对以往革命精神的传承和发展，彰显了善谋大势、众志成城、攻坚克难、敢于胜利的爱国主义精神和革命英雄主义情怀。济南战役精神的生命力在于始终与时代发展同步。弘扬济南战役精神，可以为发扬社会主义核心价值观、实现中华民族伟大复兴提供精神动力。

在济南战役中，战士王其鹏的精神令人敬畏。那时的王其鹏才 20 岁，但已有 2 年兵龄。王其鹏于 1946 年参加解放军，分配在九纵王牌团——第 25 师第 73 团。参军后，他在历次战斗中立了大小 10 余次功，特别是在潍县战役中，一人可以迫使 40 个敌人投降扔枪，名震全团，十分英勇。他具有勇猛顽强、机智勇敢的战斗精神！这种精神激励着我们每一个青年奋勇争先，也让我们明白只有坚定的信仰和勇敢的行动才能创造出真正的价值。

大家应该听过"男人立志在苍生"这句话，这句话简直就是对烈士邓恩铭的诠释！邓恩铭烈士是中共一大唯一的少数民族代表，也是最年轻的一位代表，牺牲时年仅 30 岁。他被中宣部等部门联合评为"100 位为新中国成立作出突出贡献的英雄模范人物"之一。邓恩铭在他短暂的有生之年留下了数首诗词，诗词情志饱满，展现了他"穷年忧黎元"的济世情怀与"捐躯赴国难"的革命精神。

这些精神是山东红色文化的精髓，是激励人们开拓进取、矢志不渝的强大精神支柱，实现中华民族伟大复兴需要弘扬这些红色精神。每一个青少年都应该肩负起传承红色文化的使命，用爱心、恒心、信心托起自己，向红色文化精神看齐，争当新时代好青年！

我们要牢记红色文化精神的重要性，将其融入我们的生活和学习中。我们可以通过读书、旅行、参观红色遗址等形式了解红色文化的背景和精神内涵。同时，我们也要在日常生活中践行这些精神，比如说，要勇于担当，锤炼自己的意志和毅力，追求真理，追求卓越，做到无愧于时代和历史的责任担当。

作为山东青年，我们更应该将山东红色文化精神发扬光大。我们要以王其鹏精神为榜样，勇往直前，不怕困难。我们要以邓恩铭精神为指引，用热爱祖国的心去铸造辉煌的未来。让我们肩负起新时代的使命，用青春之力传承红色文化精神，创造属于我们自己的时代辉煌！

最后，让我们共同呼吁，让红色文化精神深入人心，让青少年接力传承，弘扬红色文化，做新时代的好青年！

五、国家安全意识从热爱国防开始

在复杂的国际环境下，红色文化育人工程通过弘扬革命精神、传承红色基因，帮助青年学生提高了政治辨别力和抵御不良思潮的能力，增强了国家安全意识。

（一）校园掀起国防热潮

为深入贯彻习近平总书记爱国主义教育指示精神，传承红色基因，培育当代青年家国情怀，加强青年爱国主义教育，培养新时代的接班人，学校举办"爱我中华　强我国防——校园国防教育照亮未来活动"。活动开始，由齐鲁理工学院曲阜校区国旗护卫队举行升旗仪式。他们迈着铿锵有力的步伐走向升旗台，国歌嘹亮奏响，五星红旗冉冉升起，活动正式拉开帷幕。随后，文学院党员代表崔馨元同学在国旗下开始党史演讲，慷慨激昂的演讲传递着对祖国的热爱之情，展现了新时代青年的风采，台下的同学们无一不为之动容。随后，国旗护卫队的同学们为大家展示了队列花式表演，展示中他们挺拔的身姿体现了新时代青年顽强的战斗精神和坚定信念。最后，老师和同学们依次进行了签名活动，同学们在签下各自的名字的那一刻，立志要为祖国的国防建设添砖加瓦，要用亮丽青春谱写祖国新篇章，积极推动祖国繁荣发展。

为了加强新时代国防教育，激发青年大学生关心国防、热爱国防的热情，促进国防教育可以向更深层次发展。齐鲁理工学院曲阜校区举办了"爱我国防"演讲比赛。目的是指引新时代大学生在讲述中强化国防意识、在感悟中激发爱国热情。比赛前，选手们认真查阅整理相关材料，准备比赛稿件，通过不断地思考与练习，力图呈现一场完美的演讲。比赛中，13名选手从不同角度入手，将素材与自身感受相结合，讲述了自己的理解和看法。其中李佳奕同学的演讲令人印象深刻，她强调新时代青年不仅应该传承和发扬优秀革命精神，践行社会主义核心价值观，而且应该走完前辈们没有走完的路，走出这一代人特有的路。此次演讲比赛增强了同学们赓续红色基因、传承革命精神、矢志强军报国的崇高追求和坚定信念，增强了同学们爱党、爱国的深厚情感和强国强军的责任担当，营造了爱我国防的浓厚校园氛围。

（二）携笔从戎实现梦想

学校一直重视征兵工作，通过举办"征兵工作宣传周"等活动，为大学生应征入伍工作进行广泛宣传和积极准备，并呼吁广大有理想、有抱负、有知识的青年大学生积极响应党和政府的征兵号召，把个人理想与抱负融入强军梦、中国梦，踊跃报名应征，在部队大熔炉中建功立业，淬火成钢，为国防事业贡献力量。

人生因磨砺而精彩，青春因军旅而升华。"征兵工作宣传周"活动激发了青年学生参军报国的热情，活动现场，有参军入伍意向的学生积极前往政策咨询点询问，章丘人武部、学校征兵工作站、退役学生等对学生关心的问题进行耐心答疑解惑，鼓励他们积极响应党和国家的号召，携笔从戎，参军入伍。仅 2023 年上半年学校就有 48 人应征入伍。今后，学校武装部将继续联合学校相关职能部门和各学院广泛宣传动员，认真做好大学生优质兵源预征预储工作，确保高质量完成征兵工作任务，为部队输送更多高素质的人才。

第十一章
齐鲁自然文化育人工程具体内涵和价值塑造

　　自然文化是关于自然的文化，是解决和处理人与自然相互关系的文化，是实现人与自然和谐共生的文化。齐鲁理工学院推出的"齐鲁自然文化育人工程"，是一项旨在通过自然与文化资源相结合，充分利用齐鲁大地丰富的自然资源和深厚的文化底蕴，将齐鲁自然文化融入课程，设计特色教材和课堂，组织学生到泰山、曲阜、黄河等文化和自然遗产地开展研学活动，实地感受自然与文化的魅力。提升学生的综合素质，增强学生的文化自信和生态文明意识，推动人与自然和谐共生。

第一节　挖掘自然文化教育资源
拓展多样化育人途径

　　人本身就源于自然，文化同样源于自然、根植于自然。

　　齐鲁大地自然景观丰富，人文历史深厚。依托泰沂山脉、黄河等文化地标，将齐鲁大地的自然山水和人文景观转化为新时代的教育资源，结合大学生的德育、美育以及课外活动、社会实践这些第二课堂，实现立德树人，实现大学生德育美育与实践创新的深度融合。

齐鲁自然文化育人工程旨在充分挖掘和利用齐鲁大地丰富的自然与文化资源，通过多种途径和方式，实现人的全面发展和综合素质的提升，涉及教育、文化资源利用、实践教学等多个方面。该工程是将地理标志转化为精神坐标、将生态资源转化为教育资本的实践，为大思政育人注入了新的活力。

一、把文化地标作为育人坐标

（一）自然教材丰富，便于就地取材

齐鲁大地拥有独特的自然景观和文化地标，如雄伟壮丽的泰山，它以"五岳独尊"的磅礴气势，展现出大自然的神奇与壮美，蕴含着丰富的地质、生态等科学知识。还有灵秀的崂山，其山海相连的独特景观，不仅是自然美的典范，还承载着深厚的道教文化和养生文化。这些自然景观为学校育人提供了生动的自然教材，让学生在欣赏自然之美的同时，还能深入了解自然规律和生态系统。

（二）历史文化悠久，影响深远

齐鲁地区是中华文明的重要发祥地之一，有着悠久的历史和灿烂的文化。这里有古老的大汶口文化、龙山文化遗址，见证了远古时期人类文明的发展；有众多的历史名人，如孔子、孟子、孙子等，他们的思想和学说对中国文化乃至世界文化产生了深远影响；还有大量的历史古迹，如曲阜的"三孔"，是儒家文化的重要象征，承载着丰富的历史文化信息。

二、用最强地表涵养育人目标

（一）知识传授

通过对齐鲁自然文化的学习，学生可以了解到地理、历史、文化、艺术、哲学等多学科知识，比如从泰山的地质构造中学习地质学知识，

从孔子的思想中领悟儒家哲学，从山东的民间艺术中感受美学和艺术创作的魅力，拓宽知识视野，构建全面的知识体系。

（二）价值观塑造

齐鲁文化中蕴含着丰富的价值观理念，如儒家的"仁、义、礼、智、信"，强调人与人之间的和谐相处、道德规范和社会秩序；墨家的"兼爱""非攻"，倡导平等、博爱的思想。这些价值观对于培养学生的道德品质、社会责任感和正确的世界观、人生观具有重要意义，也有助于引导学生树立积极向上的价值取向。

（三）能力培养

在参与齐鲁自然文化育人活动中，学生的多种能力可以得到锻炼和提升。例如，在进行实地考察、调研齐鲁自然文化资源的过程中，学生的观察能力、实践能力、团队协作能力和问题解决能力等都能得到培养；在对文化作品进行欣赏、分析和创作时，学生的审美能力、创新能力和表达能力也能得到提高。

（四）文化传承

齐鲁自然文化育人工程肩负着传承和弘扬齐鲁优秀传统文化的重要使命，旨在让年轻一代了解和认识本土文化的独特魅力和价值，增强文化认同感和归属感。同时，鼓励学生在继承传统的基础上，结合现代社会的需求和时代精神，对齐鲁文化进行创新和发展，赋予其新的生命力，使齐鲁文化在当代社会中焕发出新的光彩。

三、让大课程走进大课堂

（一）从课上课下到校内校外

将齐鲁自然文化纳入学校课程体系，开设相关的校本课程、选修课程或专题讲座，系统地向学生传授齐鲁自然文化知识。例如，学校编写了《齐鲁自然文化》教材，让学生深入学习了解山东众多的山、原、台、陵以及河、湖、泉、泊等方面的内容；组织学生到齐鲁自然文化景点进行实地考察和研学旅行，让学生在亲身感受中加深对齐鲁自然文化的理解和认识。

（二）从借阅到借力

利用社会资源，如博物馆、文化馆、图书馆、历史文化遗址等，开展丰富多彩的文化活动，如展览、讲座、文化体验活动等，向学生普及齐鲁自然文化知识。如果说这些活动可以看作借阅的话，那么鼓励社会组织、企业等参与齐鲁自然文化育人工程，通过举办各种文化赛事、公益活动等，为学生提供更多学习和体验齐鲁文化的机会，就可以看作借力了。

第二节　传承齐鲁自然文化基因　打造地域化文化特色

党的二十大报告中提出，"促进人与自然和谐共生"是中国式现代化的本质要求之一。报告中还强调："中国式现代化是人与自然和谐共生的现代化。""大自然是人类赖以生存发展的基本条件。尊重自然、顺应自然、保护自然，是全面建设社会主义现代化国家的内在要求。"生态兴则文明兴，生态衰则文明衰。大自然是包括人在内的一切生物的摇篮，是人类赖以生存发展的基本条件。

山东拥有丰富灿烂的自然文化遗产，如泰山文化、黄河文化等。齐鲁理工学院通过实施自然文化育人工程，系统地挖掘、整理和传播这些文化，对于在当代大学生中延续和发展这些古老文化，避免文化断层，都具有积极、重要的时代意义。

一、自然文化需要传承与弘扬

（一）让学生认识本土文化

齐鲁自然文化是山东地区独特的文化标识，让学生深入了解齐鲁自然文化的丰富内涵和独特魅力，有助于增强学生对本土文化的认同感和归属感，能够使学生更加热爱齐鲁文化，激发学生建设家乡的热情，促进地域文化的传承与发展，形成独特的地域文化品牌。

（二）传承自然文化基因

学校实施自然文化育人工程，有助于将齐鲁文化中蕴含的儒家思想、泰山精神等文化基因代代相传，让学生铭记和了解本土文化的根源与特色，使中华优秀传统文化在新时代焕发出新的生机与活力。

二、齐鲁自然文化是一本厚厚的教材

（一）丰富教育资源

齐鲁自然文化为教育提供了丰富而独特的素材，将泰山的雄伟壮丽、黄河的磅礴气势等自然景观以及相关的历史传说、文化典故纳入教育体系，能够丰富学校教育和社会教育的内容，为学生提供更加生动、多元的学习资源，激发学生的学习兴趣和探索精神。

（二）促进全面发展

齐鲁自然文化育人工程注重学生综合素质的培养，让学生在亲近自然、感受文化的过程中，不仅能增长知识，还能锻炼实践能力、创新思维和审美情趣。例如，在对自然文化遗产的考察与研究中，培养学生的科学探究能力和文化鉴赏能力，促进学生德智体美劳全面发展。

三、自然文化是一个大摇篮

（一）培育创意灵感

齐鲁自然文化育人工程为学校中国画、视觉传达设计、环境设计、产品设计、新媒体艺术、艺术设计、动漫制作技术等专业的学生提供了丰富的创意灵感和素材。以齐鲁自然文化为主题的动漫、影视、游戏、工艺品等文化创意产品的开发，不仅能传承和传播齐鲁文化，还能促进文化创意产业的发展，创造经济效益，为社会培养具有深厚文化底蕴和创新能力的高素质人才。

（二）拓宽传授模式

"知者乐水，仁者乐山。"齐鲁自然文化蕴含着丰富的哲学思想、道德观念、科学知识等，强调人文精神与自然的和谐统一，注重人的品德修养和社会责任感的培养，为教育提供了生动而丰富的素材。将这些文化资源融入学校教育、社会教育等各个环节，能够打破传统教育中单一的知识传授模式，为学生提供更加多元、立体的学习内容，激发学生的学习兴趣和创造力。同时，自然文化育人工程有助于学生在学习自然文化的过程中，塑造正确的世界观、人生观和价值观，培养良好的道德品质、审美情趣和社会适应能力。

四、树立人与自然和谐共生的科学理念

（一）走近美，欣赏美，保护美

齐鲁自然文化中蕴含着尊重自然、顺应自然、保护自然的生态智慧。齐鲁自然文化育人工程强调人与自然的和谐共生，在引导学生欣赏自然之美的同时，也能让学生深刻认识到保护自然环境的重要性，培养学生的生态保护意识，促使学生积极参与到生态保护行动中来，共同守护齐鲁大地上的绿水青山。

（二）播下一颗颗绿色的种子

学校通过齐鲁自然文化育人工程，引导学生将自然文化与生态保护相结合，遵循生态规律，实现经济发展与生态保护的良性互动，能够为地方的可持续发展提供指导。在开发利用自然文化资源的过程中，将自

然文化资源与教育、旅游等产业相结合，能够实现生态效益、经济效益和社会效益的有机统一，推动社会、经济、环境的协调可持续发展，并为子孙后代留下宝贵的自然文化遗产。学生必须提早树立这样的理念。

第三节　构建泰山黄河文化主轴衍生一系列考察活动

齐鲁自然文化育人工程是依托山东省丰富的自然资源和深厚的文化底蕴，通过自然与文化相结合的方式，培养具有生态文明意识、文化自信和社会责任感的时代新人。

具体的设计和做法是：一是依托泰山、尼山、崂山等自然和文化景观，建设一批自然研学基地，比如设计齐鲁文化研学线路，举办"儒家文化之旅"等活动；二是沿黄河、汶河等水系开展生态考察和保护等研学活动，比如设计"黄河文化之旅"等。

一、大山，承载着山东人的优良传统和独特个性

（一）尼山是一座"圣山"

尼山，原名尼丘山，位于山东省曲阜市东南与泗水县、邹城市交界处。尼山是伟大思想家、教育家和儒家学派创始人孔子的诞生地，是中华优秀传统文化重要代表儒家文化的发祥地。孔子所创立的儒家学说，其核心思想"仁、义、礼、智、信"等，对中国文化乃至世界文化产生了深远影响，穿越2 000多年的时光，成为今日尼山的人文之韵。

尼山文化积淀丰厚，学校组织学生到尼山探寻儒家文化的根源。学生在这里看到了孔子的诸多生活遗迹，听到了许多关于孔子的传说，如

夫子洞相传是孔子的出生地，鲁源村是孔子成长的地方，观川亭是孔子发出"逝者如斯夫，不舍昼夜"感慨的地方。

尼山建筑群也是尼山文化的一部分。始建于五代后周显德年间的尼山建筑群，于宋仁宗时期扩建，于明永乐十五年（1417 年）重建后形成现存格局，于明清两代多次修缮。主要分为尼山孔庙和尼山书院两部分，是中国古代教育庙学合一的典型建筑遗存。学生可以在这里学到课本上学不到的知识。

还有位于山东省曲阜市东南 25 千米处的尼山圣境，是一项集文化体验、修学启智、生态旅游、休闲度假于一体的复合型文化度假产业综合体，也是全球儒学体验中心和世界级人文旅游目的地，其核心文化主题为"明礼生活方式"。这是沉浸式教育的一部分。

（二）泰山是一座"文化山"

泰山位于山东省中部，横亘于泰安、济南两市之间，主峰玉皇顶海拔 1 532.7 米。据载，在距今 24 亿年前后，鲁西包括泰山地区发生了一次强烈的运动，在这个运动的作用下，形成了规模巨大的山系，古泰山就是这些山系中的一部分，高高地耸立于海平面之上。距今 1 亿年左右，在复杂的地质作用下，形成了今日泰山的雏形。直到新生代中期（距今 3 000 万年左右），今日泰山的总体轮廓基本形成，又经过了长期的自然雕琢，终于形成了今日的景貌。据考古发现，从 40 万年前到 4 000 年前的旧石器时代，在泰山文化区域活动着沂源直立人、新泰智人，两者分别代表了这一地区旧石器时代人类发展的两个重要阶段。到了新石器时代，这个地区的原始先民依次创造了北辛文化、大汶口文化、龙山文化、岳石文化等一系列灿烂辉煌的文化。

泰山文化是具有自然地理特征的文化，也是地域性文化。泰山自古至今声名显赫。打开中国的历史典籍，从《十三经》到《二十五史》，多处可见对于泰山的记录和描述。它是一座富有象征意义的山，是中华民族的历史、文化与自然赋形的结晶，是中华民族精神的重要喻体。

泰山与中华文明血脉相连。历代统治者和广大民众都采取种种仪式，表达对泰山的景仰与膜拜，由此形成了颇具特色的"泰山文化"现象。

学生在这里明白了人类为何自古崇拜泰山。泰山因其"大"成为古代人最早推崇它的原因之一，人类崇拜泰山，是希冀这座"大"山给人带来力量，驱除灾害，求得幸福。《文献通考》中记述："岱宗东岳，以其处东北居寅丑之间，万物始终之地，阴阳交泰之所，为众山所宗也。"泰山崇拜反映了人类早期对自然力、自然之神的敬畏与依靠，折射出人与自然和谐的原始形态。

学生在这里明白了什么是泰山精神。自有人类以来，人们与泰山紧密相连，泰山不但记录了我们民族精神发展的历程，而且成为中华民族精神的载体。泰山以其自身的特征，形成了不断进取、勇于超越的精神，捍卫尊严、永葆正气的精神，积极入世、乐于奉献的精神，善于吸收、勇于扬弃的精神。泰山的高大、厚重、向上、不屈、充满生机、包容万物等特征，无时不在影响、感染着人们；而人的意志、理想、追求、性格，又经常与泰山的属性相契合。于是，无生命的山在人们的心目中就成了某些精神的象征，这种精神伴随着整个中华民族的历史文化长河，不断积淀、凝聚、弃劣扬善、推陈出新，辐射到了更为广大的地区，得到了整个民族的认同，具有了影响全民族的力量。

学生在行走中学习自然与人文知识。一名学生爬上泰山后，在感想中引用狄更斯的名言写道："顽强的毅力可以征服世界上任何一座高峰。"

（三）崂山是我国大陆海岸线上的一个"地标"

崂山是道教名山，位于山东半岛南部的黄海滨岸。崂山地形以低山丘陵为主，崂山山脉属胶东低山丘陵的一部分，以崂顶为中心向四面延伸，西北、西南方向形成了巨峰、三标山、石门山和午山四条支脉。

巨峰，俗称"崂顶"，海拔 1 132.7 米，是我国大陆海岸线上最高的山峰，峰顶由岩峦群体组成，三面陡峭，只有西南面可以攀登而上，在巨峰四周 800 ～ 900 米的海拔线上，有一条环山游览路，环线上有根据易经八卦命名的八个山门，对应周边八个山口。

这里道教文化特色鲜明。道教文化源远流长，自西汉张廉夫在崂山建造太清宫草庵以来，道教在此地兴盛发展。太清宫是崂山历史最悠久、规模最大的一处道教殿堂，始建于西汉建元元年（前 140 年），距今已有 2 000 多年历史。

崂山的自然风光和人文景观吸引了众多文人墨客前来游览，留下了大量的诗词、散文、书画等文学艺术作品，如蒲松龄的《崂山道士》、赵孟頫的诗文碑刻等，为崂山增添了浓厚的文化底蕴。

学校通过组织学生参观泰山、崂山等自然景观，学习地质构造、生物多样性等知识，培养科学探索精神。更重要的是将自然科学与人文科学相结合，开展跨学科实践活动，"齐鲁文化孕育下的理工生"育人理念在这里得到了很好的诠释。

二、河海，彰显出山东人的大爱和宽阔胸怀

九曲黄河流入大海。山东是黄河入海的地方，奔腾不息的黄河在这里孕育了内涵丰富的齐鲁文化。

黄河是中华民族的母亲河。黄河全长 5 464 千米，下游横穿山东，山东境内河长 628 千米，流域面积 1.83 万平方千米。现行河道是清咸丰五年（1855 年）改道而形成的，流经菏泽、济宁、泰安、聊城、济南、德州、滨州、淄博、东营，并在东营市垦利区流入渤海。在山东境内，由于泥沙的不断淤积、延伸和流路的摆动、改造，形成了黄河口三角洲，并在继续填海造陆。

黄河既孕育了古老的华夏文明，也孕育了古老的齐鲁文明。在黄河两岸，包括地上和地下，保存着众多的文化遗址和风物遗存，使黄河文化有着深厚的文化底蕴。

在学校组织的"黄河文化之旅"过程中，学生通过实地考察、自然观察等方式，了解齐鲁大地的河流、森林、湿地等自然生态系统，增强了生态文明意识。学生还自发开展垃圾分类、水资源保护等环保实践活动，以实际行动践行绿色发展理念。

大河奔腾，生生不息。为进一步保护、传承、弘扬黄河大汶口文化，提升黄河文化作为民族根脉的时代价值，增强学生的历史认同感和文化自信，学校在教学楼大厅举办了"大河奔腾——章丘黄河文化展"。文化展首先介绍了黄河的历史渊源，然后展示了黄河流域史前文化，其中包括大地湾文化、马家窑文化、裴李岗文化、仰韶文化等，接着介绍了章丘黄河沿岸古城，以及清朝以来的黄河治理和滩区变迁，展示了脱贫攻坚和乡村振兴后人民群众的生产生活的巨大变化，昔日的黄河滩已经变成了今天的"幸福河"。文化展通过详细的文字介绍配上精美的图片给参观展览的学生以巨大的视觉冲击，也让他们感受到了黄河文化的源远流长、博大精深。学生在展板前积极讨论，分享感悟，对本民族文化的认识和认同感得到加深。全校范围内形成了保护、传承、弘扬黄河大汶口文化的热潮。

百川入海，黄河为宗。通过参观展览，学生看到了丰富多彩的农耕文化、民俗文化。一代代治黄人的历史功绩，引领学生走近黄河，感恩黄河，让学生对黄河文化可见、可触、可察，与黄河互动，增加了情感交流，以此激励学生铭记黄河的历史功绩，让黄河成为造福人民的幸福河。

三、校园，管理文化融合自然

（一）推广绿色校园理念

学校进行绿色校园建设，推广绿色校园理念，开展了节能减排、垃圾分类等活动，在整个校园营造出生态文明教育的良好氛围。

学校开发与齐鲁自然文化相关的校本课程，编写《齐鲁生态与文化》等教材，将生态文明教育融入课堂教学。

在每年的"世界环境日""地球日"来临前，学校组织学生参与"环境征文"等环保主题活动，宣传环保理念，倡导绿色生活方式。

（二）文化创意与传播

学校出台措施，创造条件，鼓励学生结合实践，以齐鲁自然文化为主题，创作绘画、摄影、文学、短视频等作品，通过媒介或作品展览展示等形式，展示自然与文化的魅力。

不少学生利用微信公众号、短视频平台等新媒体，积极推广齐鲁自然文化，扩大了自然文化育人工程的社会影响力。

学校举办了一系列齐鲁自然文化展览、讲座、论坛等活动，让学生了解自然文化，热爱自然文化，从而促进了自然文化的传播与交流。

（三）学校驻地的自然文化

追寻前辈足迹，游齐鲁第一古村。齐鲁理工学院济南校区组织了"高校学子看章丘"的研学活动。闯关东主题文化体验馆讲解员为学生详细讲解了"闯关东"这个影响巨大的历史文化现象。学生近距离地体会了感天动地的"闯关东"精神。通过参观学习，广大师生进一步了解了"闯关东"文化和章丘的山水之美。

研游古迹，崇圣尚贤。春暖花开，惠风和畅。寻访圣迹，受教杏坛。2023年3月，齐鲁理工学院曲阜校区学生会开展了"拥抱历史，品味人文"参观"三孔"游学实践活动，共同感受三孔风韵，领略儒家文化的独特魅力。

第四节　营造自然与人和谐氛围带动专业化技能提升

齐鲁自然文化育人工程是一项实践性很强的活动，学生亲身走进自然，走进齐鲁自然文化，通过探寻和挖掘齐鲁自然景观和文化遗产资源，可以更好地保护和传承这些宝贵的资源，并深刻领悟认识人类文明的发展史就是一部人与自然的关系史，大家都要做生态文明建设和自然文化发展的实践者、推动者。

齐鲁自然文化育人工程自实施以来，在学生、学校、社会等多个层面取得了不错的成果和效果。

一、学生汲取了多方面的营养

（一）认知能力自然而然提升

齐鲁自然文化育人工程让学生对齐鲁自然文化的历史、地理、文学、艺术等方面知识有了更深入的了解，能够清晰阐述泰山、黄河等自然景观背后的文化意义，以及儒家、墨家等文化与自然环境的关联，提升了文化修养，增加了文化知识储备。

相关专业学生，如艺术学院的书法学、中国画、视觉传达设计、环境设计、产品设计、新媒体艺术 6 个本科专业和艺术设计、动漫制作技术 2 个专科专业的学生，通过参与自然文化育人工程中的实践活动，在文化创意产品设计、艺术设计等方面的专业技能有了显著提高，其作品更进一步体现出对齐鲁自然文化元素的巧妙运用。

（二）情感价值循序渐进增强

学生对齐鲁自然文化的认同感明显增强，更加热爱家乡文化，以传承和弘扬齐鲁自然文化为己任，在对外交流中能主动传播相关文化，文化自信得到增强。

通过接触齐鲁自然文化中的生态理念和对自然景观的保护案例，学生的生态环境保护意识增强。学生积极参与校园和社会的环保活动，践行绿色生活方式。

（三）综合素养潜移默化提高

自然文化是涵盖了天地万物等所有自然存在的根本文化形态。学生在欣赏齐鲁自然文化的山水风光、艺术作品等过程中，审美能力得到培养，能够从自然与文化融合的角度欣赏和评价美，对美的感知更加敏锐。

审美能力提高以后，自然而然带动创新思维。齐鲁自然文化中的独特地域元素和故事为学生提供了丰富的创意灵感，学生在作品创作、开展文化艺术活动时，能运用文化元素进行创新，产生更具独特性的想法和方案。

二、学校自然文化氛围更加浓厚

（一）融入校园增色

齐鲁自然文化育人工程使校园内形成了浓厚的自然文化氛围，学校通过设立文化景观、举办文化活动等，让校园处处体现齐鲁文化特色、自然文化特色，成为大思政育人的重要环境支撑。

学校以齐鲁自然文化育人工程为特色，在教育领域树立了独特的文化品牌，提升了学校的知名度和美誉度，吸引了更多学生和家长的关注。

（二）融入课程提质

学校开发出一系列高质量的齐鲁自然文化相关课程，《齐鲁自然文

《化》教材的编撰、出版、使用，丰富了课程体系，课程内容和教学方法得到学生和同行的认可，推动教学改革，取得了课程建设成果。

教师在参与自然文化育人工程实施过程中，深入研究齐鲁自然文化，专业素养和文化底蕴得到提升，形成了一支能够将文化教育与专业教育有机结合的师资队伍。

（三）融入管理赋能

以齐鲁自然文化中的道德规范为引导，学生的行为更加文明规范，校园秩序良好，形成了积极向上的学风和校风。

学生社团，如文化研究社团、自然考察社团等，围绕齐鲁自然文化开展了丰富多彩的活动，丰富了学生的课余生活，提高了学生的组织协调能力和团队合作精神。

三、走进社会大课堂

（一）传承给年轻一代

齐鲁自然文化育人工程为齐鲁自然文化的传承培养了一定数量的后备人才，确保了自然文化在年轻一代中得以延续和发展，保护了文化的多样性。

学校通过举办文化节、参加比赛等，将齐鲁自然文化传播到更广泛的地区和其他大学院校，提升了齐鲁文化在青年学生中的影响力。

（二）变现为社会服务

学校利用齐鲁自然文化育人工程的成果，为社会提供文化咨询、旅游规划、文化创意等服务，为地方旅游产业的发展作出了贡献。

学校及学校的一些社团拓展合作交流，与当地政府、企业、文化机构等建立了广泛的合作关系，共同开展文化项目，比如在"齐鲁古道行"沿线设立6个工作坊，形成了校地合作、校企合作、协同育人的良好局面，推动了齐鲁自然文化的保护和开发利用。

第三篇

实践塑品——彰显大思政育人特色

第十二章
理论与实践结合 "讲道理"

实践育人始终是思政教育的主渠道之一。近年来，党和国家高度重视发挥实践育人的重要作用，并相继出台了一系列政策和文件。2017年，中共中央、国务院印发的《关于加强和改进新形势下高校思想政治工作的意见》明确指出，要"强化社会实践育人，系统设计实践育人教育教学体系，分类制定实践教学标准，提高实践教学比重，组织师生参加社会实践活动，了解体验国情民情。组织学生参与科研活动中的社会调研，参与产业化科研项目，完善科教融合、校企联合等协同育人模式"。2022年教育部等十部门印发的《全面推进"大思政课"建设的工作方案》进一步强调，要善用社会大课堂，突出实践育人导向，构建实践教学工作体系，组织开展多样化的实践教学，提升实践育人质量。2025年，中共中央、国务院印发的《教育强国建设规划纲要（2024—2035年）》提出"拓展实践育人和网络育人空间和阵地。统筹推动价值引领、实践体验、环境营造，探索课上课下协同、校内校外一体、线上线下融合的育人机制"。实践育人已经上升到"为党育人、为国育才"的战略新高度。

"大思政课"的精髓在于理论联系实际，把道理讲深讲透讲活，将思政小课堂与社会大课堂结合起来，深入落实立德树人根本任务，确保广大学生始终忠于党、忠于国家、忠于人民、忠于社会主义，坚定马克思主义信仰、中国特色社会主义信念、中华民族伟大复兴信心，成为担当民族复兴大任的时代新人。

2019 年，习近平总书记强调："要高度重视思政课的实践性，把思政小课堂同社会大课堂结合起来，在理论和实践的结合中，教育引导学生把人生抱负落实到脚踏实地的实际行动中来，把学习奋斗的具体目标同民族复兴的伟大目标结合起来，立鸿鹄志，做奋斗者。"2022 年 4 月 25 日，习近平总书记在中国人民大学考察时指出："思政课的本质是讲道理，要注重方式方法，把道理讲深、讲透、讲活。"2024 年，习近平总书记对学校思政课建设作出重要指示，强调要"守正创新推动思政课建设内涵式发展，不断提高思政课的针对性和吸引力"。

时间与空间同时构成课程存在的基本形态。将思政课理论与实践相结合来讲道理，把道理讲深、讲透、讲活，要善用重大历史题材和富有地域特色的文化资源，不断探索从思政小课堂到社会大课堂的实践路径，不断拓宽思政课实践应用场景构建维度，不断提升思政课"活态化"空间叙事功能，并将这些与学生的心理与精神发展空间进行关联建构，在学生实践体验中感悟新时代生动实践和伟大成就，构建起全员全过程全方位相互协同的大思政育人格局。

第一节　理论与实践结合"讲道理"的基本内涵

一、立足新时代伟大实践，建强课堂教学主渠道

立足新时代伟大实践，把党的创新理论讲深、讲透、讲活，一要加强以习近平新时代中国特色社会主义思想为核心内容的课程教材体系建设，开好讲好"习近平新时代中国特色社会主义思想概论"课，把党的创新理论研究成果转化为相应的学科方向和课程教材，将新时代伟大

变革成功案例及其蕴含的道理学理融入学校思想政治教育实践中。二要建强思政课课程群，构建必修课加选修课的课程体系，围绕新时代的伟大实践，充分挖掘具有地域特色和学校特色的中华优秀传统文化、革命文化和社会主义先进文化资源，开发地方课程和校本课程，将中国共产党人的精神谱系、生动鲜活的实践成就、英雄模范的先进事迹等引入课堂，推动党的创新理论和历史融入大思政育人体系，推进理论教学、社会实践教学、网络在线教学在空间转换中的彼此贯通；推进思政课程与课程思政在同向同行中彼此互通。三要创新课堂教学方法，加强对学生思想、心理及关心的热点难点问题研究，制订有针对性的教学方案；善于采用多样化的教学方法，注重发挥学生主体性作用，积极运用小组研学、情景展示、课题研讨、课堂辩论等方式组织课堂实践。

二、超越"思政小课堂"，善用"社会大课堂"

推动党的创新理论内容向教学内容转化，需要思政课向真实、广阔的社会空间开放。"思政小课堂"是对大学生进行思想政治教育的主渠道，是坚持社会主义办学方向的重要阵地，是落实立德树人根本任务的关键课程。"社会大课堂"是共享思想政治教育资源、进行思想政治教育实践和检验思想政治教育成效的重要场域。善用社会大课堂，主要是指扩大思政课的课堂范围，结合生动实践讲好思政课，既注重将社会生活和社会现实引入课堂教学，又重视带领学生走出课堂，走出学校，走向社会火热的实践，发挥大思政育人的最大效能。

"思政课承载的不仅是知识、经验，而且是价值观、信仰；浓缩的不仅是理论化的思想观念体系，而且是实践性的价值规范体系；传递的不仅是马克思主义及其中国化的理论成果，而且是促进学生思想政治素质发展的行动指南。"（杨威、田祥茂，2022）将"思政小课堂"同"社会大课堂"深度融合，要在思政课活动主体、课堂建制、特性、教育内容及预期效果等方面向广阔的社会空间开放，从更加广阔的社会空间与生活空间中吸收充沛的理论营养，将本来外在于思政课教学的现实空间与生活场景转化为思政课的教学空间与教育场景，使其成为思政课教学的有机组成部分；通过学生"社会大课堂"实践，以"小我"融入"大我"，将"思政小课堂"所传递的理想信念、价值观念、理论方法内化于心，外化于行，对学生产生真实的、鲜活的、生动的教育影响。

三、搭建大资源平台，实践反哺理论教学

大思政的实践特质使理论教学课堂背景更宏大，课堂环境更亲和，课堂问题更有现实意义，课堂资源素材更丰富多样，课堂案例更鲜活和更有生命力，课堂角色更积极主动，课堂呈现更灵动，课堂更易摆脱"说教感"，更有"思政味"。

与"思政小课堂"教学内容的高度综合性、复杂性和教材的有限性形成鲜明对比，"社会大课堂"实践活动具有清晰的问题指向性，并以其鲜活的思政课教学内容，有利于解决"思政小课堂"内容脱离实际等问题，破解思政课"入脑入心"所面临的现实难题，教育引导师生在亲身参与中提升实践能力，深化家国情怀。

"思政小课堂"需要鲜活的社会素材和资源，"思政课教学涉及马克思主义哲学、政治经济学、科学社会主义，涉及经济、政治、文化、社会、生态文明和党的建设，涉及改革发展稳定、内政外交国防、治党治国治军"（习近平，2020），这就意味着要源源不断地开发和运用好社会资源，丰富实践性教学内容的生产与供给，将"社会大课堂"的地域文化、热点问题、模范人物、典型案例带进"思政小课堂"，以实际案例和真实故事创设教育环境，充分利用课堂主渠道讲好中国故事。

"思政小课堂"论题的真伪、善恶、对错需要在"社会大课堂"中检验。教师要在"思政小课堂"把重大理论和现实问题讲清楚讲透彻；

大学生要透彻掌握和恰当运用这些重大理论，也需要在真实的社会场景中、在生产劳动和社会实践第一线不断汲取对思政课教学有用的教育资源，并将其有效地转化为思政课和课程思政的教学资源。

搭建大资源平台，要强化建设一支专兼结合的"大思政"师资队伍，构建大师资体系。要建立健全思政课特聘教授制度和兼职教师制度，选聘优秀地方党政领导干部、企事业单位管理专家、社科理论界专家、各行业英雄模范人物和大国工匠等加入思政课师资队伍，构建全环境协同育人格局。

四、促进理论教学、实践教学、网络教学的有机融合，促成思政课教学空间的协同

习近平总书记在 2024 年 9 月召开的全国教育大会上强调，要"不断拓展实践育人和网络育人的空间和阵地"。拓展实践育人空间是一个系统工程，同时需要多维融合拓展实践育人空间，推动思想政治工作和信息技术深度融合，打造数智思政新引擎。

数智赋能构建了更加开放、平等和高效的思政教育场域，拓展了大思政育人物理空间、精神空间和社会空间，推动了教学思维突破、互动方式变革和课堂重塑。其一，思政课的讲授不再拘泥于课堂抽象理论讲授，虚拟场景构筑了智慧思政新场域，使学生"亲身经历"历史事件、感知红色资源、模拟现实场景、参与虚拟社区互动成为可能。其二，打造线上线下混合式育人资源平台，推进了多学科知识融合，丰富了党的重大理论创新成果、社会主义核心价值观、中华优秀传统文化等优质育人内容的生产与供给，增强了内容阐释的价值导向和文化导向。其三，实践教学打破固定的时间、地点的限制，利用虚拟现实和增强现实等技术，提升学生的实践体验感，通过翻转课堂、全景直播等提升学生的学习兴趣和参与度，引发学生的深度思考，或是设置道德两难的议题将学

生置于真实的情境中，让学生在师生互动、生生互动、人机互动的多元学习场景中，实现思维碰撞与思想交锋，增强实践效果，提升学习成效。

第二节　理论与实践结合"讲道理"的价值意蕴

"大思政课"建设推动思政课进入了新的发展阶段，使思政课的教学理念、教学要素和教学形态等发生了改变。当前，思政课的理论内容、教学内容还不同程度地存在着与生活实际和学生思想实际相脱离的现象，开门办思政课、调动各种社会资源的意识和能力还不够强，导致思政课内容生产与教学供给从理论到理论、在"象牙塔"中自我循环。这些问题和现象的存在进一步凸显了理论与实践结合"讲道理"的价值意蕴。

一、落实立德树人根本任务

用新时代党的创新理论，为培养担当民族复兴大任的时代新人培根铸魂。要统筹制定高校思政课课程改革的总体目标，使青年学生在复杂的国际与现实环境中通过理论学习与实践感受来认识国情，体现对时代和社会的深切关怀。但在实际育人过程中，功能性铸魂与能动性实践之间缺乏有效载体，大思政育人要素尚未有效整合，体系尚未有效建立。

理论与实践结合"讲道理"是构建中国特色社会主义发展进步大格局的必然选择，是从党和国家事业发展全局出发，科学回答"培养什么人"的时代课题，回应"怎样培养人"的时代难题，明确"为谁培养人"的时代命题，使高校更好地履职培养社会主义建设者和接班人的社会使命；是在潜移默化中涵育大学生的理想信念和价值理念，从根本上改变传统思政课堂知识"硬融入"和"硬灌输"、育人效果"形式化""表面化"等现象,不断提高"大思政课"建设的针对性和有效性,实现入脑入心。

二、提高"大思政"协同育人的系统性和连贯性

高校思政课改革需要从宏观上整体把握和统筹推进,在教学目标、课程大纲、内容设计等方面进行整体修订与综合考量,全面、综合考虑包括教学内容的确定、教学方法的选择、教学载体的优化、教学情境的设置等思想政治教育的要素和环节,着力构建"大思政"教育体系。传统思政课存在"孤岛效应",导致学生对思政内容的理解较为碎片化,思政课与不同课程、思政课与课程思政、思政课与实践教学和社会现实之间缺乏有效衔接,没有形成合力;思政课专兼职教师队伍、思政课课程改革与学校各职能部门之间多主体联动育人存在协调沟通不畅、校内外育人资源整合利用不够、思政课教学队伍力量不强等问题。

不断增强"大思政"育人的系统性和连贯性,旨在构建起思政课全环境协同育人大格局和实践应用场景,推动中华优秀传统文化、红色资源、仪式教育、数智赋能"大思政"建设,拓展思政课的"时空边界",打造开放式的课堂育人体系;旨在将专业课程纳入思政育人课堂主渠道,立足本校实际,结合学科专业特点和地域特色,充分挖掘和运用各个学科中的思想政治教育资源,从国家战略、家国情怀、理想信念等方面层层深入,在知识传授中实现价值引领,让科学精神与人文精神走向交融,德育与智育相得益彰,在育人过程中实现专业课与思政课程全方位的协同互动、同向发力;旨在构建大思政多主体联动育人的机制,通过思政课教师、专业课教师、辅导员、校外实践育人导师等群体的有效沟通对接,形成教学合力,推动形成多主体共同深入参与、有效协同的"大思政课"联动育人格局。

三、提升"大思政"实践育人效能

以"大思政课"视域观照实践育人，传统实践育人机制在纵向落实、横向贯通等方面存在明显的低协同问题，多元协同关系建设不力甚至无法发挥出应有的作用，导致实践育人无法落地落实；在育人主体上，多局限于学校内部，育人队伍结构较为单一，政治精、素质高、能力强、视野广、情怀深的专兼结合的实践育人队伍没有有效建立起来；在育人载体上，一般通过社团活动、志愿服务、专业实习、实验课程、劳动体验、家庭教育等途径和方式得以落实，实践载体形式存在固化现象，对学生关切的复杂理论议题、重大时代课题、现实矛盾问题回答得不够及时到位，影响了思政课教学成效。

"大思政课"更强调理论与实践的辩证统一，更多更好地关切社会现实，通过充分调动和有效利用优质社会教育资源，提升实践教学基地空间叙事的功能和构建维度，在突出实践导向和问题意识中，实现思政课程与时代生活融合、高校与社会融合，实现思政课的"供给创新"，做到既讲好"实践大课"，又讲活"理论大课"，使大思政育人体系富有活力，保持张力，充满魅力，激发能力。

第三节　理论与实践结合"讲道理"的实现路径

齐鲁理工学院一直致力于理论与实践结合"讲道理"实现路径的探索与实践，通过创新主渠道教学、深化思政认知，构建"三主题、三模块、三行动"以及三环节课程实践教学体系，以"齐鲁古道"为主线创新"古道思政行走课堂"的教学新模式，建强大思政实践教学基地和大资源平台，组建多学科背景相互支撑、专兼职良性互动的思政课教学大团队等举措，有效地将理论与实践结合"讲道理"落实落地，全方位提升了大思政实践育人的整体效能。

一、创新主渠道教学，深化思政认知

（一）建强以习近平新时代中国特色社会主义思想为核心的思政课课程群

学校将"学好习近平新时代中国特色社会主义思想"作为办学治校的重大政治任务，在开好"习近平新时代中国特色社会主义思想概论"必修课程、用好统编教材的基础上，马克思主义学院在学校党委和董事会的指导下，根据大学生认知发展规律、成长成才规律和思想政治教育规律，提出并实施了习近平新时代中国特色社会主义思想融入思政课教学的"六步三结合"教学模式，创造了习近平新时代中国特色社会主义思想融入高校思政课的齐鲁理工学院经验：将讲故事与讲道理相结合，把抽象的理论表达转化为具体形象的教学语言；将教师讲与学生讲相结合，把思想理论还原到真实的场景中去，以丰富多样的形式充分展现新思想的伟力，以"六步"为具体实施步骤、"三结合"为手段，二者相互配合共同完成立德树人根本任务。

"六步"是指习近平新时代中国特色社会主义思想融入"思想道德与法治"等公共必修课和"四史"等选修课的六个必要步骤，包括选、析、讲、悟、扩、行。"选"，就是师生共同选择、摘录与教材内容相应的习近平总书记讲话原文并在课堂上诵读。"析"，就是把习近平总书记讲话与教材原理进行对照分析，领会讲话所蕴含的马克思主义立场观点和方法。"讲"，就是学生搜集并讲述习近平总书记讲话的国内国际背景和发表讲话的场景及背后的故事，领会总书记和共产党人"为人民谋幸福、为民族谋复兴"的初心使命。"悟"，就是参悟习近平总书记讲话和思政课教材原理对个人成长成才的指导意义，参悟既要"读原文、学原理"，又要"悟思想"的精髓，真正做到具体问题具体分析。"扩"，就是把相应的原理扩展到对其他革命领袖思想和中华优秀传统文化包括优秀齐鲁文化的学习与传承。"行"，就是大学生通过实践活动把习近平总书记讲话和思政原理贯彻到自己的日常行为中，真正做到使习近平总书记讲话和思政原理入脑入心入行。

"三结合"是指习近平新时代中国特色社会主义思想与各门课程有机联系的三种手段：一是指第一课堂与第二课堂相结合，第一课堂在教室进行，第二课堂在学校自建的山东党史馆和齐鲁文化馆进行。二是指思政课程与大学生养成教育相结合，思政课程由马克思主义学院教师承担，大学生养成教育由学生处、团委等职能部门组织。三是指两支队伍相结合。思政课教师负责思政课理论讲授与实践课题确定与指导，辅导员负责暑期"三下乡"活动的组织和考核。

（二）拓展课堂教学内容，创新课堂教学方法，更加关注学生的切身体验

以"中国近现代史纲要"课程为基础，探索创新"解放济南——夺取大城市之创例"虚拟仿真实验教学项目，通过再现事件的真实情景，让学生身临其境去体验和感悟革命历史。在"形势与政策"课程中试点"热点问题半月谈"活动；任课教师分析学生想听什么和想从课堂上获得什么，进而选择针对性强、新鲜敏感和学生关切的新闻热点话题，以探讨和对话的教学方式在师生多元化互动中解决问题，深化教学内容。探索"微电影"式教学改革，在展示"中国梦·学子情"风采的主题引领下，通过微电影载体把思政课内容用具象化的事例表现出来；在微电影创作过程中，使学生加深对理论的理解，教师则将微电影内容作为案例充实教学，激发学生的学习兴趣，实现理论教学与实践教学的有机联动。

（三）将齐鲁文化融入思政课程和课程思政

充分发挥齐鲁大地文化资源丰富、地处齐鲁文化发源核心区域的独特地理优势，打造以齐鲁文化为深厚底蕴和丰富内涵的"大思政"育人特色。

1. 开设齐鲁文化模块课程，构建齐鲁文化育人课程体系。

学校将齐鲁文化融入通识课程，面向全校开设"齐鲁文化精神"课程，开发教学案例库、教学资源库和线上资源，出版系列教材、著作；以齐鲁文化为滋养，全面提升大学生综合素养；将齐鲁文化融入专业课程，构建齐鲁文化与专业思政的有机结合、学科专业特点与齐鲁文化育人特色相互交融的专业人才培养模式，打造以齐鲁文化为主元素融入的"尚德课堂"品牌。

2. 构建齐鲁红色文化融入思政课"一三四五"模式。

"一"是指一讲堂。充分利用"杏坛大讲堂"，邀请地方党政领导干部，企事业单位负责人，社科理论界专家，各行业先进模范，高校党委书记、校长，院（系）党政负责人，名师大家和专业课骨干教师、日常思想政治教育骨干等八类专家进讲堂授课。

"三"是指三结合情境教学法。一是老中青结合。马克思主义学院老教师提供思政课教学的重点要点难点，老专家提供相关的齐鲁红色文化案例线索，年轻教师根据老教师和老专家发布的任务查找组织材料。二是专职兼职和社会专家（八支队伍）结合，各自承担不同的教学任务。三是"在域""具身""情境"结合。"在域"，即教师让学生身临其境；处于真正的社会场景中授课；"具身"，即学生真正把自己融入课堂中；"情境"，即通过情景剧的形式演绎"劳模"等包含思政元素的故事。

"四"是指四步骤师生互动。一是"搜"，学生课前搜集与课程相关的文献资料，提前了解课堂讲授内容并作思考；二是"讲"，主要老师讲和专家讲，适当安排学生讲；三是"悟"，教师授课后学生根据自己的感悟谈体会，写论文；四是"评"，教师评学生在课程中的表现情况，学生评教师和专家讲课，教学相长。

"五"是指五融合教学过程。一是"目标融",在教学目标中融入齐鲁文化要求;二是"设计融",在教学设计中融入讲授齐鲁红色文化的环节;三是"内容融",将齐鲁红色文化内容融入每一门思政课教学内容中;四是"考核融",在考试考核当中,尽可能使用齐鲁红色文化元素;五是"作业(实践)融",课后让学生进一步收集关于齐鲁红色文化的故事和思政元素。

二、构建"三主题、三模块、三行动"以及三环节课程实践教学体系

(一)创建"三主题、三模块、三行动"的线上线下混合式实践教学体系

依托搭建好的智慧课堂教学平台、智慧校园实践平台、"大思政课"社会实践平台,基于 OBE 理念,以学生为中心,以齐鲁文化育人为鲜亮底色,应用现代信息技术开展"三主题、三模块、三行动"的线上线下混合式实践教学。(如图 3-12-1 所示)

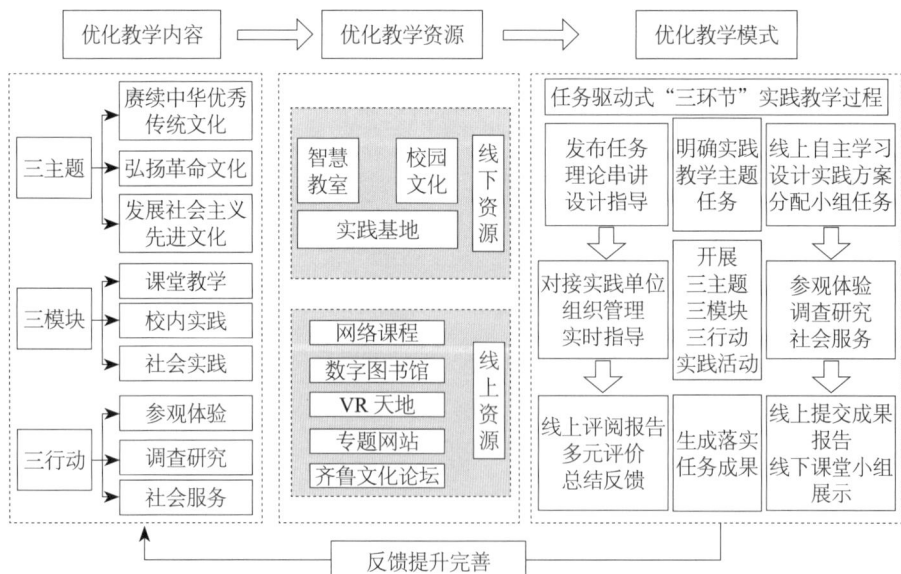

图 3-12-1 "三主题、三模块、三行动"线上线下混合式实践教学体系

"三主题"，即赓续中华优秀传统文化、弘扬革命文化、发展社会主义先进文化。三个文化主题对接不同的思政课程，如：赓续中华优秀传统文化主要对接"思想道德与法治"课，弘扬革命文化主要对接"中国近现代史纲要""毛泽东思想和中国特色社会主义理论体系概论"课，发展社会主义先进文化主要对接"习近平新时代中国特色社会主义思想概论""毛泽东思想和中国特色社会主义理论体系概论"课。同时把优秀齐鲁文化与思想政治理论紧密结合，既唤醒优秀齐鲁文化基因，又赋予其时代灵魂；依托智慧课堂的实践教学、依托第二课堂的校园实践以及集中于假期的大学生社会实践既各成体系，又相互补充，相互支撑，构成整个实践教学的立体化体系。

"三模块"，即针对每个主题，根据各专业学生特点，设置课堂教学、校内实践、社会实践三个模块。"课堂教学"侧重于理论强化和实践指导，"校内实践"侧重于体验式教学，"社会实践"侧重于社会调研和志愿服务。

"三行动"，即对应每个主题，设置参观体验、调查研究、社会服务三大行动。"参观体验"完成知识层面的拓展；"调查研究"促进对相关理论的深度思考和论证；"社会服务"使理论转化为实际行动，同时在行动中进一步加深对理论的理解。

（二）构建基于"任务驱动式"的"三环节"实践教学过程

"三主题、三模块、三行动"线上线下混合式实践教学均以"任务驱动式"教学法为主，学生在教师的指导和帮助下，紧紧围绕任务中心，以小组为单位，以"合作性活动"为载体，进行线上线下的自主学习、探究、展示拓展、归纳总结，构建了教学过程的"三环节"。

1.课堂教学：明确课堂教学主题。

这一环节的课堂教学建立在学生已经学习了相关思政课的基础之上，三个文化主题的实践活动分三个学期进行，如"赓续中华优秀传统文化"主题的实践活动安排在学生学习完"思想道德与法治"课程之后，教师在课堂上发布具体任务，使学生明确实践主题，同时进行相关思政课理论串讲和校内校外实践的方法指导；学生则以小组为单位，根据自己的专业特点设计各具特色的思想政治实践方案，分配具体任务，为实践教学做好准备。

课堂教学在智慧教室进行。智慧教室可以为学生营造真实的课堂学习情境，搭配可以拼组的桌椅、交互式电子白板、交互式屏幕、学生平板电脑，课前为学生准备多样的学习资源，课中进行智慧互动教学，支持小组合作探究式学习，为深度学习的发生提供有利情境。

2."三主题、三模块、三行动"实践活动。

这一环节包括校内实践和社会实践。教师对接实践单位，组织管理，实时指导；学生参观体验，调查研究，开展社会服务。

校内思政实践教学主要依托学生第二课堂活动、学校"九个一"齐鲁文化育人工程，以及广泛深入开展的以齐鲁文化为底蕴的养成教育，通过开展与思政课程教学相关的各具特色的校内实践活动，如模拟听证会、情景表演、辩论、党史故事演讲、专业调研、校内服务等，达到教学内容的内化，综合提高学生的素养和能力水平的目的。实践活动主要场所为学校建设的"四馆一堂二厅"智慧校园实践平台，馆厅内展示了大量的历史图片、文献资料、珍贵文物以及多媒体视频、三维场景还原等学习资源，通过扫描二维码、试题库超链接等功能将参观学习从馆内扩展到馆外，从线下扩展到线上，真正成为全校师生讲学交流、学习打卡和实践教学的国内高校一流现代化场馆。

社会实践环节主要安排在第一至第四学期相应的寒暑假小学期内进行。经过课堂教学和校内实践，学生掌握了思想政治理论及齐鲁文化相关基础知识，并基于各主题内容和不同专业特点，在老师的指导下设计了各具特色的思想政治实践活动方案。在前三个寒暑假小学期里，学生围绕相应主题以小组为单位按照方案到各自选定的实践基地进行社会实践，深入开展参观体验、调查研究、社会服务等实践活动，将理论知识内化于心，外化于行，切实增强社会责任感和担当意识。在第四个小学期，学生集中对前三个学期的实践成果进行展示交流，反馈提高。

3. 生成落实任务成果。

学生撰写参观体验报告、调查研究报告、实践成果总结，线上提交成果报告，线下课堂小组展示；教师线上评阅报告，多元评价，总结反馈。在强调小组合作以及发挥学生学习主观能动性的同时，关注学生在小组团队建设中的成长，使学生感受到鲜活的价值引导、思维训练和生活智慧。

不同专业的学生社会实践内容和侧重点各有不同，以机械制造专业为例：

在参观体验中，组织学生参观孔子博物馆、莱芜战役纪念馆、章丘铁锅老字号"同盛永"等实践教学基地，让学生在线上线下参观体验中加深对中华优秀传统文化、红色革命文化、社会主义先进文化的理解与认同，深刻领悟社会主义核心价值观的深厚文化内涵和现实价值。同时重点关注与专业相关的"执着专注、精益求精、一丝不苟、追求卓越"的工匠精神，关注各个历史时期的齐鲁工匠身上展现出来的优秀品质、创造精神和职业精神，努力把中华传统工匠精神发扬光大，锻造出更多新时代的"大国工匠"。

在调查研究中，进一步围绕"寻访齐鲁工匠""红色工匠在革命时期的价值与作用""国内制造业数字化转型之路"等主题展开系统调研。从"工匠之祖"鲁班、科圣墨子，到"金牌工人"许振超、焊花中走出的"齐鲁时代楷模"程平……齐鲁工匠精神源远流长，代代相传，绵延不断。从"嫦娥"奔月到"祝融号"探火，从"北斗"组网到"奋斗者"深潜，从港珠澳大桥飞架三地到北京大兴国际机场凤凰展翅……

这些科技成就、大国重器、超级工程，离不开大国工匠执着专注、精益求精的实干，铭印着能工巧匠一丝不苟、追求卓越的身影。小到一颗螺丝钉、一块智能芯片，大到火箭、高铁、航母，都离不开劳动者身体力行的工匠精神。学生运用科学思维进行深入调查和系统研究，更加清晰地见证工匠精神在各行各业的传承，从而在内心深处增强践行社会主义核心价值观的坚定性、自觉性。

在社会服务中，经过参观体验、调查研究之后，组织开展"孝亲敬老""红色文化宣讲""社区家电维修"等志愿者服务活动，把科学理论转化为自觉行动。"不积跬步，无以至千里；不积小流，无以成江海。"实现远大的目标需要从点滴小事做起。各学生小分队纷纷走进养老院，走进社区街道，走进工厂企业，教孤寡老人使用网络与现代社会接轨，给留守儿童辅导作业或者讲红色故事，为社区居民维修家电，到工厂企业劳动锻炼……在为人民服务的过程中进一步增强社会责任感和担当意识，提高思想政治素质与文化素养，激发攻克难关的创造精神，磨砺精益求精的工作态度。

实践活动结束后撰写参观体验报告、调查研究报告、社会服务实践总结，让实践活动中的感悟与收获凝结成文字，转化成短视频，升华为微电影，使实践成果便于传播与交流。通过集中展示交流，既能够检验任务完成的质量与效果，又可以促进各小组互相取长补短，共同学习提高，还有利于教师对整个实践教学过程进行反思、总结、反馈，从而进一步完善实践教学内容体系。

三、以"齐鲁古道"为主线，创新"古道思政行走课堂"的教学新模式

"古道思政"是一种将思政课教学空间和资源拓展到齐鲁文化长廊中去的新型教学模式，把"行走的思政课"和进行中华优秀传统文化教

育、实现中华优秀传统文化创造性转化及创新性发展结合起来，将贯彻落实习近平总书记关于"善用大思政课"的重要论述和关于"以中华优秀传统文化、革命文化和社会主义先进文化为力量根基"的重要指示有机统一。

"古道思政"旨在用历史的遗迹、真实的场景、可敬的人物呈现"行走的思政课"的魅力，调动起学生参与学习的热情和主动性。"行走课堂"，打破了"我讲你听"仅局限于课堂书本的固有模式，强调理论与实践相结合、教师主导和学生主体相联动；将感官体验和理论思辨相结合，厚植爱国主义情怀，从而实现由传授知识向组织学习的跨越，由课堂文本到人本课堂的跨越，由"要我成长"到"我要成长"的跨越上来。

（一）找准齐鲁文化古道上的"教育点"和思政课程教学中的"实践点"

齐鲁古道是一座宝藏，蕴含着丰富的优秀传统文化。善用优秀传统文化上好"古道思政"课，不是简单地把课堂搬到古道上，而是以优秀传统文化育人为着力点，从丰富的传统文化资源中提炼"教育点"，从现有的思政课程教学体系中提炼"实践点"，努力实现资源转化与教育内容的统一结合。一方面，因为"有用的资源"不等于"有效的教学资源"，所以要深入挖掘传统文化资源背后的思想价值和理论内涵，将传统文化资源转化为思政课教学资源；另一方面，要立足于教学主阵地，找准传统文化资源与思政课程的结合点和着力点，充分发挥传统文化资源对于思政课的育人功能和铸魂价值。如何做好两者的有效对接，需要做充分准备，既要绘出齐鲁文化古道的学术研究路线图，又要建立齐鲁文化古道的教育资源库。

（二）构建具有时代特征、地域特点和学校特色的"古道思政行走课堂"的教学新模式

"古道思政"是"大思政课"的重要呈现形式。时代是思想之母，实践是理论之源。面对中华民族伟大复兴战略全局和世界百年未有之大变局，要明确"古道思政"的理论引领价值，立足学校两个校区处于齐鲁文化优势地带，坚守"齐鲁文化孕育下的理工生"的育人理念，探讨新时代"古道思政"教学创新模式。突出以文化人、以事释理、以史明理，通过具象化的教学主题、艺术化的教学方法、故事化的教学叙事，使感同身受的学习体验成为学懂弄通的理论武装过程，引导大学生实现理智与情感的统一、知识与价值的统一，以"大视野""大格局"做好构建起"三融""四精""五段"古道思政行走课堂教学创新模式。"三融"，即理论与实践融合、历史与现实融汇、教师与学生融入，突出针对性；"四精"，即提出精准问题、行走精华路线、开展精彩活动、打造精品课程，突出实践性；"五段"，即"学、行、思、研、用"，强调思政课知行合一。

（三）深化教育教学方式方法改革，多主体协同提高思政课的亲和力和针对性

"古道思政"是一项系统工程，需要教师、学校和教育行政以及文旅等有关部门凝聚合力。根据研究确定的古道主题游径，教师需要增强行走意识，通过布置行走任务、带领学生实践、凝练行走成果等方式，让学生带着思索走出教室，寻求答案深入社会，通过"理论—实践—理论"的反复过程，最终达到学生自己提出问题、分析问题和解决问题的目的。学生走上讲台汇报分享是扩大行走成效的必备途径，教师应善于组织，合理安排分享时间，对学生给予有针对性的点评鼓励，让学生行有收获。引导学生将行走感悟转化为理论和文艺作品，提供展示平台让学生分享作品。"古道思政"需要学校党委统一领导，学校党政齐抓共管。学校加强谋划，完善制度，为师生外出实践提供充足条件保障。

四、建强大思政实践教学基地，搭建大资源平台

学校以齐鲁文化为载体，分专题建设"大思政课"社会实践教学基地，做大做强齐鲁文化育人数字化平台、校内场馆数字化体验平台、"云上大思政课"平台。

（一）着力打造文化涵育优质教学资源育人品牌，提升品牌示范效能

建设孔子学堂、孔子博物馆、曲阜"三孔"、孔子研究院、尼山圣境、龙山文化博物馆等齐鲁文化实践基地；济南战役纪念馆、莱芜战役纪念馆等革命历史文化实践基地；三涧溪村、朱家峪村、曲阜儒源新村等当代社会主义先进文化实践基地；按照"齐鲁古道行走的思政课路线图"确立和开发文物主题游径，搭建行走的社会实践基地。

（二）依托数智技术，构建优质资源融通的"云矩阵"

运用数字成像、智能检索等技术，以齐鲁文化为主题，建设纵贯古今、横联百业的案例素材库、理论资源库，让文化故事、鲜活案例、翔实数据丰富课程资源；构建多样化的智能平台和智慧教学情境，增强学生的沉浸式、交互式体验，达到激励情感、增强认知、鞭策行为的教学目的。

（三）实现信息技术与教育教学深度融合，为思想政治教育工作积蓄能量

学校充分运用数智技术做好精准学情分析，精准获取学生在认知层次、关心的热点问题、思想困惑、精神需求等方面的数据，基于这些数据为学生制作学习画像，采取合适的教学方法，实现授课内容的精准供给，构建精准挖掘、精准决策、精准反馈的模式，提升思政课课程改革的针对性，满足学生个性化的期待与需求。以大数据为纽带，构建多主体、多维度、多层次的全要素考核评价体系，从"阶段性"课程考核向

"全时段"素质考核扩展，实现对学生知识学习、价值认同及行为转变的动态评估，推动学生考核评价迭代升级。

五、组建多学科背景相互支撑、专兼职良性互动的思政课教学大团队

建强专职思政课教师、辅导员队伍，创建全国党建工作样板支部、全国高校"双带头人"教师党支部书记"强国行"专项行动团队，聘请学校党政领导、科学界和文化界知名专家和教授等，建立一支银龄教师（外聘专任）、专职教师、外聘兼职教师等"老中青"相结合的思政课教师队伍，实行"导师制"青年教师培养体系。

（一）"老中青"相结合的专兼职思政课教师队伍

老教师在教育教学改革与科研创新方面具有丰富经验和深厚积累，可以提供宝贵的经验借鉴；青年教师能注入新理念和新思维，推动科研成果的转化和创新成果的孕育。老教师提供思政课教学的重点要点难点，提供相关的齐鲁文化案例线索，青年教师根据提出的任务查找组织材料，形成经验传承与优势互补、学科融合与交叉创新的良性互动和合作共赢。

（二）"导师制"青年教师培养体系

1. 促进青年教师专业成长。

一是经验传承。资深教师通过分享教学、科研和管理经验，帮助新教师快速适应高校工作环境，降低职业初期的迷茫感。二是能力提升。资深教师在课程设计、学术研究、课题申报等环节提供有针对性的指导，加速青年教师的职业能力发展。三是事业指导。资深教师通过经验传授，帮助青年教师避免在科研方向选择、教学实践或学术伦理等方面出现重大失误。

2. 提高教学质量。

一是教学方法改进。资深教师通过听课、评课等方式反馈教学问

题，帮助青年教师增强课堂效果。二是课程创新支持。资深教师结合学科前沿动态，指导青年教师设计更具创新性和实践性的课程内容。

3. 推动科研合作与创新。

一是学术资源整合。资深教师可为青年教师提供实验室资源、学术交流平台和研究方向建议，促进科研团队形成。二是跨领域合作。通过导师制建立长期合作关系，激发跨学科研究的可能性。三是成果孵化。资深教师指导青年教师完成课题申报、论文写作和学术交流等工作，提升科研产出质量。

4. 增强教师归属感。

一是心理支持。资深教师帮助青年教师应对职业压力，提供职业规划建议，降低人才流失风险。二是文化融入。通过导师引导，促进青年教师快速理解学校的学术传统、管理文化和价值观。

5. 实现学术生态良性循环。

在知识代际传承上，保障学术思想、教学理念和研究方法的延续性，防止经验断层；在学术共同体建设上，打破教师间的孤立状态，营造协作共享的学术氛围；在双向受益机制上，资深教师在指导过程中接触新理念新技术，保持学术活力，青年教师获得资深教师给予的成长支持。

第四节　理论与实践结合"讲道理"的实施效果

10 多年来，学校始终立足于浓厚的地域文化，坚持开门办思政课，强化问题意识，突出实践导向，充分利用优质的社会实践、鲜活的生活现实、宏阔的时代画卷等社会教育资源，遵循坚持理论与实践相统一的育人路径、历史与现实相统一的育人情怀、国内与国际相统一的育人视野、课上与课下相统一的育人阵地，建设"大课堂"，搭建"大平台"，建好"大师资"，不断加强思政小课堂与社会大课堂、专职与兼职大师资队伍、教学实践基地与云上大平台的深度融合，构建起了全员、全过程、全方位相互协同的育人大格局和实践应用场景，着力创建价值塑造与文化涵育相辅相成、历史叙事与时代精神共生共融、"学行思研用"五位一体的大实践育人模式，提升了实践教学基地空间叙事的功能和构建维度，持续积累并形成了系列优秀大思政育人实践教学成果，显著增强了"大思政课"实践育人品牌效应，提升了实践育人的适切性、针对性。

一、大思政实践育人成效显著

2021 年以来，学生中涌现出省级优秀毕业生、学生干部 256 人，优秀班集体 32 个。获评国家奖学金、励志奖学金 3 697 人；在文体、学科竞赛中获省部级及以上奖励 2 489 项，社会实践和志愿服务获评省级以上优秀团队 39 个、先进个人 312 人。

2016—2023 年，在大学生文体竞赛、学科竞赛中有 609 个项目获得国家级和省级一等奖。与 2016—2020 年情况相比，自 2021 年以来学生获奖人数显著增长，获奖等级显著提升。2021 年，以学生养成教育实践为题材的短视频《金声传古道》荣获全国"讲好中国故事"创意传播大赛特等奖；2024 年，在第十届中国国际大学生创新大赛总决赛中获得国家级金奖 2 项。

学生在信念、品德、性格、学业、行为等五个方面养成了好习惯，铸就了优秀品格。学校涌现出一大批"好习惯养成标兵""学习之星""励志之星"。共有 720 名大学生奔赴济南抗击新冠疫情一线，尽显齐鲁理工学子的优秀品格和良好素养。培养出以杨正中、赵继鹏、李志远等为代表的一大批扎根基层、甘于奉献的优秀毕业生。

2013 级政治学与行政学专业学生杨正中，于 2017 年毕业后立即投身于扶贫一线。他在担任河南省安阳市龙安区发展和改革委员会、马投涧镇郭贺驼村驻村第一书记期间，勇挑重担，以年轻人的闯劲和魄力，用脚丈量土地，用心帮扶群众，用一年半的时间使得贫困山村换新颜，脱贫摘帽。2018 年，郭贺驼村扶贫工作成绩喜人，实现脱贫人口 15 户 60 人，脱贫户人均纯收入达到 7 520 元，集体经济收入提高到 5.3 万元，贫困发生率下降至 1.3%，彻底摘帽脱贫。杨正中也因此被评为"感动安阳·2018 脱贫攻坚年度人物"。

2013 级土木工程专业学生赵继鹏，于 2017 年毕业后进入中共西藏林芝市委党校参加公务员岗前培训班，同年 9 月进入西藏林芝市工布江达县朱拉乡人民政府工作，现任朱拉乡党群综合办公室负责人（一级科员）、朱拉乡扎堆村第一书记兼驻村工作队副队长。在担任第一书记过程中，赵继鹏积极带领村党支部研究党建思路，确定重点工作任务，巩固拓展脱贫攻坚成果，维护村居社会稳定。他政治上头脑清醒，立场坚定；工作上任劳任怨，恪尽职守；学习上求真务实，刻苦钻研；生活上积极乐观，艰苦奋斗。他于 2017 年获"林芝市首届青年人才论坛二等奖""林芝市公务员岗前培训班优秀学员"，于 2018 年获工布江达县"维稳工作先进个人"，于 2019 年获工布江达县"'学习强国'知识竞赛二等奖""竞赛达人""先进个人""先进驻村工作者"等荣誉。

2013 级护理学专业学生李志远，于 2017 年毕业后就职于陕西省宝鸡市消防救援支队。入职一年时间里，他成功处置火灾 10 余起，营救和援助被困群众 20 余人，被称为"消防救援队的活雷锋"。李志远说："人有德如同金子有光，有光才能照亮人生之路。我做人和做事的道德准则都是在母校树立起来的。"

近三年，毕业生就业去向落实率保持在 97.5% 以上，政府、社会和用人单位对毕业生的品德和人文素养给予了高度评价，满意度平均为 98.83%。学校在山东省 2023 年民办本科高校高质量发展绩效考核中位列第一名；在 2022—2024 年校友会中国民办大学排名中，连续位列全国排名第 4 名、理工类第 1 名。

二、齐鲁文化资源赋能课程、教材、资源库建设

近年来，齐鲁理工学院构建了齐鲁文化育人元素体系，超越"思政小课堂"的传统范式，建设了一批省级一流课程和省级课程思政示范课程（见表 3-12-1）；出版了系列齐鲁文化铸魂育人校本教材和专著（见表 3-12-2）；开发了题库、典籍库、典故库、名人库、名言库、录像视频库、传统文化文件库等课程思政资源库（见表 3-12-3）。创建了以齐鲁文化涵养养成教育为主体的育人实践平台，建设了包含 4 个齐鲁文化数字资源库、150 余门慕课及丰富线上教育资源的齐鲁文化自主学习平台。

表 3-12-1　齐鲁文化资源赋能课程建设列表

序号	时间	课程名称	获奖级别	颁奖单位
1	2020 年 1 月	齐鲁文化精神	省级一流课程	山东省教育厅
2	2020 年 1 月	思想道德修养与法律基础	省级一流课程	山东省教育厅
3	2021 年 5 月	测量学	省级课程思政示范课	山东省教育厅
4	2021 年 5 月	齐鲁文化精神	省级课程思政示范课	山东省教育厅
5	2021 年 5 月	数据结构与算法	省级课程思政示范课	山东省教育厅
6	2021 年 5 月	医学生物化学	省级课程思政示范课	山东省教育厅
7	2021 年 5 月	市场营销学	省级课程思政示范课	山东省教育厅
8	2022 年 12 月	生理学	省级课程思政示范课	山东省教育厅
9	2022 年 12 月	单片机原理及应用	省级课程思政示范课	山东省教育厅
10	2023 年 12 月	数字电子技术	省级课程思政示范课	山东省教育厅

表 3-12-2　齐鲁文化资源赋能教材和专著列表

序号	作者	教材、专著名称	出版社	出版时间
1	常翠鸣	齐鲁文化精神	北京师范大学出版社	2019
2	常翠鸣	齐鲁文化二十讲	山东人民出版社	2018
3	常翠鸣	齐鲁红色文化	北京师范大学出版社	2024
4	常翠鸣	齐鲁文化精神论纲	北京师范大学出版社	2019
5	常翠鸣	齐鲁文化与养成教育	山东大学出版社	2019
6	常翠鸣，马士远	四书五经普及读本	线装书局	2016
7	高尚举	论语误解勘正	社会科学文献出版社	2016
8	徐晓霞，常翠鸣，张秀平	护理礼仪与人际沟通	山东人民出版社	2012
9	常翠鸣，苏小冬	大学生职业规划与就业指导	华中师范大学出版社	2011
10	徐晓霞，常翠鸣	护理伦理学	山东人民出版社	2010
11	徐晓霞，常翠鸣	大学生礼仪	山东人民出版社	2010
12	付永聚，韩钟文，曾振宇	中华伦理范畴	中国社会科学出版社	2012
13	付永聚，任怀国	儒家政治理论及其现代价值	中华书局	2011
14	付永聚，韩钟文	二十世纪儒学研究大系	中华书局	2003
15	宣兆琦	齐学漫步	中国文联出版社	2012
16	韩延明，李文明，单国杰	沂蒙精神新论	山东人民出版社	2021
17	高尚举，张滨郑，张燕	孔子家语校注	中华书局	2021

表 3-12-3　齐鲁文化课程思政资源库列表

序号	资源库名称	资源库目录
1	题库	一、简答题；二、思考题；三、讨论题；四、辩论题
2	典籍库	1.六韬；2.管子；3.晏子春秋；4.诸子集成；5.尚书；6.周易；7.诗经；8.春秋；9.周礼；10.礼记；11.大戴礼记；12.论语；13.孔子家语；14.曾子十篇、曾子全书；15.孟子；16.墨子；17.荀子；18.儒藏精华；19.齐文化丛书；20.山东文献集成
3	典故库	一、人物典故 1.周公握发吐哺；2.周公诫伯禽；3.伯禽望父台；4.鲁隐公优柔遭横祸；5.柳下惠坐怀不乱；6.曹刿一鼓作气战齐师；7.叔梁纥攻打偪阳城；8.叔梁纥迎娶颜家女；9.颜徵在尼山祈子；10.颜徵在育子有方；11.孔子兴办私学；12.孔子问礼老聃；13.孔子泰山脚下怒斥苛政；14.孔子夹谷会盟；15.孔子陈蔡遭厄；16.孔子作《春秋》；17.左丘明传《春秋》；18.柳下跖与孔子；19.工匠鲁班；20.颜回赞师；21.颜回"偷"吃米粥；22.曾子耘瓜受杖；23.曾妻蒸梨不熟被休；24.闵子骞芦花衣；25.仲由忠勇护孔子；26."朽木不可雕"的宰予；27."不走捷径"的澹台灭明；28.南宫适三复《白圭》；29.孔鲤过庭受训；30.孔伋作《中庸》；31.孔鲋作《孔丛子》；32.孔安国整理壁中书；33.孟母断机；34.孟子劝谏梁惠王；35.孟子怒驳淳于髡；36.孟子谈大丈夫；37.孟子谈"五十步笑百步"；38.孟子听母训不休妻；39.墨子兼爱；40.墨子救宋；41.墨子悲丝；42.荀子劝学；43.荀子宥坐；44.荀子与稷下学宫 二、成语典故 1.发愤忘食，乐以忘忧；2.成人之美；3.过犹不及；4.己所不欲，勿施于人；5.欲速则不达；6.工欲善其事，必先利其器；7.逝者如斯夫；8.见贤思齐；9.温故知新；10.见义勇为；11.尽善尽美；12.箪食瓢饮；13.登堂入室；14.青出于蓝；15.跬步千里；16.锲而不舍；17.前车之鉴；18.始终如一；19.水可载舟，亦可覆舟；20.流言止于智者；21.博学多闻；22.欺世盗名；23.能屈能伸；24.勠力同心；25.以人为镜；26.摩顶放踵；27.席不暇暖；28.驷之过隙；29.孟母三迁；30.始作俑者；31.五十步笑百步；32.一曝十寒；33.明察秋毫；34.缘木求鱼；35.与民同乐；36.出尔反尔；37.出类拔萃；38.反求诸己；39.与人为善；40.怨天尤人；41.自暴自弃；42.自怨自艾；43.专心致志；44.舍生取义；45.独善其身；46.浩然正气

续表

序号	资源库名称	资源库目录
4	名人库	一、齐国文化名人 （一）先秦时期 1. 姜太公；2. 管子；3. 晏婴；4. 孙武；5. 孙膑；6. 扁鹊；7. 荀子 （二）两汉时期 1. 东方朔；2. 淳于意；3. 刘洪；4. 郑玄 （三）魏晋南北朝时期 1. 贾思勰；2. 刘勰 （四）唐宋时期 1. 房玄龄；2. 李清照；3. 辛弃疾 （五）元明清时期 蒲松龄 二、鲁国文化名人 （一）先秦时期 1. 周公；2. 孔子；3. 曾子；4. 颜回；5. 鲁班；6. 左丘明；7. 墨子； 8. 子思；9. 孟子 （二）两汉时期 孔融 （三）魏晋南北朝时期 1. 诸葛亮；2. 王羲之 （四）唐宋时期 1. 颜真卿；2. 刘晏；3. 张择端 （五）元明清时期 1. 孔尚任；2. 戚继光
5	名言库	一、道德修养类 1. 孔子；2. 孟子；3. 荀子；4. 墨子；5. 姜太公；6. 管子；7. 晏婴 二、治国理政类 1. 孔子；2. 孟子；3. 荀子；4. 墨子；5. 姜太公；6. 管子；7. 晏婴 三、学习教育类 1. 孔子；2. 孟子；3. 荀子；4. 管子
6	录像视频库	1. 齐鲁家风——诗书传家； 2. 齐鲁家风——孝义格天； 3. 齐鲁家风——诚信天下； 4. 齐鲁家风——德廉为本； 5. 齐鲁家风——家国情怀；

续表

序号	资源库名称	资源库目录
6	录像视频库	6. 齐鲁家风——和而不同； 7. 齐鲁家风——礼行天下； 8. 齐鲁家风——清廉家传； 9. 齐鲁家风——仁者爱人； 10. 齐鲁家风——推陈出新； 11. 齐鲁家风——自强不息； 12. 跟着书本去旅行——齐国故都探秘——蹴鞠； 13. 跟着书本去旅行——齐国故都探秘——两千年前的"足球队"； 14. 跟着书本去旅行——齐国故都探秘——田忌赛马； 15. 跟着书本去旅行——齐国故都探秘——晏子使楚； 16. 跟着书本去旅行——重游齐故都——周师齐祖姜子牙； 17. 跟着书本去旅行——重游齐故都——管鲍之交； 18. 跟着书本去旅行——重游齐故都——一代名相； 19. 探索发现——探秘鲁国故城墓地（上）； 20. 探索发现——探秘鲁国故城墓地（下）
7	传统文化文件库	一、中共中央及国务院文件 中共中央办公厅、国务院办公厅印发《关于实施中华优秀传统文化传承发展工程的意见》 二、教育部文件 1. 教育部关于印发《完善中华优秀传统文化教育指导纲要》的通知； 2. 教育部办公厅关于开展"礼敬中华优秀传统文化"系列活动的通知； 3. 教育部办公厅关于开展《传承的力量》学校体育艺术教育弘扬中华优秀传统文化成果展示活动的通知； 4. 教育部关于开展中华优秀传统文化传承基地建设的通知； 5. 教育部办公厅关于公布第一批全国普通高校中华优秀传统文化传承基地名单的通知； 6. 教育部办公厅关于举办第二届中华经典诵写讲大赛的通知 三、山东省教育厅文件 1. 关于认真学习中办发〔2011〕31号文件深入推进高等学校哲学社会科学繁荣发展的意见； 2. 山东省中长期人才发展规划纲要（2010—2020年）； 3. 关于山东省高等教育名校建设工程实施意见；

续表

序号	资源库名称	资源库目录
7	传统文化文件库	4. 山东高校德育综合改革指导纲要（试行）； 5. 对《关于加强我省教师队伍中华优秀传统文化培训的建议》省十三届人大一次会议第 20180373 号的答复； 6. 对《关于加快建立传统文化教育基地示范校的建议》省政协十二届一次会议第 12010732 号提案的答复； 7. 对《关于传承优秀传统文化教师要先行的建议》省十三届人大一次会议第 20180534 号的答复； 8. 《关于加强引进融合促进文化建设的提案》的答复； 9. 《关于优秀传统文化教育的建议》的答复； 10. 关于红色传统文化应是中华优秀传统文化教育的重要内容的建议； 11. 《关于加强传统文化师资培养的建议》的答复； 12. 关于加强传统文化在学校毕业典礼等具有仪式感的活动中的融入的建议； 13. 对《关于进一步加强"曲阜优秀传统文化传承发展先行区"建设的议案》的答复； 14. 山东省人民政府关于印发山东省"十四五"教育事业发展规划的通知； 15. 山东省"十四五"教育事业发展规划

表注："典籍库"中的《齐文化丛书》，是齐鲁书社于 1997 年出版。丛书共 22 卷，共 44 种，共 1 100 万字，举凡东汉以前的齐人著述，或与齐文化关系密切的著作、文献资料、考古资料、方志牒谱以及近现代专家学者研究齐文化发表的成果，尽量予以收录；齐文化中所涉及的政治、经济、军事、科技、文学、艺术、宗教、社会、民俗、地理等学科，均列专辑进行研究。

学校将善用"大思政课"构建的理论、政策和思维框架通过文化育人元素系统推进转化为具体的教学要素、实践路径和育人机制，从在地化、场景化、数字化、可视化等方面实现突破，在理论与实践融合、历史与现实融汇、教师与学生融入中提升了思政课的实践意蕴，拓展了思政课的"时空边界"，实现了思政课、课程思政的"供给创新"，以大课程、大平台将大思政实践育人落地落实。

第十三章
校内实践: "沉浸式" 大思政育人新探索

　　齐鲁理工学院始终高度重视实践育人环节, 精心设计实践项目, 搭建实践平台, 确保每一名学生都能在实践中得到充分的锻炼和提升。同时建立健全实践育人机制, 以科学的评估体系来检验实践育人的成效, 推动大思政育人工作不断向纵深发展。

　　校内实践是实践塑品的重要途径。在大思政育人的过程中, 学校注重营造校内良好的育人环境, 通过建设和完善山东党史馆、齐鲁文化馆、稷下学馆、孔子学堂等馆堂设施, 将思政课程的理论知识与实际场景密切融合, 同时精心打造 "沉浸式" 思政育人的立体平台, 使学生身临其境, 在实践中体验, 在体验中感悟, 在感悟中成长。这种方式, 不仅丰富了大思政育人体系的内涵与外延, 还极大地提升了学生的学习兴趣与参与度。学生在互动体验中, 能够更深刻地理解思政育人的核心要义, 形成正确的世界观、人生观和价值观。

第一节 校内实践的基本内涵

校内实践是指在校园内部进行的，旨在提升学生个人能力、增强学生专业知识应用和增强学生社会责任感、提高学生综合实践能力的各种活动。这些活动通常与学生的学习专业密切相关，但又超越了传统课堂教学的范畴，强调通过亲身体验、动手操作和问题解决来促进知识的内化、能力和素养的全面发展。

从其目的来看，校内实践的核心在于培养学生的综合素质，特别是社会责任感、团队合作精神和实际操作能力。通过参与这些活动，学生不仅能够将理论知识应用于实际问题的解决，还能在实践中不断反思和提升自我。这种教育方式打破了传统课堂的局限，能够使学生在真实的情境中学习和成长。

从其形式来看，校内实践可以分为多种类型，例如馆堂体验、养成教育、社团活动、创新创业等。每种形式都有其独特的实践意义和教育价值。馆堂体验可以让学生置身于稷下学馆、孔子学堂、科创展厅等特定场所，感受文化魅力，增强文化自信；养成教育可以引导学生在日积月累中培养好习惯，在潜移默化中塑造好品格；社团活动可以为学生提供展示自我、锻炼才能、发展潜力的广阔天地；创新创业则能充分激发学生的创新能力和创业精神。多样化的形式使得校内实践能够满足不同专业背景和兴趣爱好的学生的需求。

从其内容来看，校内实践涵盖了广泛的领域。它可以是与专业课程紧密相关的实践活动，如实习、实验、竞赛等；也可以是课程之外的综合性项目，涉及多个领域的知识或技能。此外，校内实践还强调对学生思想道德素质的培养，鼓励学生树立正确的人生观和价值观。通过这些实践活动，学生能够在校园内获得丰富的社会经验，为未来职业发展和社会生活打下坚实的基础。

总之，校内实践不仅是思政育人的重要组成部分，更是培养学生综合素质的有效途径。它通过明确的目的、多样的形式和丰富的内容，为学生提供了一个广阔的实践舞台，使他们在校园中就能体验到真实的职场环境和社会责任，从而更好地适应未来的挑战。

近年来，学校注重将校内实践纳入大思政育人体系的整体思路，使其思政育人特征得以凸显。与传统实践比较，校内实践在许多方面体现出鲜明特点。

首先，在理念方面，传统实践往往侧重于理论知识的应用和验证，注重学生对已有知识的掌握和运用，校内实践则更加关注学生的全面发展和社会责任感的培养。校内实践强调通过实践活动让学生接触社会现实，了解社会需求，从而增强他们的社会责任感和服务意识。这种理念上的转变使得校内实践不仅仅局限于知识的应用，还将教育的目标扩展到了学生的综合素质提升等领域。

其次，在目标设定方面，传统实践通常以学科课程为依托，旨在帮助学生巩固课堂所学的知识，提高专业技能，因此其目标设定较为单一。校内实践的目标则更为多元化。它不但追求学生专业能力的提升，而且注重培养学生的创新精神、团队合作能力和解决实际问题的能力。此外，校内实践还旨在通过实践活动激发学生的学习兴趣，促进他们自主学习能力的发展，使他们在未来的职业生涯中具备更强的适应性和竞争力。

再次，在实施方式方面，传统实践多以实验室、实习基地等特定场所为主，活动内容也相对固定，缺乏灵活性和多样性。校内实践则突破了传统的时空限制，可以在校园内多个场景中展开。例如，学校组织学生参与馆堂体验、社团活动、创新创业等多种形式的实践活动，这些活动既丰富了学生的课余生活，又让他们在实践中积累了宝贵的经验。同时，校内实践还结合学校的特色资源和优势学科，开展具有针对性和前瞻性的实践活动，如"齐鲁文化节""大学生创新创业大赛"等，为学生提供了更广阔的成长空间。

最后，在评价体系方面，传统实践的评价标准往往以完成任务的数量和质量为主要依据，对学生在整个实践过程中的表现关注较少。校内实践则更加注重过程性评价，强调对学生在实践过程中所展现出的态度、能力和成长的关注。学校根据学生在不同阶段的表现给予及时反馈，并鼓励他们不断反思和改进自己的行为。这样的评价机制不仅能够全面客观地反映学生的实践成果，还能帮助他们更好地认识自我，发现自身的优势与不足，进而为今后的发展奠定坚实的基础。

学校校内实践的这些特点反映了新时代教育的进步和思政育人理念的发展趋势，也为民办高校探索更加符合时代要求的人才培养模式提供了新的思路和方向。

第二节　校内实践在大思政育人体系中的重要意义

随着深入推进教育改革、加快建设教育强国的时代要求，实践育人的重要性越来越突出。2025 年 1 月，中共中央、国务院印发《教育强国建设规划纲要（2024—2035 年）》，明确提出要"增加实践教学比重"，"拓展实践育人"的空间和阵地。校园作为实践育人的重要阵地，在实践育人中具有其不容忽视的意义和作用。它通过构建"沉浸式"体验的校内实践活动，可以为学生提供一个全面发展、健康成长的平台，尤其是在思政育人方面具有其特殊的重要作用。

一、校内实践对大学生思想道德素质的提升作用

校内实践作为大思政育人体系中的重要组成部分，对大学生思想道德素质的提升具有不可替代的作用。在学校的校内实践项目中，学生通过参与各类实践活动，不仅能够增强自身的社会责任感和使命感，还能够在实践中逐步形成正确的世界观、人生观和价值观，为未来的社会发展打下坚实的思想基础。

首先，校内实践能够为大学生提供"沉浸式"体验的实践机会。传统的课堂教学虽然能够传授理论知识，但往往缺乏实践环节，难以让学生真正理解并内化所学内容。校内实践则是将课堂延伸到校园内的实际场景中，使学生能够在真实的环境中面对各种挑战与问题，从而更好地将理论与实践相结合。这些活动不仅让他们亲身体验到社会需求，还培养了他们的团队合作精神和社会责任感。通过这种"沉浸式"的体验方式，学生的思想道德素质得到了全面提升。

其次，校内实践有助于大学生树立正确的价值观念。现代社会复杂多变，爆炸式的信息增长使大学生面临诸多诱惑和挑战，容易迷失自我。校内实践为他们提供了一个平台。通过参与各类有意义的活动，学生可以在实践中不断反思自己的行为和选择，逐渐明确自己的人生方向。在校内，许多学生通过参加创新创业大赛、学术讲座等活动，不仅开阔了视野，还学会了如何在竞争中保持良好的心态，坚守道德底线。这不仅有助于他们在学业上取得进步，还能让他们在未来的职业生涯中具备更强的适应能力和竞争力。

此外，校内实践还能够提升大学生的品德修养。通过参与丰富多样的公益活动，学生可以更加深刻地认识到自己作为社会成员的责任和义务。在校内，学校每年都会组织学生参加各类志愿服务活动，如无偿献血、社区服务等。这些活动不仅让学生感受到社会的温暖和支持，还激

发了他们内心深处的善良与爱心。通过亲身参与这些公益事业，学生的优良品质和道德修养得到极大提升，也进一步促进了其思想道德素质的全面发展。

二、校内实践对大学生社会责任感的培养作用

校内实践作为大思政育人的重要组成部分，对学生社会责任感的培养具有不可替代的作用。通过参与校内实践，学生能够将理论知识与实际生活相结合，在实践中深化对社会问题的理解，提升自身的社会责任感和使命感。

首先，校内实践为学生提供了一个真实的社会环境，使他们能够在"沉浸式"的实践体验中，直接面对并解决实际问题。例如，在社区服务、志愿服务等活动中，学生不仅能够了解社会现状，还能亲身参与解决问题的过程中。这种亲身体验有助于激发学生的社会责任感，使他们更加关注社会需求，并愿意为此付出努力。同时，通过参与校内实践，学生还可以学会如何在团队中合作，共同完成任务，这不仅是个人能力的提升，更是社会责任感的具体体现。

其次，校内实践有助于培养学生正确的人生观。在实践过程中，学生会遇到各种各样的挑战和困难，这些经历促使他们思考人生的意义和社会的责任。特别是在面对复杂问题时，学生需要运用所学的知识和技能，提出解决方案，这一过程不仅锻炼了他们的思维能力和创新能力，更重要的是帮助他们树立起正确的人生观。通过实践活动，学生逐渐认识到个人的成长与社会发展息息相关，进而形成积极向上的人生态度，增强对国家和社会的责任感。

最后，校内实践还为学生提供了展示自我和服务社会的机会。在实践中，学生可以充分发挥自己的专业特长，为社会作出贡献。例如，计算机专业的学生可以通过编程开发公益项目，促进校园信息化管理水平

的提升；医学专业的学生则可以在校园内开展健康讲座，普及医学知识。这些活动不仅提升了学生的自信心和成就感，更让他们意识到自己作为社会一员的责任和义务。

三、校内实践对大学生职业素养的提升作用

校内实践作为思政育人的重要组成部分，对提升大学生的职业素养具有深远影响。在大思政育人体系中，校内实践不仅是理论知识的补充，同时还是培养学生综合素质、职业能力和素养的重要途径。

首先，校内实践有助于学生树立正确的职业观念。传统的课堂教学往往侧重于理论知识的传授，而校内实践则为学生提供了将理论应用于实际的机会。通过各种实践活动，学生能够体验职场环境，了解不同行业的工作流程和要求，从而更加明确自己的职业目标和发展方向。这种实践经历使学生在步入社会前就具备了初步的职业认知，为未来的职业生涯打下了坚实的基础。

其次，校内实践能够提升学生的专业技能。在大思政育人体系中，校内实践不但强调学生的品德修养，而且注重其专业技能的提升。学校通过与企业合作，开展一系列有针对性的专业实践活动，如让工程专业的学生参与校园建设项目的规划与实施，让计算机专业的学生负责学校信息系统的维护与优化，等等。这些实践活动不仅提升了学生的动手能力和解决实际问题的能力，还让他们在实践中不断反思和改进自己的专业知识，形成了良好的学习习惯和职业态度。

四、校内实践对校园文化建设的促进作用

校内实践作为高校教育的重要组成部分，对于促进校园文化建设和社会发展具有深远的意义。

首先，校内实践有助于营造积极向上的校园文化氛围。校园文化是

大学精神的体现，也是学生成长的重要环境。通过参与各种校内实践活动，如志愿服务、社团活动、学术讲座等，学生学习到团队合作、沟通交流、领导力等技能，从而形成良好的行为习惯和价值观念。这些活动有助于促进学生的全面发展。例如，学校每年举办"科技文化节"，邀请专家学者进行专题讲座，组织学生参加科技创新竞赛，极大地增强了学生的创新意识，提高了学生的实践能力，提升了校园文化的内涵。

其次，校内实践促进了师生之间的互动与交流。在传统教学模式中，教师与学生之间的互动往往局限于课堂之内，缺乏更深层次的情感交流和思想碰撞。校内实践则提供了一个更为广阔和灵活的平台，使师生之间能够建立起更加紧密的联系。通过共同参与实践项目，教师可以更好地了解学生的需求和困惑，给予及时的帮助和指导；同时，学生也能从教师的经验和智慧中成长起来。这种双向互动不仅增强了师生之间的信任感和归属感，还为构建文明校园奠定了坚实的基础。

最后，校内实践还为学生提供了服务社会的机会，培养了他们的社会责任感和服务意识。现代社会是一个高度分工协作的社会，每个人都需要承担起相应的责任，为社会发展贡献自己的力量。校内实践正是一个让学生走出校园、接触社会的良好途径。这不仅有助于学生个人的成长和发展，还对推动社会和谐进步有着重要的意义。

第三节　校内实践的具体内容

校内实践，凭借其多样化的表现形式与丰富的内涵，已成为培育学生综合素养不可或缺的关键环节。近年来，学校将校内实践融入大思政育人体系构建的系统工程之中，精心策划并实施了一系列旨在强化实践育人的校内活动。这些活动，包括馆堂体验实践、养成教育实践、社团活动实践、创新创业实践等，以其鲜明的育人特色、灵活的形式和强烈的体验感，广受学生欢迎，并且取得了极为显著的育人成效。

一、馆堂体验实践

在当今高等教育日益重视综合素质培养的背景下，大学校园内的多元文化培育平台已成为学生了解历史、传承文化、提升素养的重要载体。馆堂，作为高校内不可或缺的文化地标，犹如一座座蕴含丰富知识与智慧的宝库，蕴藏着无尽的教育资源和启迪之光。如何高效地发掘并利用这些馆堂资源，精心设计与组织一系列特色鲜明的体验与实践活动，已成为新时代高校大思政教育体系中亟待深入探索与实践的重要课题。

在这一领域，齐鲁理工学院走在了同类高校的前列。近年来，学校依托自身建设的"四馆一堂二厅"（党史馆、山东党史馆、齐鲁文化馆、稷下学馆，孔子学堂，主题展厅、科创展厅），为学生打造了一个又一个生动的历史与文化实践课堂。这些设施和场地成为学校馆堂体验实践的主要平台，通过开展现场教学以及各种形式的思政教育活动，使学生深切体验中华优秀传统文化、革命文化和社会主义先进文化的精髓，感受科技文化魅力，不但为学生提供了丰富的精神食粮，而且成为校园文化建设的亮点。

坐落于校内的党史馆和山东党史馆，是集党史展示、党建教育和爱国主义教育于一体的综合性展馆。党史馆内丰富的历史资料、珍贵的文物展示以及生动的场景再现，仿佛将学生带回到那个波澜壮阔的时代。学生在这里可以见证中国共产党从建党初期的艰难探索，到革命战争年代的英勇斗争，再到新中国成立后的社会主义建设，以及改革开放以来的辉煌成就。每一次参观学习，都是一次心灵的洗礼和精神的升华。山东党史馆犹如一部厚重的历史长卷，细腻而生动地勾勒出山东地区在党的领导下的历史发展轨迹。在这里，学生仿佛穿越时空，亲眼见证了山东人民在中国共产党的英明领导下所走过的峥嵘岁月。此外，多媒体互动体验区更是利用现代科技手段，让参观者能够身临其境地感受山东党史的独特魅力和重要性。在参观过程中，学生无不为家乡人民在党的领导下所取得的辉煌成就而自豪，更加珍惜眼前这来之不易的幸福生活，并激发起为家乡、为国家贡献力量的强烈愿望。

齐鲁文化馆是省内高校首家以齐鲁文化为主题的育人场馆。馆内设有多个展厅，全面而深入地介绍了齐鲁地区的优秀传统文化、红色文化、自然文化和校园文化等育人成果。在这里，学生可以近距离地感受齐鲁文化的博大精深，从孔子的儒家思想到孟子的仁政学说，从沂蒙精神到焦裕禄精神、孔繁森精神等，无不彰显着齐鲁文化的独特魅力。同时，齐鲁文化馆还是贯彻落实立德树人根本任务的重要场所，通过展示中华优秀传统文化、革命文化和社会主义先进文化的育人功能，增强了新时代高校大学生的文化认同、文化自信和文化自觉。

稷下学馆，作为对古代齐国"稷下学宫"这一世界历史上最早官办高等学府的生动再现与传承，是极具学术特色的育人场馆。这里集中展现了齐文化的历史发展、文化名人及其学术著作，充分彰显了春秋战国时期齐文化百家争鸣、学术自由、科学创新的精神风貌。稷下学馆不仅是学者们进行学术研究、学术交流的重要平台，更是学生拓宽视野、启迪智慧的精神家园。定期举办的各类学术讲座、研讨会和读书会等活动，犹如一场场知识的盛宴；邀请国内外知名学者和专家来校讲学，为学生提供了与大师面对面交流、切磋学问的宝贵机会。通过参与这些活动，学生拓宽了知识面，增长了见识，并且学会了独立思考和批判性思维，为未来的学术研究和职业发展奠定了坚实基础。

孔子学堂，由中国孔子基金会授牌设立、齐鲁理工学院投资建成，是以培育和践行社会主义核心价值观、弘扬中华优秀传统文化为宗旨的公益性教育基地。学堂设有陈设类、教学类、修为类、传承类四大模块，包括"堂、器、籍、读、听、写、诗、书、画、礼、雅、乐"12项主题内容，采用线上线下融合的互动模式，以贴近学生、寓教于乐的形式，鼓励学生积极参与、实践体验，深刻领悟和传承孔子所倡导的"仁、义、礼、智、信"等儒家文化精髓，使其植根于每个人的心灵深处，坚守仁爱之心，尊崇礼仪之道，共同构筑道德高地。孔子学堂自开办以来，不仅为校内全体学生提供了丰富多彩的选修课程和第二课堂实践平台，更致力于拓宽国际视野，加强国际文化交流与合作。近年来，先后迎接了来自韩国、美国等高校的修学团体，让外国朋友亲身体验到了中国传统艺术的独特魅力和传统文化的博大精深，为传播中华优秀传统文化作出了贡献。

此外，学校还设有主题展厅与科创展厅，这两大展厅成为加强大学生党性教育和创新创业精神培育的重要平台。主题展厅内，通过图文展示、实物陈列、多媒体互动等多种方式，生动展现了党的辉煌历程、优良传统与作风，以及新时代党的建设所取得的卓越成就。学生在这里可以系统地学习党的理论知识与实践经验，更能在互动体验中深化对党的认知与情感联结，从而在心灵深处种下信仰的种子。科创展厅则是学校在培养学生科创兴趣与协作能力方面的又一亮点。这里汇聚了学生的创意设计、发明制作与创新成果，每一件展品都凝聚着他们的智慧与汗水，彰显着学校在科技创新教育领域的卓越贡献。学生在这里可以近距离感受科技创新的魅力，激发创新思维与实践能力。

二、养成教育实践

养成教育，作为一种旨在促进学生全面发展的教育模式，其核心在于通过系统的引导和帮助，使学生在知识积累、能力提升以及价值观塑造等多个维度上，逐步形成良好的习惯与稳定的品质。这一教育过程，不仅是学生素质教育不可或缺的一环，更是奠定个人终身成长与发展基石的关键所在。

长期以来，学校高度重视养成教育实践，致力于将这一教育理念贯穿于整个校园生活中。最终目标是帮助学生培养良好的品德，塑造积极的性格，提升内在修养以及规范日常行为，从而为他们的未来铺设一条充满希望的道路，奠定坚实的基础。在养成教育实践中，学校秉持着"齐鲁文化孕育下的理工生"育人理念，深入挖掘齐鲁文化的深厚底蕴，从中汲取养成教育的丰富营养与智慧精髓，逐渐形成了自身在养成教育领域的独特优势与鲜明特色。

学校养成教育在内容上紧紧围绕适应学生未来发展需求，在广泛调研的基础上设计了"五模块""二十项规范"。"五模块"分别是信念、品德、性格、学业和行为。每个模块又包含四项规范：信念模块为爱党爱国、敬业负责、诚实守信、友善乐群，品德模块为尊重自重、感恩守义、助人为乐、勤俭节约，性格模块为阳光乐观、大度执着、坚毅果敢、认真严谨，学业模块为勤奋好学、善于思考、知行合一、阅读经典，行为模块为自省自律、文明礼貌、整洁健康、体育锻炼。同时，针对理工类大学生的特点，学校不断探索养成教育实践路径、模式、方法和手段等，为推动大学生养成教育提供有力保障。

为了确保养成教育的深入实施与持久影响，学校精心构建了一套"四级联动"的组织架构体系。从高屋建瓴的校级领导小组，到细致入微的各教学单位自治组织，每一层都肩负着明确的责任，共同编织成强大的组织网络。学校更是将养成教育视为事业发展的核心要素，纳入长远规划，并出台了一系列制度规范，如《齐鲁理工学院养成教育实施细则》等，为养成教育的稳步推进筑起了坚实的制度基石。

尤其值得一提的是，学校开创性地将养成教育考核与第二课堂学分制度相融合，通过一套科学、合理的赋分体系，极大地激发了学生参与养成教育实践活动的热情。这一创新举措，不仅让学分转化有据可依，更让养成教育成为一种可量化、可感知的成长动力。

在"贴近实际、贴近生活、贴近学生"的原则指导下，学校将养成教育视为学风建设的灵魂工程。各学院纷纷响应，成立了宣讲团，通过动员大会、主题班会、专题讲座等多种形式，讲解养成教育的深刻内涵与价值理念。在电气工程学院的一次主题班会上，宣讲团成员以勤奋学习为例，通过讲述一位从平凡走向卓越的学长如何通过不懈努力最终取得辉煌成就的生动案例，深深触动了在场每一名学生的心灵。会后，学生纷纷表示要珍惜光阴，以更加饱满的热情投入学习之中，用实际行动践行养成教育的精神实质。

与此同时，学生会、学生社团等学生自治组织也积极投身到养成教育活动中。他们通过开展读书分享会、辩论大赛、志愿服务等活动，进一步浓厚了养成教育的氛围。在这些活动中，学生不仅收获了知识，拓宽了视野，更在无形中养成了自律、自强、自信等优秀品质。

为了深化大学生养成教育的内涵与外延，学校还推出了一系列创新且富有成效的教育举措。其中，"学习成果汇报展"与"好习惯养成挑战赛"等活动特别引人注目。"高效笔记展示大赛"让学生在比拼中学会了如何更好地记录与总结；"晨读习惯挑战赛"则激发了学生早起读书的热情，让他们在清晨的阳光下感受知识的力量。这些活动不仅丰富了养成教育的形式与内容，更让学生在具体实践中领悟到养成教育的真谛与价值所在。这一系列举措充分激发了学生内心深处对于卓越追求与自我完善的强烈渴望。为了进一步提升养成教育的透明度与公正性，学校还在官方网站上推出了"大学生养成教育"专题网站。该网页不但详尽介绍了养成教育的政策内容，而且细致地公布了各类活动的开展情况，生动展现了各类养成教育活动的精彩瞬间与丰硕成果。网页上公开的学生养成教育成绩与成果，如同一面面明镜，映照出每一名学生的努力与成长，确保了考核过程的阳光透明，让公平与公正成为养成教育的坚实基石。

为进一步彰显先进典型的示范效应，学校构建了一套完善的奖励机制。例如，将养成教育的考核结果纳入学生综合素质测评体系，作为评选优秀学生、奖学金获得者及各类荣誉表彰的核心依据。通过严谨公正的评选流程，推出并表彰在养成教育各个好习惯项目中表现突出的个人，如"环保小卫士""礼仪之星""阅读达人"等，不仅授予荣誉证书以精神激励，还配以奖学金、奖品等物质奖励，旨在树立一批鲜活可感、值得效仿的榜样群体。各学院积极响应，依据自身承办的好习惯项目特色，如文学院的"经典诵读推广大使"、工程学院的"创新实践小能手"等，制订详尽的评优方案，并结合日常观察、活动记录及同学评价，开展先进个人评选活动，让学生从榜样的光芒中汲取力量，激发全员自觉践行良好品德习惯的热情，最大化地释放了养成教育的潜能。

三、社团活动实践

学生社团作为青年学生自我探索、兴趣拓展的舞台，其重要性不言而喻。它们如同繁星点点，照亮了大学生自我教育与全面发展的道路，是新时代大学生精神风貌与成长需求的生动写照。社团活动，以其广泛的参与度、灵活多样的形式及丰富多彩的内容，成为校内实践不可或缺的一环，为学生综合素质的拓展、课堂知识的深化、校园文化的丰富以及素质教育目标的实现提供了肥沃土壤。

学校高度重视学生社团在育人实践中的作用，积极推动和支持学生社团活动。在良好的校园氛围中，学生社团犹如春日竞相绽放的花朵，纷纷涌现，学生参与热情得到了极大的激发与鼓舞。目前，学校各类社团近百个，涵盖了学术科技、文化艺术、体育健身、志愿服务等领域。

仅以齐鲁文化为主题的社团为例，其数量就有 28 个。其中，研习类社团 8 个，分别是致力于深入探究传统文化精髓的"传统文化研习社"、专注于齐鲁地域文化探讨的"齐鲁文化研学社"、聚焦于民俗风情考察的"齐鲁民俗研究社"、探寻龙山文化奥秘的"龙山文化研究社"、考证舜耕历山传说的"大舜文化研究社"、弘扬中医药文化的"扁鹊中医药文化研习社"、专注于齐鲁建筑艺术的"齐鲁建筑文化研究社"，以及专注于军事战略研究的"孙子兵法与军事研究会"；文创类社团 6 个，分别是以学术研讨与文学创作并重的"稷下学社"、专注于李清照诗词创作研究的"清照文学社"、探究口才训练与智慧提升之道的"晏子与口才协会"、促进阅读分享的"齐鲁文化读书会"、研学与传承齐鲁文化的"齐鲁古道行宣讲团"，以及弘扬齐鲁文化创新创业精神的"瑞蚨祥与经商之道协会"；艺体类社团 14 个，分别是展现古代足球魅力的"蹴鞠社团"、传承古老民族传统体育项目弹弓技艺的"弹弓术协会"、培养传统美术爱好的"齐鲁绘画社"、保护和传承被称为"最美读书声"中国古代传统吟诵的"汇贤吟诵社"、品味茶道的"鲁韶茶艺社"、弹奏筝乐的"齐鲁筝乐社"、对弈论道的"齐鲁弈友社"、挥毫泼墨的"兰亭书法协会"、棋艺交流的"齐鲁弈秋棋社"、刻字技艺钻研的"鲁梦艺术刻字"、喜爱汉服文化的"齐韶乐舞汉服社"、学练和弘扬传统武术的"六艺太极拳社"、研习传统礼乐文化的"齐鲁礼乐研究社"，以及捕捉学习与生活中美好瞬间的"齐鲁风韵摄影协会"。这些社团的成立与发展，不仅丰富了学生的课余生活，更在无形中塑造着他们的品格，为校园文化的多元化发展注入了源源不断的活力。

在这个注重个性绽放的时代，学生社团不仅是校园文化的瑰宝，更是大学生个性培养与能力提升的摇篮。因此，学校不仅鼓励社团多样化发展，更通过提供资金、场地、指导等支持，为学生搭建起充分展示自我、实现价值的舞台。无论是学术科技类的创新竞赛，还是文化艺术类的才艺展示，抑或是体育健身类的竞技比拼，每一个社团都成为学生释放激情、挥洒青春的舞台，满足了他们学习交流、社会交往、寻求友谊、发展情感等多重心理需求，促进了健康稳定的心理素质的形成。

近年来，在校园丰富多彩的学生社团活动中，涌现出许多优秀社团，在充实学生业余生活的同时，也很好地展现了新时代大学生的思想品质和精神风貌。例如学校的大学生艺术团，在校园内策划并举办了诸如校园歌手大赛、"晏婴杯"辩论大赛等一系列精彩纷呈的演出与比赛，还走出校园，积极参加各类校外活动及竞赛。在"青春中国"全国美育校园电视大赛中，他们荣获山东赛区省级二等奖及青年组 A 组冠军；在章丘区"声动百脉"全民朗诵大赛中，斩获雏鹰奖及优秀组织奖；在济南市恒丰银行杯"爱济南，讲济南"讲解大赛等国家级、省级及市区级比赛中，亦是收获满满。2023 年 12 月，学校大学生艺术团演唱的齐鲁理工学院校歌被山东省教育电视台选中，有幸参与了该台的节目录制，再次展现了齐鲁理工学院学子的卓越风采。

学校的国旗护卫队，自 2015 年成立以来，在老师的悉心指导下，已逐渐成为一支在爱国主义教育领域独树一帜的队伍，肩负着传播国防知识与弘扬国旗精神的崇高使命。作为校内爱国主义教育的中坚力量，国旗护卫队不仅负责各类重大活动的升旗仪式，更将国旗法、国徽法、国歌法的宣传普及视为己任，通过一系列爱国主义主题教育，有效激发了广大师生的爱国热情，深刻诠释了国旗文化的深远意义。在征兵季节，护卫队成员与指导老师紧密配合，细致解读大学生应征入伍政策，积极引导学生响应国家号召，投笔从戎，为国防事业贡献力量，其卓越表现为学校赢得了"济南市章丘区国防教育示范基地"的殊荣及多项荣誉表彰。

学校的春雷话剧社是一个以话剧为主，涵盖相声、小品、微电影、情景剧等的综合性社团，同时也成为展现红色文化的生动舞台。自成立以来，该社自编自导自演了《上甘岭》《红日》《红嫂》《乳娘》《铁道游击队》等一系列红色经典剧目，将红色故事从书本搬上舞台，用艺术的力量铸魂育人，推动红色文化进一步传承与发展。

兰亭阁书法协会自 2018 年成立以来，会聚百余位热爱传统文化与书法的师生，共同致力于齐鲁文化的传承与创新。协会秉持"传承文化精髓，弘扬齐鲁精神"的宗旨，不仅为师生提供深入了解齐鲁文化的平台，更将传统文化与现代元素巧妙融合，赋予其新的时代内涵。

四、创新创业实践

创新创业实践是校内实践的重要组成部分，不仅承载着将理论知识与实践深度融合的使命，更是激发大学生创新思维、锻造大学生创新能力、培育大学生创业精神的摇篮。通过一系列精心设计的创新创业活动，学生得以在学习和掌握专业知识与技能的基础上，跨越理论与实践的鸿沟，全面提升自身的综合素质与竞争力。

响应国家"大众创业、万众创新"的号召，学校在 2017 年创立了大学生创新创业学院，引领学生在创新创业的海洋中破浪前行。尤为值得一提的是，学院荣幸地聘请了山东麦德森集团董事长、被誉为"中国创业创新新闻人物"及"山东大学生十大创业之星"的王勇担任名誉院长。他的智慧与经验如同灯塔，照亮了学生的创业之路。

近年来，学校对大学生创新创业工作倾注了极大的热情与关注。学校以塑造学生的创业品质与创业能力为核心，以普及创新创业知识为基石，精心构建了以"荟萃青春"创客空间、"创业项目培育基地"和"创业项目孵化基地"为依托的渐进式创新创业项目孵化体系。这一体系如同一座坚实的桥梁，连接着梦想与现实，通过学校的全方位帮扶，使无数学生实现了"创业带动就业，创新孵化未来"的美好愿景。其中，"荟萃青春"创客空间以创业咖啡厅等主题开放式空间为载体，定期举办创客论坛、科创沙龙、科创竞赛等系列品牌活动，激发了学生的创新思维与创业热情。创客帮则是大学生创新创业一站式服务中心，为学生提供政策咨询、业务培训、项目推介、技术指导、注册登记代办、财税融资等全方位服务，助力他们跨越创业路上的重重障碍。创业项目培育基地致力于为有创业想法的学生提供精准的创业指导和项目完善服务。在这里，学生可以对自己的创业项目进行深度加工与实训，为未来的创业之路做好充分的准备。创业项目孵化基地则通过设立传统文化孵化区、电子商务孵化区、科技创新孵化区、创意设计孵化区、商业服务孵化区、综合孵化区等六大功能区，打造了一个"一圈六区"的创业生态孵化模式，为学生的创业梦想插上了翅膀。

此外，学校还积极组织多种形式的科技创新竞赛活动，如科技创新大赛、创业计划大赛等，为学生提供了展示才华、交流思想的宝贵平台。这些活动不仅激发了学生的创新潜能，更为他们未来的创新创业之路奠定了坚实的基础。激发学生的创新激情与团队协作精神，是当下高等教育中不可或缺的一环。这些精心设计的竞赛活动，覆盖了计算机编程的奥秘、机械设计的精妙、电子技术的前沿等多个学科领域，犹如一座座桥梁，连接着不同学科的知识海洋，激励学生跨越界限，携手合作，共同面对并解决那些复杂而充满挑战的技术难题。

近年来，学校坚持以赛促教、以赛促学、以赛促创、以赛促改的创新创业教育发展理念，高度重视各级各类学科竞赛，取得了优异的竞赛成绩。2024年10月，在中国国际大学生创新大赛总决赛上，学校参赛队伍获国家级金奖2项、银奖5项、铜奖7项，获奖总数居全国民办高校首位。

五、校内实践的思政育人成果

通过一系列校内实践活动的开展，学校将大思政育人理念贯穿于教育过程中，实现了理论与实践相结合、课堂内外相融合的教育模式，为培养具有创新精神和实践能力的高素质人才奠定了坚实的基础。校内实践思政育人成果从多方面体现出来：一是提升了学生的思想政治素质。例如，通过组织参观党史馆、山东党史馆等红色文化场馆，使学生深入了解党的光辉历程和伟大精神，进一步坚定了理想信念，增强了历史使命感和责任感。许多学生在参观后表示，要珍惜来之不易的幸福生活，努力学习，为国家的繁荣富强贡献力量。二是增强了学生的文化认同感与文化自信。例如，通过组织学生参加"阅读新时代 书香润校园"读书节、"接力抄书，同写红色经典"等活动，增强学生的文化自信，积极建设书香校园；通过举办春季运动会，开展"跃动青春"校园跑、"凝心聚力共创未来"素质拓展等常态化健身体育活动，营造热爱运动、健康生活的良好氛围；通过开展社团艺术节、校园歌手大赛、艺术展演等健康向上、格调高雅的校园文化活动，提高学生的艺术素养和审美修养。三是培养了学生的创新精神与实践能力。例如，学校的科创展厅、创新创业实训中心等平台，为学生提供了展示创新成果、参与科研项目的机会，帮助学生在实践中提升了创新能力和实践能力。四是增强了学生的社会责任感与历史使命感。例如，学校的志愿服务类社团定期组织学生参与社区服务、环保宣传等活动，帮助学生在实践中增强社会责任感，培养奉献精神。

第十四章
校外实践："知行合一"大思政育人新境界

在当今高等教育体系中，思政育人不仅是理论知识的传授，更是实践能力的培养。校外实践作为连接理论与实践的桥梁，正成为推动"知行合一"大思政育人理念走向新境界的重要途径。

通过校外实践，学生能够亲身体验社会现实，应用在课堂上学到的思政理论知识解决实际问题。这种实践不仅加深了学生对理论知识的理解，更培养了他们的社会责任感和实践能力。在走出校门、深入企业、社区、农村等社会基层的过程中，学生得以更好地了解国情、社情和民情，从而更加坚定理想信念，明确人生方向。同时，校外实践也是检验思政育人成效的重要标尺。学生在实践中遇到的问题和挑战，往往能够反映出思政育人中存在的不足和短板。这为学校改进教育方式、创新教育方法提供了及时反馈和有益参考。

近年来，学校以前瞻性的眼光和务实的态度，进一步完善社会实践机制，拓宽实践渠道，丰富实践内容。同时积极探索与企业共建实践基地、与社区开展深度合作、深入农村进行田野调查等多种实践形式，并且与思政育人相融合，强调知中有行、行中有知、知行合一，确保每一名学生都能在实践中得到充分的锻炼和成长。

总之，校外实践作为实践塑品的重要环节，在学校构建的大思政育人体系中发挥了重要作用。

第一节　校外实践的基本内涵

　　校外实践是指学生在校期间，通过参与学校组织或自主选择的校外活动，将理论知识应用于实际生活和社会环境中的一种社会实践活动。这种实践不仅有助于学生巩固和深化课堂所学的知识，还能培养他们的社会责任感、团队合作能力和解决实际问题的能力。

　　相较于校内实践的相对封闭与单一，校外实践展现出其独有的开放性特征。它不再局限于校园的空间范围，而是将舞台拓展到了广阔的社会：在企业，学生得以近距离观察职场生态，体验真实的工作氛围；在社区，他们参与志愿服务，用实际行动诠释社会责任；在政府机构，通过实习了解公共事务的运作机制，增强公民意识。这样的实践环境，无疑为学生提供了更加多元、真实的锻炼平台，促使他们在解决社会问题的过程中不断提升自身的社会适应能力和问题解决能力。

　　在内容多样性方面，校外实践同样具有突出特点。从企业实习的实战演练，到社会调研的深度挖掘；从志愿服务的无私奉献，到创新创业的激情碰撞，每一项实践都如同一颗璀璨的明珠，照亮学生的成长之路。以社会调研为例，学生围绕环保议题，深入社区进行问卷调查与访谈，收集第一手资料，为政府部门决策提供科学依据；创新创业项目，则激发了他们的创新思维，促使他们将创意转化为现实，为社会带来新鲜活力。

　　在实践主体的主动性方面，校外实践更是赋予了学生前所未有的自主权。在这里，他们不再是被动接受指导的"学徒"，而是主动探索、勇于实践的"探险家"。从实践方案的设计到实施过程的监控，再到成果的总结与展示，每一个环节都充满了学生的智慧与汗水。这种高度的自主性与主动性，不仅激发了他们的内在潜能，更为他们未来的职业生涯奠定了坚实的基础。

此外，校外实践的系统性也不容忽视。它不仅仅是走出校园、参与活动这么简单，而是一个包含实践前动员培训、实践过程管理、实践成果评估与反馈等多个环节的完整体系。在实践前，学校通过进行系统的培训，使学生明确实践目标，掌握实践方法，了解安全规范；在实践过程中，学校与企业、社区等合作方共同监督指导，确保实践活动的顺利进行；实践结束后，通过成果展示与评估，让学生总结经验教训，提炼实践成果，为未来的成长积累宝贵财富。

综上所述，校外实践以其独特的开放性、多样性、主动性与系统性，成为实践塑品的重要途径，也是学生成长道路上不可或缺的一环。它不仅是知识的试金石，更是能力的磨刀石，助力学生在未来的人生旅途中，以更加自信的姿态迎接挑战，拥抱成功。

第二节　校外实践在大思政育人体系中的重要意义

在当今快速发展的社会中，教育已不仅仅局限于校园之内。校外实践作为一种重要的教育形式，正逐渐成为培养学生综合素质、促进理论与实践相结合的重要途径。它不仅有助于学生在实践中深化对理论知识的理解，还能有效提升学生的社会适应能力、创新能力和团队协作能力，在大思政育人体系中有其特殊的作用和意义。

一、提升学生的综合素质，助力学生全面发展

校外实践是连接学校与社会的桥梁。在传统教育中，学生往往埋头于书本，对社会的真实脉动、行业的细微需求知之甚少。然而，一旦踏入社会实践的洪流，他们便能亲身体验到理论与实践的碰撞与交融。

以社会调研活动为例，学生深入农村，实地调研乡村振兴的现状与挑战。在这一过程中，他们不仅将课堂学到的理论付诸实践，更在田间地头、农户家中，亲眼见证国家政策如何落地生根，农民生活如何日新月异。这种身临其境的体验，让他们对所学知识有了深刻的理解，也让他们意识到自身知识储备的不足，从而激发了求知的渴望和进步的动力。

校外实践还赋予学生更大的自主性，同时激发了学生内心的责任感。学生需要密切关注活动的进展，制订详细的计划，确保每一项任务都能按时完成。在团队合作中，学生学会了倾听，学会了协商，更学会了如何在分歧中寻找共识，在困难中寻找突破。这些经历，不仅提升了学生的专业技能，更锻炼了他们的社会实践能力、沟通能力和团队协作能力，为他们的全面发展奠定了坚实的基础。

更为重要的是，校外社会实践打破了学生对社会的认知壁垒，让他们在实践中学会了观察，学会了思考，学会了适应。学生开始懂得，社会是一个复杂多变的系统，需要不断学习，不断适应，不断创新。这种经历，如同为他们未来的职业生涯铺设了一条坚实的道路，让他们在面对挑战时更加从容不迫，更加自信坚定。

因此，校外实践在学生综合素质提升中扮演着举足轻重的角色。它不仅是知识的检验场，更是能力的锻造炉。通过实践，学生不仅深化了对理论知识的理解，更在实践中锤炼了自我，实现了从理论到实践的华丽转身，为成为社会的有用之才铺就了一条光明大道。

二、培养学生的社会责任感和奉献精神

校外实践是实现立德树人教育理念的关键环节，其意义在于通过具体的实践活动，深化学生的道德认知与行为能力。在这一过程中，志愿服务作为校外实践活动的重要平台，不仅是促进学生全面发展的必要舞台，更是塑造学生高尚人格的必经之路。然而，在当下社会，部分学生对于志愿服务的真谛尚存误解，将其视为一种浅尝辄止的体验或含有功利主义倾向。例如，有些学生在选择志愿服务项目时，更倾向于那些能够为其简历增色添彩的"光鲜"任务，而忽视了服务本身的社会价值与人文关怀。这种功利主义的倾向，无疑是对志愿精神本质的扭曲，未能将个人成长与国家需要、社会进步、人民福祉紧密相连。

面对这些现象，社会实践活动以其独特的魅力与要求，激发了学生内心深处对责任的担当与追求。它像一股清流，冲刷着学生心中的浮躁与功利，引导他们将人民的期待与社会的呼唤作为自己行动的指南。例如，近年来，学校多次组织志愿者服务团深入济南地区的乡镇小学，对留守儿童采取一对一帮扶支教，通过科普教育、心理健康教育以及文艺活动等，丰富留守儿童的生活。他们不仅为孩子们带去了知识的光芒，更在艰苦的环境中锤炼了自己的意志，深刻体会了"教育改变命运"的真谛。这样的实践经历，不仅让他们的专业技能得到锻炼，更重要的是让他们的奉献精神在实践中得到了升华，成为他们作为新时代青年担当使命、勇于奉献的生动写照。

校外实践这座连接校园与社会的桥梁，不仅为学生提供了接触社会、了解民生的窗口，更成为他们奉献爱心、回馈社会的舞台。通过参与乡村振兴、社区治理、环境保护等实践活动，学生得以亲身感受社会基层的脉动，了解人民群众的真实需求与期盼。这种直观而深刻的体验，不仅加深了他们对奉献精神内涵的理解，更触动了他们内心深处的

善良与同情，激发了他们自觉践行奉献精神的强烈愿望。

在服务他人、贡献社会的过程中，学生不仅收获了专业技能的提升与综合素质的增强，更体会到了奉献带来的无尽快乐与成就感。这种积极的情感体验，如同一股强大的力量，推动着他们在未来的生活与工作中继续发扬奉献精神，也让他们成为推动社会进步与发展的重要力量。

三、激发学生的探索和创新精神

校外实践为学生搭建了一座连接课堂与社会的桥梁，使他们得以跨越书本知识的边界，踏上广阔的社会实践舞台。在这个舞台上，学生不再仅仅是理论的接受者，而是成为生活的参与者、问题的探索者和创新的实践者。

以商学院为例，2024 年 12 月，该学院贸易经济专业学生在老师的带领下参观了浪潮集团。这家在中国云计算与大数据领域独占鳌头的领军企业，以其卓越的业务范畴——涵盖云计算、人工智能、工业互联网及应用软件等多个前沿领域，为遍布全球 120 多个国家和地区的客户提供着顶尖的 IT 产品和服务，无疑是中国 IT 版图上的一颗璀璨明珠。

当学生踏入浪潮集团的办公区域与生产车间时，一股浓郁的职场气息扑面而来。他们目睹了企业组织架构的运转、工作流程的衔接以及职业发展路径的多样与广阔。这种直观的感受，如同一盏明灯，照亮了他们对未来工作环境的认知之路，极大地消减了他们对职场的陌生感与恐惧感。

更令人印象深刻的是，学生在浪潮集团亲身感受到了其独特的企业文化——对创新的执着追求，对团队的深切信赖，以及对社会责任的勇于担当。这些文化元素，如同春雨般润物无声地滋养着学生的心田，促使他们提前适应职场环境，培养出积极向上的职业价值观与工作态度。

与社会各界的广泛交流与合作，更是为学生打开了一扇扇通往新知的大门。他们得以接触到最新的行业动态和技术成果，视野得以极大拓宽，为未来的学习与研究注入了新的灵感与方向。例如，在与浪潮集团技术专家的深入交流中，学生了解到云计算与大数据在各行各业中的创新应用，这些鲜活的案例激发了他们探索未知领域的浓厚兴趣。

此外，校外实践还是培养学生团队协作精神和社会责任感的沃土。在共同完成任务的过程中，学生学会了相互沟通、协作配合，团队意识和集体荣誉感油然而生。同时，通过参与社会实践活动，学生更加深刻地认识到自己的社会角色与责任。他们开始关注社会问题，积极参与公益活动，用实际行动践行社会责任，为社会的和谐与发展贡献着自己的力量。

可以说，校外实践是学生探索与创新精神的重要孵化器。它不仅能够拓宽学生的视野和知识面，更能够发展学生的创新思维和实践能力，为他们的全面发展奠定坚实的基础。在塑造学生的社会适应能力、点燃其内心深处的创新精神、培育其深厚的社会责任感方面，校外社会实践扮演着举足轻重的角色，其影响力深远而持久。

第三节　校外实践的具体内容

在大思政育人体系的构建中，思政育人的内涵远不止于校园之内，它更应在社会的广阔舞台上绽放光彩。习近平总书记指出："思政课不仅应该在课堂上讲，也应该在社会生活中来讲。"这充分揭示了校外实践在塑造当代大学生全面素养中的不可替代性，以及它作为构建全方位、深层次大思政格局关键一环的重要地位。近年来，学校结合课程教学改革，从多方面探索并实践着校外实践的新路径，将课堂延伸至社会的每一个角落。

根据其目的和内容的不同，校外实践可以分为文化社会实践、思政社会实践、养成社会实践和专业社会实践等。

一、文化社会实践

文化社会实践是校外实践的重要组成部分，不仅丰富了学生的课余生活，还为学生提供了接触社会、了解社会的平台。在这里，学生得以亲身感触社会的脉搏，深刻领悟中华优秀传统文化的博大精深，从而在文化自信与个人能力的双重提升中，为未来的职业生涯铺设坚实的基石。具体而言，学校在文化社会实践方面积极开展活动，鼓励学生走出校门，走上社会。近年来，学校精心策划和开发"三原色之旅"（传统文化——行走齐鲁古道的绿色之旅，红色文化——行走革命遗址和新农村的红色之旅，科创文化——行走齐鲁科创大走廊的蓝色之旅）廊道，组织学生沿廊道行走，在行走过程中体察民风，了解社情，接受传统文化和先进文化熏陶，被称为"行走的思政课"，收到了意想不到的实践育人效果。

（一）"齐鲁古道行"——"绿色之旅"社会实践

为了进一步贯彻"齐鲁文化孕育下的理工生"的育人理念，学校开展"齐鲁古道行"校外实践活动，组织学生进行齐鲁古道文化考察活动，让学生在"行走的思政课"中感受历史、领悟文化，从而更加坚定他们的文化自信和历史使命感，让文化成为学生自我成长的内在力量。活动融合了游历、学习、研究与反思等多重维度，力求在行走中传授知识，在实践中培育学生的综合素养，实现知行合一的育人目标。

2021 年，学校开启了首届"齐鲁古道行"社会实践活动。活动筹备阶段，齐鲁文化研究院院长、著名儒学研究专家傅永聚教授及其团队，经过深入调研与细致规划，最终确定了以"齐鲁古道与孔子文化"

为主题的考察线路。从年初开始，他们便着手准备，多次召开研讨会，不断优化考察方案。

同年 5 月，由傅永聚教授带队，齐鲁文化研究院"齐鲁古道与孔子文化"考察小组一行四人，从曲阜的"鲁国故城遗址·齐门"启程，沿途探访了莱芜的"齐鲁第一关——青石关"，以及齐都的"孔子闻韶处"和"稷下学宫"遗址，为后续的学生社会实践活动奠定了坚实的基础。

同年 10 月 22 日至 24 日，由齐鲁文化研究院的专家学者及师生代表组成的 60 余人考察团，正式踏上了首次"齐鲁古道行"之旅。此次考察活动不仅是一次历史文化长廊的实地探索，更是国内高校首次组织在校本科生进行的大规模历史文化考察活动。

齐鲁古道，作为历史上齐国与鲁国之间的交通要道，自西向东贯穿曲阜、泰安、莱芜至临淄，见证了由"战"而兴、由"商"而盛的历史变迁。它不仅是一条军事要道和经济发展的商道，更是古国文化交流的桥梁，承载着丰富的文化资源。孔子、孟子、墨子、孙子、荀子、庄子、管子等一大批思想家，或诞生于此，或著书立说于此，或沿古道游学讲学，留下了丰富的思想文化遗产。本次考察活动从曲阜的"鲁国故城遗址·齐门"出发，历经三天的行程，穿越莱芜的"齐鲁第一关——青石关"，最终抵达临淄的"稷下学宫"遗址，全面而深入地探索与追寻齐鲁古道及其沿线的文化精髓，充分体验了齐鲁古道的文化魅力与历史底蕴。

2024 年，为了更好地落实立德树人的教育宗旨，突出"齐鲁文化孕育下的理工生"这一独特的育人理念，学校又举办了第二届"齐鲁古道行"社会实践活动。此次活动于 10 月 22 日至 24 日举行，由齐鲁文化研究院的专家学者与学校师生代表共同组成考察团，开展了一次别开生面的历史文化实地考察之旅。这不仅是对高校组织本科生进行历史文化实地调研的一次创新尝试，更是对齐鲁文化弘扬与传播的有力推动。

案例链接

在齐鲁理工学院第二届"齐鲁古道行"教学实践活动
开幕式上的讲话

傅永聚

尊敬的各位领导、融媒体朋友、老师们、同学们：

大家早上好！

三年前的金秋，我们在这里，举行了全国范围内具有拓荒意义的第一次大学生行走齐鲁古道教学实践活动。在此基础上，由齐鲁壹点拍摄的《金声传古道》在2022年荣获国家"讲好中国故事"大赛特等奖，是全国仅有的四个特等奖之一，更是该赛事举行以来山东省获得的第一个特等奖，凸显了齐鲁理工学院的学生敢为天下先的创新精神，也助力提升了齐鲁理工学院作为山东省首批中华优秀传统文化传承示范学校的重镇风采！

文化是一个民族的精神家园。习近平总书记说得好：没有五千年文明，哪有中国特色社会主义？五千年生生不息的中华文化，是我们今天文化自信的根与魂。齐鲁文化又是中华上古地域文化中唯一一个走出地域，来到中原，通过儒学形态的转化，一跃而居庙堂之上，成为中华传统社会主流思想的，影响中国发展两千多年。齐鲁文化精神的主要内容与中华优秀传统文化的内涵高度契合。学习和体悟齐鲁文化，是了解和传播中华优秀传统文化的窗口。身为齐鲁理工学院的大学生，肩负着别样的历史使命，这是我们独特的骄傲！

两三千年前，我们脚下的位置就是鲁都曲阜城十一个城门中的东北门——齐门。由此出发，向东北行约225千米，就是齐国的西南门——稷门。春秋时期，齐鲁两国同为周的东方大国。两国间的陆路交通，称为齐鲁古道。齐鲁古道是两国人民交流交往的生命线。齐鲁古道一头连着孔子创立儒家学派、杏坛讲学的鲁都曲阜，另一头连着稷下学宫、体现轴心文明东方曙光的齐国临淄。中国的古道有很多，但大多是以经济贸易为主，齐鲁古道却是一条典型的文化廊道。因为道上走过孔子、孟子，因为促进了齐鲁文化的互动，因为董仲舒向汉武帝提倡的儒学是有赖于此道上齐鲁文化融合的结晶。齐鲁古道是山东的骄傲，"齐鲁古道行"是齐鲁理工学院的文化品牌。根据现有研究，齐鲁古道有三个大的方向：

一条是西线，出鲁国北门，大约与今天 104 国道同，北走宁阳，东转汶河、祝阳、汶阳之田，即《诗经》里描写的"鲁道有荡"，奔莱芜，沿章莱官道，经锦阳关入齐境，在三德范路口向东至临淄，向西则绕泰山东，即孔子过泰山侧，可再回到曲阜。

一条是东线，即沿泗河，至平邑、蒙阴，经莒国入齐境，进临淄南门。

中间一条最近，却最难走。沿泗水，过新泰的齐鲁古道，经雁翎关、云台山，至青石关和庄、石马一带入齐境，沿淄河达临淄。

上次我们走的是中线。今天我们先走西线，再转入中线。

同学们，老师们，在完成"齐鲁文化精神"课程学习任务以后，我们走出课堂，用第二课堂研学游这种大家喜闻乐见的方式，沿着当年孔子师徒走过的道路，去体验当年山路崎岖，牛车粼粼，孔门师徒穿山越岭、栉风沐雨的艰辛，去感悟"志于道，据于德，依于仁，游于艺"的坚毅，用脚步丈量历史，把论文写在大地上。这就是我们的"齐鲁古道行"教学实践活动。历史是不断延续的链条，穿越时空，沿着孔子走过的古道，我们仿佛还能看到孔老师匆匆的脚步，听到夫子驻足时的吟诵和对弟子们的教诲。孔子乘牛车轧过的关隘，依然无语地矗立；孔子洗过手脸的泗河汶河淄河，依旧川流不息，等待我们去轻抚，去浅掬。

创新是文化发展的灵魂。第二届"齐鲁古道行"新增了红色文化的元素，古道上，圣贤路过的地方，莱芜战役现场点、焦裕禄纪念馆等，交相辉映，贯穿着古道思政的光辉理念，给当代大学生提供了成才的源泉滋养。

相信大家在接下来的三天时间里，一定会眼界大开，胸臆尽抒，收获满满！

现在，我宣布，齐鲁理工学院第二届"齐鲁古道行"教学实践活动正式开始！

通过"齐鲁古道行"这一文化考察活动，学校巧妙地实现了第一课堂与第二课堂的有机结合。学生在课堂内系统学习齐鲁文化精神的同时，得以在课堂外亲身感受历史的厚重与文化的深邃。这种研学结合、知行并进的教学模式，不仅拓宽了学生的历史地理视野，深化了对齐鲁文化的认知，更是对立德树人教育理念的一次生动实践，为学生能力的全面提升与素质的综合发展开辟了新的路径。作为深化对齐鲁文化底蕴下的理工科学生培养实践的关键策略，学校采取了一系列创新举措。其中，尤为重要的是成功注册了"齐鲁古道行"这一商标。此举不仅彰显了学校对本土文化传承与创新的承诺，还为后续行动奠定了坚实的基础。

"齐鲁古道行"社会实践活动圆满结束，学校师生代表考察团队满载而归，并通过线上及线下平台与在校学生分享了他们的收获。为此，学校特别策划并举办了两场主题征文活动，分别以"随孔子足迹，探研学之路"与"漫步齐鲁古道，寻古探今"为题，旨在激发学生对历史文化的深度思考与感悟。土木工程学院的学生苏延航在其征文中深情抒发："仿佛穿越时空，我们踏上孔子曾行走的古道，耳畔似乎回响着夫子停留时的低吟浅唱与对弟子的谆谆教诲。此番经历，让我们更加深刻地意识到时光的珍贵与学习的紧迫，激励我们怀揣着为民族复兴、国家强盛贡献青春力量的壮志豪情，不断奋发向前。"

　　"齐鲁古道行"社会实践活动还得到了学术界的高度认可与支持。上海大学历史系的博士生导师张安福教授，作为国家社会科学基金重大项目"环塔里木历史文化资源调查与研究"的首席专家，以及西南大学历史文化学院的博士生导师马强教授，同样是"蜀道文献整理与研究"重大项目的首席专家，均向学校发来了贺信。他们在贺信中高度评价齐鲁理工学院举办的"齐鲁古道行"社会实践活动，认为此类活动能够让当代青年学子从齐鲁大地的深厚历史土壤中汲取养分，不仅有助于深化对儒家文化的理解与认识，更能有效增强青年一代对中华优秀传统文化的自信心与自豪感。

案例链接

学生代表在齐鲁理工学院第二届"齐鲁古道行"教学实践活动
闭幕式上的发言

赵亚楠

尊敬的老师，亲爱的同学们：

　　大家好！我是汉语言文学专业的赵亚楠，很荣幸能够在这里与大家分享交流我参加本次"齐鲁古道行"实践活动的感悟。

　　齐鲁古道，作为一条承载着深厚历史文化底蕴的走廊，见证了无数历史事件的沧桑巨变。从鲁夹谷会盟遗址，到孔子久仁长谈的圣地，再到鲁长城的崎岖山路上，每一步都充满了历史的厚重与文化的沉淀。

　　在这次游学活动中，我们身着红马甲，聆听教授们的精彩讲解，感受着齐文化与鲁文化的交集。我们踏过古老的驿道，仿佛穿越时空，回到了那个烽火连天的年代。在夹谷会盟遗址处，我们仿佛看到了孔子观礼的庄严场景；在长勺之战处，我们仿佛听到了那震天的战鼓声和士兵的呐喊声。

　　这次游学活动不仅让我们领略了齐鲁文化的魅力，更让我们在实践中学会了如何更好地去学习和探索。通过实地观摩、知识探究、浸润体验等方式，我们将道德和知识内化于心，实现了知行合一。我们学会了团结一心，学会了互相帮助，也培养了在困难面前不屈不挠的精神。

在此次古道游学的过程中，我真切感受到了此次活动的意义所在。昨天我们一同参观了齐长城遗址，在入口处有一块碑石，上面篆刻的正是齐长城的相关信息，在举办第一届"齐鲁古道行"活动时，傅教授就发现这块碑石上记录的信息存在两处谬误，于是针对它们与同学们进行了即兴互动，同学们也找到了问题所在。在这次游学活动中，傅教授欣喜地发现上次存在的问题已经做出了更正，门口那块碑石已经换成了新的，这种对于文化的正确传播严格要求，让我真切地感受到此次活动的意义所在，也正体现了我们此次的游学活动是一次真正的文化之游。

在游学的过程中，我也深刻体会到了传统文化的力量。它像一股清泉，滋润着我们的心田，让我们更加坚定了对中华优秀传统文化的信仰和传承。正如习近平总书记所说："青少年教育最重要的是教给他们正确的思想，引导他们走正路。"而齐鲁文化正是这样一种能够引导我们走向正确道路的文化。

这次游学活动不仅是一次简单的旅行，更是一次心灵的洗礼和成长的历练。它让我们更加深刻地认识到自己的责任和使命，也让我们更加坚定了为中华文化的传承和发展贡献自己力量的决心。

最后，我谨代表全体学生感谢各位教授的耐心讲解和带队老师的悉心陪伴，很开心认识大家。我的分享完毕。谢谢大家！

（二）"行走革命遗址和新农村"——"红色之旅"社会实践

近年来，学校还精心规划了一条"红色之旅"线路，精选校区周边的红色纪念馆、教育基地与革命遗迹，为学生提供了一堂堂生动的爱国主义教育课。在这条红色线路上，学生不仅聆听了感人的革命故事，还亲眼见证了革命先烈的英勇事迹与坚毅实践，这些鲜活的革命历史如同一股股强大的精神力量，激励着他们不断前行，为实现中华民族伟大复兴贡献自己的力量。

为了进一步强化红色文化的育人实践，学校坚持红色文化"三到"原则：到基地、到课堂、到心灵。通过组织学生前往红色教育基地实地考察、将红色文化融入课堂教学以及开展丰富多彩的红色文化活动，让红色文化真正渗透到学生的日常生活中，成为他们成长道路上的精神灯塔。学校在传承与发展齐鲁文化的深厚底蕴之余，积极开辟红色文化教育的新篇章，精心策划并实施了一系列丰富多彩的红色文化体验与实践活动，旨在将红色精神的种子深植于每一名学生的心田。

学校定期规划学生探访之旅，足迹遍布中共山东早期历史纪念馆，那里一幅幅珍贵的历史照片诉说着党的光辉历程；济南战役纪念馆，以震撼人心的战役场景再现，让师生深切感受到革命胜利的艰辛与不易；章丘第一支抗日武装纪念馆，生动展现了地方武装英勇抗敌的壮丽篇章。此外，辛锐展览馆、章丘烈士陵园、莱芜中共山东省工委旧址陈列馆及沂蒙红嫂纪念馆等，均成为传承红色记忆、赓续红色血脉的重要课堂。尤为值得一提的是，"红色片区建设示范区"的建立，更是将红色教育资源整合优化，为师生提供了沉浸式学习体验。学校还鼓励学生利用假期，走访家乡的革命遗址，搜集红色故事，亲自拜访那些亲历过烽火岁月的老红军、老革命同志，从他们的亲口讲述中汲取那份不屈不挠、艰苦奋斗的革命精神，让"红色营养"成为滋养心灵的甘露，坚定对党的忠诚信念。

学校利用暑期时期组织大学生"三下乡"活动，使之成为连接学生与乡村红色文化的桥梁。依托大学生社会调查项目等平台，学生深入农村腹地，开展红色历史文化调研，从田野间挖掘被遗忘的故事，完成了一篇篇饱含深情与洞见的调研报告。这些实践活动不仅服务了地方社会发展，更促进了红色文化的挖掘、创新与传播，让学生在实践中增长见识，提升综合素质，培养出强烈的社会责任感。

作为"红色之旅"社会实践的重要环节，学生还前往位于山东省淄博市博山区的焦裕禄纪念馆。这座始建于 1966 年的纪念馆，不仅是全国最早的焦裕禄纪念场所，更是对焦裕禄同志无私奉献、艰苦奋斗精神的崇高致敬。纪念馆的主体是焦裕禄的故居，一座典型的北方农家四合院，它以一种质朴无华的方式，讲述着这位人民好书记平凡而又伟大的一生。在这里，每一件展品、每一处细节，都仿佛在诉说着焦裕禄同志如何在兰考大地上带领群众治理风沙、盐碱和内涝，以实际行动诠释了共产党人的初心与使命，激励着后来者不忘初心、继续前进。

"红色之旅"社会实践不仅是一次对历史的深刻回顾，更是一场心灵的洗礼与精神的升华，它让参与其中的每一名学生都深刻感受到红色文化的魅力与力量，激发了他们的爱国热情与历史责任感，为培养新时代的接班人奠定了坚实的基础。

（三）"行走齐鲁科创大走廊"——"蓝色之旅"社会实践

在探索科技创新的征途上，学校携手齐鲁科创大走廊，共同开启了一场名为"行走齐鲁科创大走廊的蓝色之旅"的社会实践活动。借助于紧邻科创走廊的地理优势与工科特色，学校精心铺设了一条引领学生通往未来的科技探索之路。定期组织的"蓝色之旅"，让学生穿梭于一个个科技创新的殿堂，近距离感受科技的魅力与力量。此外，学校不断深化与走廊内企业的产学研合作，不仅为学生搭建了参与国际创新大赛的舞台，更为科技成果转化与产业升级注入了源源不断的活力。

齐鲁科创大走廊，作为济南市推动科技创新与产业升级的战略要地，自 2019 年规划之初，便承载着创建综合性国家科学中心的宏伟愿景。这条走廊如同一座桥梁，连接着创新的梦想与现实的辉煌，通过汇聚各方创新资源，加速科技成果的孵化与应用，为济南乃至整个山东省的经济高质量发展插上了腾飞的翅膀。在这场蓝色之旅中，每一名学生都是见证者，更是参与者，共同书写着科技创新与时代进步的新篇章。

齐鲁科创大走廊，这一宏伟蓝图横亘于东绕城高速以西、旅游路以南、绣源河以东、济南经十东路以北的广袤区域，总面积逾 70 平方公里，犹如一颗璀璨的科技创新明珠镶嵌在齐鲁大地上。其规划之精妙，旨在依托山东产业技术研究院的深厚底蕴、超算中心的强大算力、山东大学研究中心的学术前沿，以及一系列引领型企业的创新活力，精心构筑起产研院创新圈、超算中心创新圈、中国科学院科创城创新圈、未来战略创新圈共四大创新高地。齐鲁科创大走廊自启动以来，在人工智能、大数据云计算、物联网等信息技术领域的业绩显著。

在此基础上，2021 年，齐鲁科创大走廊高校创新创业联盟应运而生。这一联盟由沿线多所高校携手共创，广泛汇聚科技企业、投资机构、孵化载体等多方力量，共同编织了一张推动高校创新创业协同发展的智慧网络。联盟成员资源共享、优势互补，共同探索跨学科、跨领域的人才培养新模式，为创新创业教育改革注入了新的活力。

凭借高校创新创业联盟成员的独特优势，学校组织学生开展了"行走齐鲁科创大走廊的蓝色之旅"社会实践活动。学生深入科创一线，亲身体验科技成果的魅力，参与学术讲座、科技展览、企业交流等丰富多彩的活动。通过参与这些实践活动，学生不仅拓宽了视野，还接触到了最前沿的科技创新理念，更为自己的未来职业生涯奠定了坚实的基础。

二、思政社会实践

作为学校大思政育人体系中不可或缺的一环，思政社会实践可以说是将理论与实践紧密结合的典范。它不仅仅是一种教育形式，更是一种培养新时代人才、塑造学生正确"三观"的重要载体。在这个日新月异的时代，学校深知肩上的重任，积极致力于培养既有坚定政治信念又具备强烈社会责任感的青年知识人才。

为了实现这一崇高目标，学校精心打造了"思政理论社会实践"精品课程。这门课程如同一座桥梁，连接着知识的殿堂与社会的广阔舞台。它以习近平新时代中国特色社会主义思想为指南，以立德树人为目标，以"思政＋文化"为双翼，引领学生在中华优秀传统文化的海洋中遨游，探索革命历史文化的深邃，感受当代社会主义先进文化的魅力。

在课程设计上，学校巧妙地将课堂教学、校内实践、社会实践三个模块融为一体，形成了独具特色的"三主题、三模块、三行动"实践内容体系。学生在参观体验中感受文化的厚重，在调查研究中洞察社会的脉搏，在社会服务中践行青春的誓言。从参观革命纪念馆的庄严宣誓到深入乡村调研的脚踏实地，从环保公益活动中的身体力行到支教课堂中的倾情奉献，每一次实践都是对"四个自信"的深刻诠释，每一次行动都是对民族复兴使命的勇敢担当。

该课程在教育革新的浪潮中，特别强调思想政治教育与社会实践的深度融合，构筑了一座连接思政理论殿堂与社会实践广阔天地的坚实桥梁。课程采取问题导向策略，针对学生在思想观念与文化底蕴上的短板，精心策划了一系列实践任务。课程实施分为三大阶段：启程规划、实地探索、总结反馈。在启程规划阶段，教师发布精心挑选的主题任务，不仅进行理论的深度剖析，还传授实践的方法论；学生则以小组为单位，群策群力，设计实践蓝图，明确分工，为即将到来的实践之旅做好万全准备。在实地探索阶段，学生在教师的悉心指导下，深入各类教学基地。他们探访龙山文化博物馆，感受历史的厚重；走进莱芜战役纪念馆，缅怀革命先烈的英勇事迹；置身于三涧溪村，体验乡村振兴的勃勃生机。在总结反馈阶段，学生撰写文化体验报告、调查研究报告、实践成果总结，认真反馈提升。

以 2024 年 7 月的一次校外社会实践活动为例，来自计算机与信息工程学院的 20 名学生，在带队教师高昊和马克思主义学院教师王玥的引领下，组成了"青禾筑梦　乡村振兴"实践团，前往章丘区三涧溪村开展实践活动。学生在乡村振兴展览馆中，通过讲解员的生动讲解，仿佛穿越时空，见证了三涧溪村从贫穷落后到乡村振兴典范的华丽蜕变。他们不仅了解了三涧溪村的发展历程、产业特色和文化底蕴，更在实践中深刻体会到了乡村振兴战略的伟大意义，并激发出以实际行动助力乡村振兴的强烈愿望。

该课程通过一系列丰富多彩的实践活动，不仅提升了学生的思想政治素养，更让他们在实践中锤炼了意志品质，增长了才干见识，为成为新时代的栋梁之材奠定了坚实的基础。正是这样的教育理念和实践收获，使得"思政理论社会实践"课程在 2023 年获国家级一流本科课程的殊荣。在经受这些思政社会实践锻炼而走出校门的无数齐鲁理工学子中，也涌现出了一批批时代新人，比如扎根西藏并成为驻村第一书记的赵继鹏，荣获"感动安阳·2018 脱贫攻坚年度人物"称号的杨正中等。他们的故事，如同璀璨星辰，激励着更多青年学子投身于中华民族伟大复兴事业，共同书写新时代的辉煌篇章。

三、养成社会实践

依据学校应用型人才培养定位，聚焦学校打造文化育人特色和全面发展素质教育，设定了养成社会实践的教学目标：通过养成社会实践，学生能认识好习惯养成的重要性和价值塑造功能，掌握所设置的系列好习惯的文化内涵和实践清单；具备利用社会实践平台，知情意行互动，发展自我养成和自我教育的能力；提高践行社会主义核心价值观的坚定性、自觉性，增强和树牢大学生对中华优秀传统文化、红色文化和自然文化的认同感和自信心。

"根植齐鲁文化的大学生养成教育社会实践"作为省级一流课程，是面向全校本科学生开设的社会实践必修课程，共4学分，96学时，安排在第一至第六学期以及相应的小学期、寒暑假内进行。

该课程构建了"三层次、四要素、五模块、六环节"的实践教学内容体系。"三层次"为理性认识、社会实践、自主实践养成。"四要素"为内涵认知、情感体验、意志磨炼、行为养成。"五模块"为信念、品德、性格、学业、行为，其中每个模块由四项"好习惯"规范组成。课程按照以下六个环节组织实施：一是理论学习。在小学期内，学生线上自主学习、查阅资料，教师对养成教育"知情意行"要素、好习惯项目与齐鲁文化精神、二十项"好习惯"内涵和实践清单等内容进行串讲。二是实践动员。在第一至第五学期的小学期内，学生每学期自主选择任一模块项目，组建实践小组，设计实践任务，制订实践方案。三是活动实施。在小学期内，教师带领学生到社会实践基地，开展体验、调研、社会服务等实践活动，撰写活动报告，做好成长记录，形成实践自觉。四是自主实践。利用寒暑假，学生自主开展品味经典、调查研究、居家修为、分担家务、自教自励、学业规划等养成教育"六行动"。五是成果展示。在第六学期，学生撰写成果报告，开展交流，分享实践成果；教师进行点评，完成实践总结与反馈。六是典型塑造。设立专项校长奖学金，每年针对每个好习惯养成的学生，考核评优，选树典型，隆重表彰奖励。

该课程不断丰富教学资源与环境，线下在智慧教室进行理论教学，线上建成了网络课程、专题网站、智慧学习社区。实践教学则主要在孔子博物馆、三涧溪村等25个实践教学基地进行，并通过学生的假期自主社会实践，将养成教育社会实践空间拓展到全省乃至全国各地、社区乡村。依托学校智慧教育大平台，构建了"多主体、多途径、多维度"的考核评价体系，以教师、学生、实践单位、家庭为主体，以实践性、形成性、增值性考核为主，针对学生知识、能力、素质等实施多维度综合考核。

该课程彰显出鲜明的文化性特色、实践性特色和持续性特色，成为学校落实立德树人根本任务的有效渠道和有力抓手。一是彰显文化性，引领大学生在文化中养成。将养成教育实践植根于深厚的齐鲁文化，引领学生从齐鲁文化中，从齐鲁大地古圣先贤的典故、典籍、名言警句中，汲取养成的营养与智慧，找到养成的有效路径和方法，进而在收获"好习惯"的同时，不断增强大学生的文化自信。二是彰显实践性，引领大学生在社会实践中养成。引领学生把自我养成融入社会实践，在社会实践中，体悟各种好习惯的丰富内涵和实践成效，磨砺学生的意志品质，让学生在养成中既收获"好习惯"，更增强社会责任感和担当意识。三是彰显持续性，引导大学生在养成教育实践中学会养成。课程不局限于让学生养成"五模块、二十项规范"，更在于引领学生在养成教育实践中，养成持续养成、终身养成的好习惯。

四、专业社会实践

专业社会实践是校外实践的重要环节，旨在将理论知识与实际工作相结合，以更好地提升学生的专业素养和实践才干。通过这一实践活动，学生不仅能够深切地感受到行业动态的脉搏，更能精准地掌握专业技能，为毕业之后的就业之路铺设坚实的基石。在这一目标的指引下，贸易经济专业、新闻学专业的社会实践尤为引人注目。

（一）贸易经济专业社会实践

在全球新格局、新业态、新模式快速发展背景下，学校积极响应国家战略需求，锚定"省内领航、国内同类高校标杆的高水平应用型大学"的宏伟蓝图，致力于培育一支根基稳固、动手能力强、综合素质卓越、创新精神与社会责任感兼备的数智化贸易经济人才梯队。为此，学院在课程与教学改革的基础上，精心打造"贸易经济专业社会实践"这一特色课程，旨在深度激发学生的实践潜能，提升其实践效能。

贸易经济专业，作为国家级一流专业建设点，开设的"助力乡村振兴——贸易经济专业社会实践"课程被评为国家级一流课程。自2015年起，该课程便以乡村振兴为主题，紧密围绕新农村建设的主旋律，不断深化课程内涵，持续掀起教学改革浪潮。2016年，该课程实践内容得以丰富，构建起全面而系统的实践框架；2017年，通过优化实践教学模式，该课程被评为校级精品课程；2018年，校政企三方合作进一步深化，成果转化成效显著，为乡村振兴注入强劲动力；2019年，该课程思政建设全面升级，思政资源库日臻完善，获评"尚德"好课堂。

该课程专为已完成各专业课程学习的学生开设，巧妙融合理论教学与社会实践两大板块。在课堂上，教师首先引领学生概览课程全貌，随后深入浅出地讲授市场调查、营销策划、统计分析、跨境电商、新零售等实践必备理论知识，强调知识间的逻辑连贯与实战应用。在此基础上，学生自由建组，围绕商贸文化与商贸产业两大核心领域，广泛收集文献资料，精心策划调研主题与项目。步入社会实践阶段，学生将所学知识付诸实践，以脚踏实地的行动，书写属于自己的实践篇章。在学术探索与社会实践的深度融合中，学生积极运用所学知识体系，开展详尽的调研活动，精心编撰调研报告，并据此设计出切实可行的市场推广策略。这一过程不但实现了理论知识与社会实践的互补与升华，而且将服务社会的崇高理念深植于学生内心，成为驱动学生学习的内在动力。通过理论学习与社会实践的持续互动，学生的文化素养与职业素养得到了显著提升。

课堂教学中，教师介绍课程基本情况，并将实践所需理论知识如市场调查、营销策划、统计分析、跨境电商、新零售等进行讲解，突出知识之间的连贯性、应用性。学生在此基础上自由组建实践小组，针对商贸文化、商贸产业两大模块搜集文献资料，确定调研主题及调研项目。在社会实践过程中，学生综合利用所学知识展开调研，撰写调研报告，形成可行性市场推广方案，实现社会实践与理论学习的互补和升华，并将服务社会的理念内化为学习动力，实现理论学习与社会实践循环互动，有效提升文化素养和职业素养。

在精心策划的校外社会实践环节，学生在导师的悉心指导下，踏上前往刁镇的旅程，近距离接触历史悠久的"瑞蚨祥"，深入探索儒商文化的博大精深。他们不仅广泛收集资料，还深入刁镇儒商联合会内部，亲身参观了孟洛川纪念馆，对"瑞蚨祥"的兴衰历程进行了深刻剖析，同时深入调研了孟氏"祥"字号儒商文化的经营智慧。在这一过程中，学生深刻领略了儒商文化的精髓，深入挖掘了其丰富的文化内涵及当代价值，并从企业经营理念、发展战略、社会责任等多个维度，为章丘区中小企业的蓬勃发展提供了宝贵的借鉴，有力地促进了区域经济的繁荣。

此外，学生还踏上龙山之旅，对龙山文化进行了全面而深入的探索。他们细致调研龙山黑陶的技艺传承与生产流程，对其品种、价格、分销渠道及促销策略等进行了详尽分析，针对存在的问题提出了切中要害的见解，并明确了市场定位。在此基础上，学生给以龙山黑陶为主营业务的企业提供富有创意的市场推广方案，显著提升了这些企业的经济效益。同时，学生还深入刁镇、绣惠等地，对鲍家芹菜、章丘大葱、黄家烤肉等特色农产品进行广泛调研，精心记录、整理相关资料，并进行深入的数据分析，最终完成了高质量的调研报告。在校企座谈研讨的基础上，学生制订并实施了市场推广方案，并持续跟踪落实情况，及时反馈调整。

该课程充分挖掘并利用学校驻地章丘独特的商贸优势，以社会调查为核心，精心构建了商贸文化与商贸产业两大实践模块。围绕儒商文化、特色农产品及传统手工技艺三大实践主题，课程设置了内容丰富、形式多样的实践教学体系。特别是依托山东凯曦企业管理咨询有限公司、济南德功龙山黑陶艺术有限责任公司、孟洛川纪念馆等 23 个实践教学基地，组织开展丰富多彩的校外社会实践活动，使课程的实用性与开放性得到了显著增强。

在考核体系构建中，课程全面融入了过程性考核与终结性考核的双重机制。尤其侧重于过程性考核的深度实施，确保教师、学生及实践单位三方的积极参与和共同监督。具体而言，过程性考核占据了考核总评的 60%，其细分维度包括：团队协作能力的评估占 10%，旨在衡量学生在团队中的贡献度与协作精神。调研计划的制订与执行情况占 10%，考查学生的规划与组织能力。实践日志的撰写质量占 20%，通过学生的日常记录来反映其实践过程与思考深度。调研过程的整体表现占 20%，全面审视学生的实践操作与问题解决能力。终结性考核占 40%，其中调研报告的质量占 25%，强调学生的研究成果与理论应用；推广方案的创意与实施占 15%，侧重于学生将实践成果转化为实际应用的能力。

（二）新闻学专业社会实践

学校新闻学专业作为社会实践领域的一大亮点，具体体现在精心设置的"融合传播助力乡村振兴社会实践"课程中。该课程旨在全面提升新闻学专业学生的社会实践技能，通过课程与教学的深度改革，精准对接"乡村振兴"时代主题。课程遵循"以学生为中心，以产出为导向"的教育理念，紧密依托实践基地，精心策划并组织了一系列丰富多彩的文化实践活动。学生在这些活动中，不仅能够熟练运用新闻传播理论与技巧，还能熟练驾驭多媒体传播工具，实现融合传播与实践的完美结合，从而在沟通协调、团队协作等能力培养上实现质的飞跃。

新闻学专业，作为国家级一流专业建设点，其课程"融合传播助力乡村振兴社会实践"获评省级一流课程。该课程共 3 学分，72 学时。课程教学包括理论教学与实践教学两个部分。自 2019 年开设以来，该课程先后获评校一流课程、校"尚德"好课堂、校优秀教学设计特等奖、校"社会实践示范课程";荣获光彩助农创新奖 3 项、最具文化传播奖 3 项、基层助农锦旗 6 面;学生在讲好中国故事创意传播国际大赛中,获得国家级奖项 6 项、省级奖项 1 项;在第十四届(中国)山东青年微电影大赛中,获得省级奖项 1 项;另获国家级大学生创新创业训练计划项目 6 项、省级项目 7 项。

在理论教学方面,课程依托智慧教室与融媒文化产业学院的高端平台,为学生提供前沿的理论知识与行业动态。社会实践则在校外实践基地如山东齐鲁壹点传媒有限公司、章丘融媒体中心、三涧溪乡村振兴综合体、黄河街道办事处等地展开,让学生在真实的社会环境中磨砺成长,将所学知识转化为服务社会的实际行动。在深度社会实践的篇章中,学生依据既定的实践准则,精心构建各自的团队。经由组内成员的热烈研讨与深思熟虑,他们毅然选定了以文化产品为核心的发展路径,并围绕"亲近民间匠人之心,文化之魂铸就乡村之美"的核心理念,精心策划了一系列实践方案。

针对这一系列充满创意的文化实践蓝图,专业教师同文学院教师一起,从采访提纲的细致规划、所需设备的详尽清单,直至最终作品形式的创意构思,都给予了学生个性化的悉心指导与宝贵建议。随后,教师积极对接包括齐鲁壹点、章丘融媒体中心及章丘方志馆在内的多家实践基地,为学生搭建起通往文化实践的坚实桥梁,有序组织并引导他们投身于丰富多彩的文化实践活动之中。

学生围绕既定的文化实践主题,充分利用网络资源、章丘区图书馆及学校图书馆的浩瀚藏书,通过详尽的文献检索,深入挖掘实践区域的风土人情与历史底蕴。他们不仅通过文字资料与视频资讯,全面了解了实践地的文化背景,更亲身前往选定的文化产品发源地,进行现场素材的采集与整理,为后续的实践作品制作奠定了坚实的基础。

在实践的尾声,学生以系列摄影作品、主题视频记录以及新闻时评等多种形式，生动展现了他们的文化主题实践成果，并精心编制实践分析报告。专业教师与企业导师则从主题成果的呈现质量、团队协作的默契程度以及社会服务的实际成效等多个维度，对学生的实践成果进行了全面而深入的点评。同时，通过组间互评与全员辩论等多元化的反思机制，学生得以更加深刻地审视并总结自己的实践经历，从中汲取宝贵的经验与教训。在社会实践活动中，学生以实际行动诠释了"学以致用，知行合一"的深刻内涵，在实践中厚植家国情怀，感悟乡村发展与变化，增强社会责任感，同时也提高了自身在社会中的实践能力。

五、校外实践的思政育人成果

通过一系列校外实践活动的开展，学校将大思政育人理念融入实践过程中，实现理论与实践相结合、知行合一的教育模式，为培养具有良好品质、学识和实践能力的高素质人才奠定了坚实的基础。校外实践思政育人成果从多方面体现出来：一是提升了学生的文化传承与创造性发展能力。学校组织开发的"三原色之旅"校外社会实践，特别是其中的"齐鲁古道行"校外实践，融思政课教育于古道行走之旅，成为一种具有创新形式的"古道思政"。这可以说是实现优秀传统文化创造性转化、创新性发展的有效形式，是提高思政课亲和力和针对性的可靠手段。二是增强了学生的使命感和责任感。例如在文化社会实践活动中，学生深入社区、乡村，了解当地的经济发展、文化生活和社会问题，增强了对社会现实的关注度和责任感。三是展现了学生的整体素质和综合能力。以新闻学专业社会实践为例，该课程积极回应"乡村振兴"时代主题，强化学生融合传播技能锻炼与提升，讲好乡村振兴故事，在培养学生服务乡村、建设美丽乡村的情怀和能力等方面取得了显著成果。

参考文献

［1］习近平. 思政课是落实立德树人根本任务的关键课程［M］. 北京：人民出版社，2020.

［2］习近平. 论教育［M］. 北京：中央文献出版社，2024.

［3］习近平. 习近平著作选读：第二卷［M］. 北京：人民出版社，2023.

［4］习近平. 紧紧围绕立德树人根本任务　朝着建成教育强国战略目标扎实迈进［N］. 人民日报，2024-09-11（01）.

［5］习近平. 在推动高质量发展上闯出新路子　谱写新时代中国特色社会主义湖南新篇章［N］. 人民日报，2020-09-19（01）.

［6］习近平. 坚持立德树人思想引领　加强改进高校党建工作［N］. 人民日报，2014-12-30（01）.

［7］习近平. 习近平谈治国理政：第三卷［M］. 北京：外文出版社，2020.

［8］习近平. 在北京大学师生座谈会上的讲话［M］. 北京：人民出版社，2018.

［9］习近平. 习近平关于全面从严治党论述摘编［M］. 北京：中央文献出版社，2016.

［10］习近平. 决胜全面建成小康社会　夺取新时代中国特色社会主义伟大胜利：单行本［M］. 北京：人民出版社，2017.

［11］中共中央宣传部. 习近平总书记系列重要讲话读本［M］. 北京：学习出版社，人民出版社，2016.

［12］中央宣传部.习近平文化思想学习纲要［M］.北京：学习出版社，人民出版社，2024.

［13］中共中央文献研究室.十八大以来重要文献选编：下［M］.北京：中央文献出版社，2018.

［14］王庭大，唐景莉.坚持党对教育事业的全面领导［M］.北京：中国人民大学出版社，2021.

［15］王爱云.新时代的党的建设［M］.北京：当代中国出版社，2022.

［16］方雷，周明明，张荣林.新时代高校党建创新形态研究［M］.济南：山东大学出版社，2021.

［17］秦强，赵均.以党的政治建设为统领：新时代加强党的政治建设读本［M］.北京：法律出版社，2019.

［18］新时代党的政治建设十讲［M］.北京：红旗出版社，2019.

［19］吴辉.党的建设原理［M］.北京：中国财政经济出版社，2022.

［20］穆兆勇.根本性建设：中国共产党的政治建设［M］.北京：中共党史出版社，中央文献出版社，2021.

［21］杨彧，邸晓星，田野.新时代党的组织建设［M］.北京：党建读物出版社，2021.

［22］冯刚，严帅.新中国成立70年来高校思想政治教育的成就、经验与展望［J］.教学与研究，2019（09）：12-24.

［23］常翠鸣.创新党建领航、文化涵育、实践塑品的"大思政"育人模式［J］.党建，2024（12）：56-57.

［24］胡东雁."大思政课"实践教学基地空间叙事的功能及构建［J］.学校党建与思想教育，2024（18）：66-68.

［25］李仙娥."大思政课"视域下高校思政课实践育人模式的构建论析［J］.思想理论教育导刊，2022（01）：106-110.

［26］刘星焕，何玉芳.以数字化赋能"大思政课"建设的内在机理、现实梗阻及实践路径［J］.理论导刊，2023（10）：104-108.

［27］王艺璇."大思政课"场域下实践育人模式创新研究［J］.大学，2024（36）：29-32.

［28］王楠.善用"大思政课"把道理讲深讲透讲活［J］.思想理论教育，2022（11）：75-79.

［29］张强军."大思政课"的出场逻辑、比较优势与实践要求［J］.大学教育科学，2023（02）：33-40.

［30］董雅华.善用"大思政课"促进教育资源转化：意涵、问题与进路［J］.思想理论教育，2022（04）：19-24.

［31］常翠鸣.大学生养成教育［M］.北京：北京师范大学出版社，2021.

［32］赵秋丽，李志臣.党建铸魂　文化培根　实践塑品：齐鲁理工学院不断完善大思政育人模式纪实［N］.光明日报，2024-12-22.

［33］张兴华，董嘉程.登临齐鲁古道　讲好中国故事［N］.联合日报，2024-12-21.